U0568345

·上海文庙儒家文化研究丛书·

与孔子对话(第8集)

反思儒学在近代的命运

朱贻庭　主编

文匯出版社

图书在版编目(CIP)数据

与孔子对话. 第8集，反思儒学在近代的命运 / 朱贻庭主编. —上海：文汇出版社，2016.6
ISBN 978-7-5496-1768-5

Ⅰ.①与… Ⅱ.①朱… Ⅲ.①儒家-研究 Ⅳ.①B222.05

中国版本图书馆 CIP 数据核字(2016)第 118843 号

与孔子对话(第8集)

反思儒学在近代的命运

主　　编 / 朱贻庭

责任编辑 / 熊　勇
封面装帧 / 张　晋

出版发行 / 文汇出版社
上海市威海路 755 号
(邮政编码 200041)
经　　销 / 全国新华书店
排　　版 / 南京展望文化发展有限公司
印刷装订 / 江苏省启东市人民印刷有限公司
版　　次 / 2016年6月第1版
印　　次 / 2016年6月第1次印刷
开　　本 / 890×1240　1/32
字　　数 / 350 千字
印　　张 / 11.125

ISBN 978-7-5496-1768-5
定　　价 / 45.00 元

《与孔子对话》编委会

序

今年是《新青年》创刊100周年。1915年9月15日，一份划时代的刊物《青年杂志》(一年后改名为《新青年》)在上海出版发行，吹响了中国近代"新文化运动"的号角。"新文化运动"以其尖锐而不妥协的笔触直指以孔子为偶像的维护君主专制主义的儒学，发起了猛烈的批判，将近代以来的文化变革推向了一个新的高潮。它推倒了持续2 000多年的作为君主专制统治意识形态的儒学的"独尊"地位。但是，对儒学的批判并没有实现适合中国现代化需要的新文化体系的建立。近代以"新文化运动"为代表的文化变革并没有完成历史所赋予的任务，并未实现儒家文化的现代转型。今天，我们要完成近代文化变革未尽的事业，就必须汲取近代文化变革的经验和教训。这正是我们要反思儒学在近代历史命运的本意所在。

其实，反思儒学在近代的命运并非始于现在，早在1923年，梁漱溟在燕京大学所做"孔子真面目将于何求?"的演讲中，就针对"新文化运动"批儒反孔，提出要区别真假孔子，揭橥孔子的"真精神"；认为"新文化运动"批判的"三纲五常"的礼教，并非是孔子的真精神。这本身就是对儒学在近代命运的反思。以后又产生了以冯友兰、牟中三、唐君毅、钱穆、熊十力、贺麟等为代表的“新儒学”，从文化史的角度来看，也都可以说是反思儒学在近代命运的产物。这就提出了一系列的问题。新文化运动批判的儒学、孔子，其指向是什么？新文化运动所批判的儒学，其真正对象是什么？儒学的命运是否只系于“纲常名教”？批判了“纲常名教”，否定了儒学的意识形态的统治地位，是否就意味着儒学生命力的终结？以孔子为代表的儒学是否存在有合理的优秀的东西？儒学能否实现创造性的现代转化？儒学命运的历史走向如何？这些都成为我们反思儒学在近代命运所必须回答的问题，从而提升对儒家文化的文化自觉性。

在当前的“国学热”中，如何对待传统的儒家文化，也就是说，如何达到对儒家文化的文化自觉，有必要对儒学在近代的命运进行理性的反思。

毛泽东对五四新文化运动的总结，从方法论的角度总结了儒学在近代的命运。但问题是复杂的。儒学在近代的遭际，主流派（激进主义）批判儒学的封建性，但没能对儒学进行建设性的重构。新儒家（保守主义）不是要保守儒学所提倡的“纲常名教”，而是要“返本开新”，试图对儒学作现代性的转化，欲将儒学在新的时代发扬光大。这反映了儒家文化体系的内在紧张。儒学体系自身的内在紧张，蕴含着儒学的内在否定性。近代的社会变革激发了儒学的内在否定性，推动了儒学的演变和发展。

儒学以反映和维护等级礼制为自己的社会制度背景，因而儒学必然就具有“人的依赖关系”的特点。在伦理关系上重整体而轻个体，重义务而轻权利，重民本而轻民权，重义而轻利，重贵贱、上下等级之别而轻人际平等，等等，在政治上集中地体现为“三纲”。儒学体系中这种内具矛盾紧张的思想结构，在近代的社会变革中必然成为时代的阻力和保守力量，必然要受到先进文化的批判。也就是说，正是儒学自身内在紧张的思想结构，在社会变革中必然暴露出儒学自身保守、落后的一面，导致了儒学作为意识形态统治地位和正统地位的历史性否定。但是这并不意味着儒学的全盘否定，而是历史的辩证的否定，否定中又有肯定。在否定儒学中轻个体自由、个人权利、人际平等的同时，应该肯定其中重整体、义务、民本、贵和、重义、自觉等合理的因素，并在新的历史条件下将整体秩序与个人自由、权利与义务、法治与民权、差别与平等、自觉与自愿等统一起来。达到在新的历史条件下，实现对儒学的创造性转化和创新性发展。不过，新文化运动的激进派以近代西方文化为参照系，其注意力偏重于对儒学的批判，而没有能真正完成对儒学的现代建构，而保守派和新儒家虽试图对儒学进行现代转化，并作出了一些成绩，但也终究未能实现“中华新文化”的建构。

反思儒学在近代的命运，一方面要肯定新文化运动对儒学的批判和对儒学独尊地位的否定，但未能救出其中的合理东西进而发展儒学，这又是它的缺点。所谓“复兴儒学”，绝不是也不可能是实现儒学重新定于一尊。这正是近代新文化运动的历史功绩，不容否定。而对新儒家，应在肯定他们对儒学实现现代转化中的成绩的同时，要研究其不足。这些都是我们反思儒学在近代命运所要做的工作。

正是儒家文化的内在紧张及其与时代关系的复杂性，决定了儒家文化在近代的命运。要理性地分析儒家文化的内在构成，既有其时代的局限性或曰历史的特殊性一面，又有其超时空的普遍性一面。这一超时空的普遍性存在，即我们称之为“古今通理”，如“仁爱”、“重义”、“贵和”、“民本”、“诚信”、“天人合一”等，正是儒家文化民族性的特质所在，是中华民族的精神命脉之所在。这种反映民族性的特质，体现了儒家文化生命不息的活力。我们的任务就是要继承民族文化的精神命脉，创建适应现代人文精神的“中华新文化”。

2015 年 11 月 28 日，上海市文庙与上海市伦理学会、上海市中西哲学比较研究会联合举行的第八次“与孔子对话”学术研讨会，集中研讨了“反思儒学在近代的历史命运”。会后将与会的论文汇编成以“反思儒学在近代的历史命运”为主题的《与孔子对话》（第 8 集），以不同的论题、从各个角度对儒学在近代的历史命运进行了反思，观点不尽相同，所论也不够全面和深入，但多少反映了上海许多儒学研究者对这一问题的研究成果。希望能对当前深入开展儒学研究，推进儒学的创造性转化和创新性发展有所裨益。

是为序。

本书主编

2015 年 12 月 20 日

目 录

辑　三

附　录

辑一

第八届儒学研讨会专家合影

“源原整合”与“古今通理”

——关于继承和发展优秀传统文化的方法论新探

○朱贻庭

从考察中华文化历史演进、尤其是从总结儒学在近代的历史命运中，本文提出了“源原之辨”和“古今通理”两个概念。其用意所在，就是探索文化生命演进的基本模式和继承、发展传统文化的基本方法。任何一种社会文化的生成，都有“源”与“原”两个方面的综合成因，即“源原整合”。作为现实文化之“源”的优秀传统文化所以能与现实之“原”相整合，就在于优秀传统文化中存有“古今通理”，它对于今人来说具有现实的“价值对象性”。优秀传统文化的创造性转化和创新性发展，其实就是对“古今通理”这种“价值对象性”的价值再创造，使之成为体现时代精神的现代价值。

“文化”是具有“形神统一”内在结构的生命体。她不仅是现存着的，也是历史地延续着的，遂成为传统文化。这就是说，传统文化也是具有“形神统一”的文化生命体。其“形”即体现为语言文字、文化典籍、风俗习惯、器物文物等等文化有形体；其“神”即价值观、民族精神。“形以载神”，“神以君形”。一个民族的民族精神和价值观，正是通过这个民族的文化之“形”而代代相传，铸就了一个民族的“精神命脉”。所谓优秀传统文化的继承和发展，实质上就是延续这个民族的“精神命脉”。不然，就会如习近平总书记所说：“优秀传统文化是一个国家、一个民族传承和发展的根本，如果丢掉了，就割断了精神命脉。”所谓“精神命脉”，就是一个民族的文化之“神”，一个民族的民族之魂。所以，优秀传统文化的继承和发展，本质上就是民族“精神命脉”（文化其“神”）的延续和发展。那么，一个民族的文化生命和精神命脉是怎样历史地延续的？又是通过怎样的方式实现其历史延续的？这就需要从文化发展史观的角度探讨传统文化的继承和发展的规律。为此，我们又提出了几个概念，即“源原之辨”、“价值对象性”和“古今通理”。

“源原之辨”是一种文化生成的综合成因，也优秀传统文化继承和发展的一般路径；“价值对象性”是存在于优秀传统文化中可以进行现代价值评价的对象，是存在于优秀传统文化中可以转化为现代价值的价值可能性；“古今通理”则是“价值对象性”的具体体现，蕴含着民族的“精神命脉”。所谓继承和发展优秀传统文化，就是“古今通理”的创造性转化和创新性发展，并通过“古今通理”的创造性转化和创新性发展而延续民族的“精神命脉”。

“源原之辨”：一种文化生成的综合成因

从发生学的视角看问题，任何一种社会文化的生成，都有“源”与“原”两个方面的综合成因。“源”即渊源、资源，指历史地形成的承载着民族“精神命脉”即包含着优秀内涵的传统文化（也包括外来的文化影响）；“原”即本原、根基，指社会现实的经济关系、社会结构、政治状况及其变革。“源”不仅为一种社会文化建构提供了可资选择的文化资源，而且还规定或影响这一社会文化建构包括文化话语系统的民族精神特质和民族形式。事实上，传统文化，“它是现在的过去，但它又与任何新事物一样，是现在的一部分”。[①] 因此，每一个时代的文化的建构和建设，都不可能是超脱传统文化的无历史的，就是说，都必然要以传统文化为其既有基础和前提。例如哲学，恩格斯指出：“每一个时代的哲学作为分工的一个特定的领域，都具有由它的先驱传给它而它便由此出发的特定的思想材料作为前提。”[②]任何一种新的文化建构，都要以传统文化为其渊源和前提，从而体现了文化演进的继承性，延续其民族的生命和“精神命脉”。但是，社会存在决定社会意识，传统文化的演进又离不开现实的社会存在（“原”）的作用。“原”不仅决定了一种现实的社会文化的社会性质、价值导向和时代特征，而且决定着传统文化的改变和进一步发展情形。恩格斯在讲到经济对传统的哲学思想材料发生作用时指出：“经济在这里并不重新创造出任何东西，但是它决定着现有思想材料的改变和进一步发展的方式。”[③]这就是说，作为“源”的传统文化必然要受到现实之“原”的鉴别和取舍。因此，“善言古者，必有验于今”（魏源语），今人正是通过据于今之“原”而对古之“源”的鉴别和取舍，去改造和发展传统文化。这里的关键是要在传统文化中发现为现实社会所需要的并可转化为现实价值的价值对象，即发现传统文化中所含的现实的“价值对象性”（下详）。当然，传统文化的这种“价值对象性”，不就是直接拿来可用的

① 希尔斯：《论传统》，上海人民出版社2009年版，第13页。

② 恩格斯：《致康拉德·施米特》，《马克思恩格斯文集》第十卷，人民出版社2009年版，第599页。

③ 见恩格斯：《致康拉德·施米特》，《马克思恩格斯文集》第十卷，人民出版社2009年版，第600页。

"现实价值";传统文化的"现实价值"不是被"发现"的,而是需要创造的。就是说,即便发现了传统文化中现实的"价值对象性",也还需要根据现实之"原"对之进行价值"再创造",从而改造和进一步发展传统文化。这样才能实现"原""源"整合,实现文化的传承与创新的统一,创造出具有时代特点和民族特征的新的文化体,实现民族"精神命脉"的延续。这是文化演进中某种新的社会文化建构成因的一般路径。无论是历史上每一个时代的文化的生成,还是当今中国特色社会主义文化的生成,都有"源"与"原"两个方面的综合成因。

作为中国传统文化主体的儒家文化的产生、演变和发展,就是"源"与"原"辩证运动的过程。先秦儒家文化的产生,正是本"原"于春秋战国时期现实的社会变革和孔子、孟子等自身的社会角色及其价值取向,对"源"于西周以来的"有孝有德"、"敬德保民"和关于"礼"、"仁"等传统伦理及其精神的"因""革"。西汉董仲舒推阴阳之变,究"天人之际",发"《春秋》之义",举"三纲"之道,给"孔子之术"以新的理论形态和思想内容,从而创立了汉代"新儒学",其本"原"归于西汉"大一统"的封建秩序,而先秦的原生儒学和诸子思想则是建构其思想体系的文化资源或思想渊源。董仲舒的贡献,就在于根据巩固封建"大一统"秩序的需要,确认"孔子之术"的现实价值对象性,进而对之进行"价值再创造"使之成为"定于一尊"的封建统治思想。至于宋明理学及其伦理思想体系的产生,同样有着"原"、"源"两个方面的成因。所谓"心性之学",固然有儒、佛、道的思想渊源,但其本"原"还是在于当时社会的经济、政治状况以及复杂的社会心态。而所以有"程朱理学"与"陆王心学"之异,则是各自基于对所处社会现状的不同思考而对传统儒学和佛、道"文本"所作的不同诠释、筛选和整合。尽管儒家文化其“形”发生了这样或那样的改变，但都通过其“形”而保存和延续了中华民族的“精神命脉”。

把对社会文化建构成因或社会文化演进的“原源之辨”这一规律性认识，用来反思儒学在近代的命运，可以发现在对待传统儒家文化上的种种偏向：无论是“文化激进主义”对传统儒学的全盘否定和对西方文化的一唯褒扬，甚至主张“全盘西化”，还是“文化保守主义”对传统文化所持的“复古”立场，在对待“原源之辨”上各自陷入了片面性。前者否认传统文化作为“源”的价值，后者无视或不能正确把握正处于变革中的“原”，因而也就不可能科学地对待“源”及其与“原”的关系，从而损害了民族“精神命脉”的延续和发展。所以马克思主义既批评“文化激进主义”，又反对“文化保守主义”。这里的问题要害就是如何正确地把握社会文化建构的“原源之辨”。对此，毛泽东在《新民主主义论》中明确指出：“中国新民主主义文化”，“是在观念形态上反映新政治和新经济的东西，是替新政治新经济服务的。”但是它又“是从古代的旧文化发展而来”，因此，“清理古代文化的发展过程，剔除其封建性的糟粕，吸取其民主性的精华，是发展民族新文化提高民族自信心的必要条件”。这是对自“五四”新文化运动以来在关于如何对待传统文化问题上的方法论总结，反映了“新文化”成因的“源原之辨”的一般规律。

新中国成立以后，由于复杂的历史条件，在对待传统文化的思维方式和实际操作中，原先的那种“全盘否定”的思维方式以新的形式重新出现，在“文革”期间发展到了极点，再一次对传统文化这个“源”进行了“史无前例”的批判与否定。而“不破不立”“破字当头，立也就在其中了”的理论又强化了这种“左”的思维方式，严重地背离了社会文化建构成因的“源原之辨”，几乎造成了优良的传统文化的“断层”，几乎割断了民族的“精神命脉”，大伤了民族的“元气”。在建设具有民族特色的社会主义现实文化中走了弯路。“文革”以后，在党的基本路线指引下，解放思想，实事求是，对传统文化的研究也逐渐走上了正确的轨道，取得了丰硕的成果，成绩是显著的。但也还存在着一些这样或那样的偏向和问题。在20世纪80年代的“文化热”中又一度出现了“全盘西化”的思潮，主张以“西方异质文化为参照系”来检验中国传统文化，认为中国传统文化早就应该放进历史博物馆了。从右的方面陷入了民族虚无主义。同时，活跃于海外的“现代新儒学”开始传入并加入了“文化热”，由于它严重脱离建设有中国特色社会主义的实践这个“原”，显然不能作为研究传统文化的指导。尽管这样，也多少影响了一部分学者的研究思路，有的甚至提出“恢复其(指儒学)历史上固有的崇高地位，成为当今中国大陆代表中华民族民族生命与民族精神的正统思想”，并以此为宗旨发展成为一种“儒化”的思潮。其中有人就提出“儒化社会主义”的思想纲领，陷入一种更为极端的“文化保守主义”和“复古主义”。这两种思潮在方法论上的错误也都是这样或那样背离了社会文化建构的“原源之辨”。无助于甚至损害了民族“精神命脉”的延续和发扬。

这就提出了一个如何正确对待传统文化、传统儒学这样一个十分严肃的问题。对此，习近平总书记明确提出了“科学对待传统文化”的基本原则。他说：“我们要善于把弘扬优秀传统文化和发展现实文化有机统一起来，紧密结合起来，在继承中发展，在发展中继承。”进而又说：“传统文化在其形成和发展过程中，不可避免会受到当时人们的认识水平、时代条件、社会制度的局限性的制约和影响，因而也不可避免会存在陈旧过时或已成为糟粕性的东西。这就要求人们在学习、研究、应用传统文化时坚持古为今用、推陈出新，结合新的实践和时代要求进行正确取舍，而不能一股脑儿都拿到今天来照套照用。要坚持古为今用、以古鉴今，坚持有鉴别的对待、有扬弃的继承，而不能搞厚古薄今、以古非今，努力实现传统文化的创造性转化、创新性发展，使之与现实文化相融相通，共同服务以文化人的时代任务”。① 习近平的这一段论述，深刻而明确地道明了作为“源”的传统文化与当今中国特色社会主义“新的实践和时代要求”这个“原”的辩证关系。由于传统文化的历史局限性，因而就必须接受现实之“原”的检验、鉴别和取舍，从而实现“有扬弃的继承”，“而不能一股脑儿都拿到今天来照套照用”，也就是说，不能搞崇古非今的“文化保守主义”。

显然，中国现代的文化建构必须遵循“原源之辨”的历史辩证法。只有这样，才能正确对待传统文化，才能确定传统文化的现代“价值对象性”，从而才能处理好传统文化与中国现代文化建构的关系。使一直延续下来的民族“精神命脉”在与社会主义核心价值观融合中得到弘扬和发展。

“源原之辨”不同于“源流之辨”。“源流之辨”仅就“传统”本身而言，概括了“传统”形成的过程。“源”指源头、统绪；“流”指文化源头在以后历史过程中的流变，即文化“统绪”的演化传承，遂而形成传统。“源原之辨”中的“源”不同于“源流之辨”的“源”，而是“源、流”的统一或总括，实指传统文化。“源原之辨”，概括了文化流变的动因（“原”），因而跳出了“传统”本身，立足于现实这个“原”，揭示了一种新的社会文化建

① 2014 年 9 月 24 日在人民大会堂出席纪念孔子诞辰 2565 周年国际学术研讨会暨国际儒学联合会第五届会员大会开幕会讲话。

构得以创立的综合成因，即“原”“源”整合。因此，我们认为，提出“源原之辨”对于从根本上把握传统文化的继承和发展具有方法论的意义。

“源原之辨”又与“古今之辩”有别。中国近代出现的“古今之辩”，其焦点是如何对待中国传统文化的问题。当时出现了两种相互对立的片面倾向：是“今”非“古”的文化激进主义和崇“古”非“今”的文化保守主义。回顾和总结“古今之辩”的这段历史，这两种倾向都这样或那样地背离了“源原之辨”的辩证法。我们认为，在文化演进上的“古”与“今”关系，实际上就是“源”与“原”的关系。“古”之文化即传统文化是“今”之文化的“源”，而“源”要转化并融入今之文化体系，就必须接受今之“原”的鉴别和取舍。于是，所谓“古今之辩”就转化为“源原之辨”。这里有一个如何把握“源”的问题。显然，作为“源”的古之文化即传统文化，它在历史上也有其产生的“原”，也是被当时的社会经济条件所制约的。这就要求我们从其“原”上把握传统文化的真相，而不能仅仅停留在文本的字面上。就是说，今之“原”所面对的“源”（传统文化），不是文字考据学意义上的“文本”，而是根据产生“文本”的当时之“原”对其进行科学的历史分析后的“历史真相”，达到了历史与逻辑的统一。进而对其建构“今”之文化的作用和意义作出历史的定位和价值的评价，发现其中所含有的现实“价值对象性”，也就是下文所要论述的“古今通理”。并在“今”之“原”的基础上对其进行创造性转化和创新性发展，从而做到“承百代之流，而会乎当今之变”，建构起“今”之文化体系，在“今”之文化体系中延续和发展民族的“精神命脉”。可见，“古今之辩”必须经由“源原之辨”才能得到合理的解答。这样才能真正做到既反对是“今”非“古”的文化激进主义，又拒绝崇“古”非“今”的文化保守主义。从文化演进规律的哲学高度，用“源原之辨”对“古今之辨”作出了回应和总结。

现代“价值对象性”：传统文化实现现代转化的内在根据

那么，传统文化作为“源”又是怎样与现实之“原”整合而成为现代文化建构的成因的呢？这个问题，首先就是要确定传统文化的现代“价值对象性”。

“价值对象性”一词见于马克思的德文版《资本论》。捷克学者弗·布罗日克从德文版的《资本论》中发现了这一概念（许多《资本论》的译本没有注意到马克思著作中这个词与“价值”一词的区别），将它引入他的《价值与评价》一书中，并把这一概念视为一般价值论的基本范畴。所谓“价值对象性”就是作为对象化的价值，即评价的对象本身所负载的价值，它只是“在一定情况下能够实现的价值”。因而还不是价值的实现。如商品中的作为“社会一般劳动”的价值，只有通过并实现了交换后才得以实现，而在交换实现前，这个商品的“价值”还只是作为价值的“可能性”，也就是仅作为“价值对象性”而存在。本文引入这一概念，并提出现实的“价值对象性”一词。指称在传统文化中存在着可以作为现实的价值评价的对象，或者说，在传统文化中所存在的可以转化为“现代价值”可能性，它可以通过评价并在一定的条件下可以实现其价值的创造性转化，即转化为“现代价值”。[①]

① 参见弗·布罗日克：《价值与评价》，李志林、盛宗范译，上海知识出版社1988年版。

根据马克思主义的观点，“价值”是人们在改造客体即变“自在之物”为“为我之物”的实践中的创造，它通过评价而得以显现，而评价的对象就是存在于客体的“价值对象性”，因此，要实现传统文化的“现代价值”，就应首先发现传统文化的现代“价值对象性”。而正是存在于传统文化中的现代的“价值对象性”，才是传统文化实现创造性转化和创新性发展的内在根据。也正是在传统文化的现代“价值对象性”中，内涵着历史地延续着的民族的“精神命脉”。

所谓传统文化的现代“价值对象性”，是存在于传统文化仍有可能满足建设中国特色社会主义实践和创造中国特色社会主义现代文化建构需要和理想的现代价值可能性。这里，一方面是现实的实践和实践主体的需要和理想，一方面是客体对象即传统文化所具有的满足实践需要和理想的文化资源。只有达到这两个方面肯定的价值关联，才能确定传统文化的现代“价值对象性”。这种“确定”，就是遵循社会文化建构成因的“原源之辨”，根据中国特色社会主义建设的现实的经济、政治、社会结构及其变革趋势这个“原”，以及由此而规定的现代文化建构的需要，对传统文化进行检验、鉴别和筛选。这是一个过程。大致有两种形式，一是学者科学的创造性研究，包括“文本”研究和对现存传统的实证研究；一是社会大众在实际生活中对那些化为世俗形态的传统文化的体验和认知。诸如“敬老爱幼”，“家和睦邻”，“乐善好施”，“推己及人”，等等。这里有必要讨论一下关于如何对待传统儒家伦理文化的现代“价值对象性”的问题。

儒家伦理是中国传统伦理文化的主体，对于中国现代伦理建构，无疑是具有“价值对象性”的，但是否如有人所说的那样应当“真正成为时代思想的主流”，“成为当今中国大陆代表中华民族民族生命和民族精神的正统思想”呢？对儒家文化或儒家伦理的现代“价值对象性”作出这样的“定位”，这无异乎从根本上否定了自近代以来的“伦理变革”的历史逻辑。现代化理论认为，中国自19世纪60年代自强运动以来这百多年的社会变革，本质上是由传统的“农业社会”向现代的“工商社会”的转型。因此，伴随着这一社会大变革而产生的“伦理变革”，其历史定位就是由“传统伦理”向“现代伦理”的历史转换。中国现在正在进行的建设有中国特色社会主义的伟大实践，就是要完成包括物质和精神两方面由“传统”向“现代”的转换。在这种情况下，传统的儒家伦理只能作为现代伦理建构的文化资源而接受现实之“原”的解构、检验、筛选和改造。事实上，儒家伦理无论是原生形态，还是秦汉以后的嬗变形态；无论是作为政治文化，还是作为精英文化，或是化为世俗层面的大众文化，都是中国古代农业文明的文化形态，其产生或生存之“原”是以自然经济为基础的、以王权至上为核心的宗法等级社会结构，它作为一种社会伦理建构，其主体内容本质上属于中国封建社会的意识形态。正是这种生存之“原”和固有的社会性质，决定了儒家伦理的历史命运——自近代以来，由于社会形态、社会结构和政治状况的变革，逐渐地失去了它的生存之“原”，从而也就丧失了作为完整体系而独立存在的历史理由。这就是说，由于生存之“原”的变故，儒家伦理作为一种“农业文明”的文化形态和意识形态，毋庸说其名教纲常体系已与时俱朽，就是作为伦理思想体系和价值体系，在现实的价值层面上也已解体，这就是五四新文化运动要把批判的矛头集中指向儒家伦理的缘由，尽管出现了“一概否定”的极端倾向，但其方向是必须肯定的。时至今日，在迅速推进社会主义市场经济建设，实现社会主义现代化的时代背景下，还试图要恢复儒学历史上“固有的崇高地位”，使之成为社会主义中国的“正统思想”，这显然是一种逆历史而动的复古主张。当我们摒弃“全盘西化论”和“民族虚无主义”之后，对于这种极端的“复古主义”必须保持高度的警惕；中国的现代化不等于“西化”，也不等于“儒化”。

我们说儒家伦理作为一种价值体系和思想体系在现实的层面上已经解体，这并不意味着儒家伦理对于中国现代伦理建构不具有现代“价值对象性”及其所内涵着的民族“精神命脉”。其实，也只有通过对儒家伦理体系的解构，才能发现其现代“价值对象性”，才能延续其所内涵着的民族“精神命脉”。这就是说，肯定儒家伦理具有现代“价值对象性”，并不是指原型的儒家伦理体系，而是根据建设有中国特色社会主义的实践之“原”和中国现代伦理建构的需要，对儒家伦理体系进行解构、检验、鉴别、筛选后的那些对创造中国现代伦理文化的可用性价值。而正是这种现代“价值对象性”，把传统伦理与中国现代伦理建构关联起来。并通过这种“关联”将民族的“精神命脉”延续下来。

这里还应指出的是，发掘传统伦理的现代价值对象性，不应仅仅局限于“文本”或精英伦理文化，而应把视域扩展到世俗伦理。例如，儒家所创立的伦理思想，本属于精英文化层面，它通过历代儒学大师的改造和发展，著之于文本，传之于后世，历史地积淀成为传统伦理的主流。同时，它通过各种渠道和形式，影响了世俗生活，并通过世俗生活的消化，转换成为大众伦理文化，因而与精英伦理文化有着许多不同之处。以家庭伦理为例，正统儒家提倡“父为子纲”、“夫为妻纲”，强调父尊子卑、夫尊妻卑，子女对父母要唯命是从，“敬而无违”；妻子对丈夫要“三从四德”、“从一而终”，但是在世俗的家庭生活中，则更多地体现为父母与子女的“亲子之爱”、“亲亲之情”；在夫妻关系上，也存在着与“正统”有别的情况，把夫妻比作鸳鸯鸟、连理枝、比翼鸟、并蒂莲，追求夫妻恩爱、相敬如宾、白头偕老。因此，研究传统伦理，不仅要依据历史“文本”，总结精英伦理文化传统，而且还要十分重视对世俗伦理文化传统的实证研究，去发现其中的优良传统，而正是这后一方面，为学术界所忽视，甚至远在视野之外。其实，世俗伦理文化更具有“传统性”的存在，如“家训”、“家风”。它们正存活于当今人们的现实生活之中，对现实生活发生着这样或那样的作用，其中的优良传统与改善现实的社会风气和社会伦理状况显得尤为密切，在一定意义上具有更明显的现代“价值对象性”，而且，把握世俗伦理传统及其现代“价值对象性”，也有助于对传统精英伦理文化及其现代“价值对象性”的研究。

“古今通理”：现代“价值对象性”的具体化

优秀传统文化为什么能与今之现实相联结起来，可以为今之现实所继承和发展，即实现“原源整合”而生成新的文化，延续民族“精神命脉”？其中的奥秘就是在优秀传统文化中存在着现代的“价值对象性”。而正是这种现代的“价值对象性”将传统与现实沟通起来，即体现为古今相通的道、理。包括一系列的治国之道、伦理理念、道德规范、价值模式、人格范型等，其中就深含着民族的“精神命脉”。《包公》的戏，代代相传，至今不息，且故事翻新，版本迭出，然人们百看不厌，个中奥秘就在于戏中贯串着一条与今相通的为官之道——刚正不阿、执法如山、清正廉洁。包拯这个人物实际上已经成了这条“为官之道”的人格化，成为一种优秀的传统文化现象，而当今人从心底呼唤“现代包青天”时，传统中的“包公人格”就成了今人评价的“价值对象性”。对此，我称之为“古今通理”。用王夫之的话表述，也可称之为“古今之通义”。“古今通理”是传统文化中现代“价值对象性”的具体化或具体体现，也是中华民族“精神命脉”的标识。就是说，民族的“精神命脉”是通过“古今通理”而存在并得以显现的。我们将传统文化的现代“价值对象性”转换为“古今通理”，这对把握传统文化中的优秀内容、即把握优秀的传统文化和民族的“精神命脉”，具有重要的方法论意义。

习近平指出，在优秀传统文化中存在有“跨越时空、超越国度、富有永恒魅力、具有当代价值的文化精神”。这样的“文化精神”，即文化其“神”，也就是学术界常说的“共时态”的东西。这就是我们提出的所谓“古今通理”。在美国社会学家爱德华·希尔斯那里就叫作“社会跨时间的同一性”，它是存在于“在世的几代人和已经死去的几代人之间的共同意识”，因而又称之为“古今之间的同一性”。但是，对传统持保守主义立场的希尔斯并没有将“同一性”绝对化。希尔斯指出，我们需要传统，但传统却“很少是完美的”，因而又需要“改变”传统，当然也需要变化具有古今之间的“同一性”。然而“变化并不否定同一性的存在”。① 在希尔斯看来，正是这种“变”与“不变”的“同一性”，成为当今人们“接受传统的根据”。同理，我们所提出的“古今通理”，它既具有古今之间的“同一性”，因而古今相通，但又是不完美的、有局限性的，就是说，具有自身的否定性，因而需要改造和发展。也正是“古今通理”（现代“价值对象性”）的这种辩证特性，将优秀传统与今之现实沟通起来，成为优秀传统文化之所以可被继承和发展的内在根据。

---

① 希尔斯：《论传统》，上海人民出版社 2009 年版，第 181 页。

因而，在传统文化中的“古今通理”，并不等于“古今同理”。“同”就没有了区别和变化。如果以为在传统中或在古“圣贤”思想中已经发现了万古不变的“真理”，这样就会如神学家对待经文那样，只是解释，即使对经文有所修正，也不过是对神圣“真理”的阐发，绝无“创新”可言，从而也就否定了对传统进行创造性转化和创新性发展的必要性，也不可将“古今通理”表述为“古今共理”。讲“共理”就有可能将所共的“理”误解成如宋明理学那样性质的超验“天理”或如柏拉图那样独立自存的“理念”。显然，由于古今相通之“理”是古贤的创造，因而就不是脱离历史具体的抽象的绝对存在，都是在一定的时空中的存在。就是说，都有其历史的具体性和局限性。讲“通理”，义在相“通”，如若不“通”，传统的“理”就只是历史的陈迹而已。这就是说，古人所提供的与今相通之“理”是可以与“今”相承接的。但又有其历史的具体性和局限性，因而要真正实现古今承接，还必须通过对古人所创造的“古今通理”做具体的分析、批判，进而实现对其创造性转化和创新性发展，实现现代价值再创造。就是说，因为古今“相通”，故可继承；又因为古今“不同”，故需要改造和发展。从而实现“在继承中发展，在发展中继承”。这就是古与今——传统与现实关系的辩证法。显然，优秀传统文化中所涵“古今通理”的合理内核，只有在进行理性的分析和批判中才能得到继承和发展。才能使民族的“精神命脉”得以延续。

因此，继承和发展优秀传统文化，在方法论上，关键在于发现存在于优秀传统文化中的作为现代“价值对象性”的“古今通理”。习近平指出，历史虽然是过去发生的事情，但总会以这样那样的方式出现在当今人们的生活中。因而根源于以往社会生活而生成的传统文化，对今人仍然具有很深刻的影响。这就是说，古代思想家所处的历史条件虽与现代社会有着时代的区别，但当时所发生的事情和所遇到的问题，会以这样或那样的不同方式重现于今天的社会。如人际关系的“和同之辨”，治国策略的“德法之辨”，利益关系的“义利之辨”，人性内涵的“善恶之辨”，道德修养的“心性之辨”、“知行之辨”，等等。古代思想家在回答这些问题上所提出的观点和理论即形成“文本”，成为思想传统，当今人带着与古人所曾遇到的相通的现实问题和理论问题去阅读传统“文本”时，古代思想家的思想观点就会鲜活起来，就会向我们“述说”，于是就会形成今人与古人间的平等“对话”。我们就会发现其中有许多与今相通的道理——“古今通理”。如“民为邦本”的执政理念，“和而不同”、“义分则和”，追求社会有序和谐的“贵和”精神，“见利思义”、“正义谋利”的义利观及其“重义”精神，“公正无私”、“唯公然后能正”的公正观，等等，习近平概括为“讲仁爱、重民本、守诚信、崇正义、尚和合、求大同”。它们都是一些具有现代“价值对象性”的评价对象。今人在对之进行历史的具体分析并持以“同情性理解”的同时，又根据现代的意义视界对之进行解读、诠释，作出比较客观的评价，进而对之进行创造性转化和创新性发展，即实现其现代价值再创造。尤其是一些“规范性传统”的“古今通理”，如家庭伦理的“父慈子孝”、“兄友弟恭”，人伦关系的“仁爱”、“忠恕”、“诚信”，为官之德的“清正廉洁”、“刚正不阿”等。这些传统“美德”，不仅为今人所认同，而且可以成为今人行为的规范性指导。希尔斯指出：“正是这种规范性的延传，将逝去的一代与活着的一代联结在社会的根本结构之中。”[①]这里所说的“联结”，正道明了古今相

---

① 希尔斯：《论传统》，上海人民出版社 2009 年版，第 25 页。

“通”的本义(因为相通才有联结)。当然,今人对这些古今相通的“规范性传统”,同样需要进行创造性的现代转化。

根据现代解释学的理论,今人与古人之间的对话,不仅表现为今人对古人思想的阐释、改造和发展,而且,还表现在今人在研究传统文化、如精读古人经典中,往往会受到一些深刻的思想启迪,从中找到应对现实的难题和挑战的思想理论和方法,如古典中国哲学的“天人合一”的宇宙观和思维方式,“重己役物”、“物物而不物于物”的超越精神等。在这一意义上,今人应以古人为师,从而丰富现实文化。显然,这是我们在继承和弘扬优秀传统文化中不可忽视的一个重要方面。

化理论为方法:“古今通理”的现代价值再创造和民族“精神命脉”的延续

应该指出,现实对于“古今通理”是有选择的。在不同的历史条件下,各自会根据现实之“原”在传统文化的“源”中选取适合自己价值取向的“古今通理”。就儒家文化而言,历史上汉儒和宋儒以及近代“接着讲”的新儒家对传统儒学内容的选择就各有所侧重。今天,我们提出“讲仁爱”、“重民本”、“守诚信”、“崇正义”、“尚和合”、“求大同”等这些在传统文化中极为重要的具有现代“价值对象性”的“古今通理”,也是根据现实之“原”的选择。但是,如上所说,还是需要对之进行现代价值再创造即现代转化,才能实现继承和发展,从而延续民族的“精神命脉”。这里仅就“民本”理念和思想试做论述。

“民本”,即“民为邦本,本固邦宁”。[①] 实际上是指“民生为

① 《古文尚书·五子之歌》。

本”，突出了民生问题对于治国安邦的重要性。古贤认为，讲民生，或曰“惠民”，才能得民心——得天下——安天下。《淮南子·主术训》说：“食者，民之本也；民者，国之本也；国者，君之本也。”西汉郦食其也说：“王者以民人为天，而民人以食为天。”[①]这是说庶民作为生产粮食的劳动者，对于治国安邦具有根本性的作用；所谓“民本”，正如实地反映了农民对于稳定和发展作为君主统治基础之农业经济的根本性作用。因此“君为轻，社稷次之，民为贵”。[②] 所以，儒家主张统治者应以民生计，不断调节土地关系和贫富对立，依“礼”的秩序，“使富者足以示贵而不至于骄，贫者足以养生而不至于忧”。[③] 以此为度，达到贫富“调均”，使老百姓有饭吃、有衣穿，安心于农业生产。这也就是古贤所说的“公正”。于是才能安民，就能稳定统治的社会基础，达到天下“治”“平”。“民本”是执政者的治国策略的根据。显然，以“惠民”为基本内容的“民本”思想和价值理念，是一条“古今通理”，具有现代价值对象性。但我们不可将传统“民本”思想与中国共产党践行的“立党为公，执政为民”的执政理念等同起来。其实，当我们将“民本”思想还原到具体的历史形态，所谓“民本”是就君与民相对而说的。人们常引荀子的“君舟民水”的比喻，而不引荀子在说这一比喻前的另一个比喻：“马骇舆，则君子不安舆。庶人骇政，则君子不安位；马骇舆，则莫若静之。庶人骇政，则莫若惠之。”惠之，则庶人安政，“庶人安政，然后君子安位。”[④]“惠之”即惠民生，这是“民本”的基本要求。但很明显，儒家所讲的“民本”，是为了

---

① 《史记·郦生陆贾列传》。
② 《孟子·尽心下》。
③ 《春秋繁露·度制》。
④ 《荀子·王制》。

使民“安政”，即安于被统治，从而使君“安位”。君与民的关系是乘舆与御马的关系，是统御与被统御的关系。在儒家心目中，真正的“国之本”者，是君而不是民。董仲舒明确认为：“君人者，国之本也”。[①] 又说：“缘民臣之心，不可一日无君……故屈民而伸君”。[②] 可见，在儒家那里，“民本”与“君本”，相辅相成，但其中所用的“本”是两个不同的概念。二者各有所指，并不相悖。“君本”（“君人者，国之本也”），是指君权至上为“本”的国体。在这一国体下，君主是统治者，民只是被统治者；“民本”（“民为邦本”）则是说，君主唯有治好了“民”即民“安政”了，才能“邦宁”、“国泰”，君权至上的国体和君主专制统治才得以长治久安。这里，“民本”作为君主治国理念，是“治道”而不是“政道”，而由“民本”而“惠民”、重“民生”的治国之策，是“治术”。如果用哲学史上的“体用”概念来说，那么，君本的“本”是“体”，而“民本”只是“体”之“用”。因而，“民本”服从于“君本”。所谓“民本”——“惠民”只是统治者为了维系“君本”而采取的一种统治策略、一种手段而已，只是“体”之“用”而已。所谓“民本”，目的是为了治民，是为了维护君主统治得以长治久安、万世一系，而不是“为民”。这与中国共产党“人民是国家的主人”、“以保障人民根本利益为出发点和落脚点”的“立党为公，执政为民”的执政理念有着本质的区别。

不错，古人也有“为民”的提法。如西汉谷永有言：“臣闻天生蒸民，不能相治，为立王者以统理之；方制海内非为天子，列土封疆非为诸侯，皆以为民也。”[③]然而，此“为民”与中国共产党“执政为民”的“为民”是两个不同的概念。谷永说得明

① 《春秋繁露・立元神》。
② 《春秋繁露・玉环》。
③ 《汉书・谷永杜邺传》。

白，上天立王（君权天命）是为了统治下民，因为民不能自己治理自己。凡控制海内、列土封疆，不是对天子、诸侯自己，都是为了治理下民。就是说，天立君权是为了治民。这是由“天生蒸民，不能相治，为立王者以统理之”的逻辑结论。谷永的“为民”绝非以民为终极的价值目标之谓，而是以“治民”为目的。而为了治理好下民，王就应“以民为基”。他说：“王者以民为基，民者以财为本，财竭则下畔，下畔则上亡。是以明王爱养基本，不敢穷极，使民如承大祭。”[①]与荀子的“乘舆与御马”的比喻如出一辙。可见，谷永的“为民”并没有跳出儒家“民本”的本义。

因此，面对传统的“民本”思想，应以中国共产党领导下中国特色社会主义的现实之“原”为据，用马克思主义的观点和方法进行科学的鉴别、扬弃和转化：在对“民”的社会地位上，由被统治的“小民”转化为权利平等的社会主人；在对“民”的价值定位上，由“工具”意义转化为“目的”意义。进而对传统的“民本”思想作出创造性转化，即由“治民”的“民本”转化为“为民”的“民本”。“为民”，就是“权为民所赋”——“权为民所用”。这两个“为民”正表明了“民本”在现代具有内在逻辑联系的两个层面。前一句是“政道”，表明“权”是人民所赋予的，讲的是权力的来源和价值属性；后一句是前一句的必然要求，是“治道”，讲的是权力的功能和使用。综合前后两个“为民”，就是人民赋予的权力就应服务于人民。这就是“民本”的所含的现代意义。是对传统“民本”的现代转化。这是一个根本性的转化！“为民”的“民本”继承了传统“民本”的“重民生”“惠民”的合理内核，并在政治上和价值上发展了传统的“民本”，

① 《汉书·谷永杜邺传》。

即由“治民”的治道“民本”转化为“为民”的政道“民本”。今天，中国共产党把“重民生”作为落实“立党为公，执政为民”执政理念的重要政策，就是基于“为民”之政道、出于“为民”之终极价值目标的生动实践，正体现了传统“民本”向现代“民本”的划时代转化。

如果对传统“民本”的“民”的社会地位和价值定位不做鉴别和转化，传统的“民本”观就可能成为“官本”文化的附庸，如一到节日的“访贫问苦”成了一些官老爷形式主义的“民生秀”，与传统的“民本”观没有了本质区别。就有学者将儒家以“治民”为目的的“民本”认定是“为人民”、“是一切政治活动的根本目标、价值标准”。或将儒家的“民本”思想不加分析地说成是“民本主义”，说“民本主义是个好东西”。因而是可以直接用于当今中国的价值观念和“指导思想”，断定中国共产党无论在过去还是在今天所讲的“为人民服务”、“实现小康”等，“本质上也都是民本主义的体现”。这至少在理论上抹杀了“为民”的“民本”与“治民”的“民本”的本质区别，不利于民族“精神命脉”的延续。

需要提及的是，一些学者讲“民本”扯上了“民主”。认为由“民本”可以“开出民主”。传统“民本”成了“现代民主”的文化渊源，“可以促进现代民主建设”，甚至将传统“民本”解释、论证为“民主”，说“民本思想才是民主的实实在在的体现”。对此，许多学者提出了质疑和论析。本文不打算展开论述。因为这是两个不同性质的概念。“民主”是“政道”，是一种政体，一种政治制度和政治秩序。而传统“民本”只是作为一种治道和治术，肯定的只是民对于君主治国安邦的基础性作用，其实质是肯定农民对于稳定和发展作为君主统治基础之农业经济的根本性作用，化作治国之策就是仅具工具意义的“惠民”。这里没有也不可能包含与“法治”相伴的人民主体、权利平等以及权利与义务统一这些“民主”政治所必备的实质性要件。显然，传统“民本”本身并不存在与“民主”相通之理，不存在现代民主的价值对象性。如果一定要将“民本”思想与现代“民主”政治沟通起来，那就必须对传统“民本”作如上所说的现代转化。赋予“民”以“目的”意义，“民”真正成为国家之主体，成为享有平等权利和自由的社会主义公民。唯有达到这样的“民”的“民本”，才能促进构建中国特色社会主义的现代民主。

可见，传统文化中所具有现代“价值对象性”的“古今通理”，是优秀传统文化可以继承的内在根据。但要真正实现继承和发展，还必须根据现实之“原”对“古今通理”进行现代价值再创造，也就是对“古今通理”进行创造性转化和创新性发展。实现“在继承中发展，在发展中继承”。并通过这样的继承和发展，不断地延续着中华民族的“精神命脉”。我们提出的“源原之辨”及作为现代“价值对象性”的“古今通理”这些理论概念，对于继承和发展优秀传统文化、延续民族的“精神命脉”具有方法论的意义。

（作者系华东师范大学哲学系教授）

历史视野中的孔孟儒学

○高兆明

要合理认识孔孟传统儒学，应当仔细区别孔孟儒学内在具有的两种普遍性：作为宗法血缘等级社会历史形态文化价值精神的特殊普遍性，以及作为人类文明文化价值精神的真实普遍性。应当区别孔孟儒学的三个不同层面：作为意识形态的、作为文化哲学的与作为日常生活大众文化的。孔孟儒学作为一种文化应当是发展着的，不过，一方面，在当今发展或重新诠释孔孟儒学，不能成为新历史条件下夜郎自大、故步自封、拒绝学习人类先进文化的借口；另一方面，发展的孔孟儒学一定是现代文明的，一定是承认人类理性的价值，以人的全面而自由发展为灵魂，追求现代科学、民主精神。

以孔子、孟子为代表的传统儒学是中华民族文化前行中绕不过去的山峰。它代表了中华民族那段悠久深厚的历史。在它身上，不仅有漫长历史过程中形成的深厚民族情感，更有民族文化根基与生命本体。二千年来，我们每个人事实上均以不同的方式受其熏陶并被塑造，我们即便要“打倒孔家店”，亦是在“孔家店”中“打倒孔家店”。中华民族的民族文化摆脱不了孔孟儒学的影响。孔孟儒学在被对话、批判、记忆中存在，并影响着当今人们的思想观念与生活实践。它不仅属于既往历史的，亦是在当下生长着的。

“谁有合理的眼光来看世界，那世界也就现出合理的样子。”对象是主体所理解的对象。“横看成岭侧成峰，远近高低各不同。不识庐山真面目，只缘身在此山中。”对事物的观察、认识离不开观察的角度与高度。在当今，简单地否定或肯定以孔子、孟子为代表的传统儒学思想再容易不过。然而，这于事无补。关键是如何合理地认识孔孟传统儒学。对于孔孟传统儒学的合理认识，首先不能纠缠于细枝末节，不能没有历史的眼光，不能离开孔孟儒学诞生与服务的那个历史时代，不能离开人类文明演进的历史，不能离开中华民族奋起回归人类文明主潮流、居于世界先进民族之列的历史使命。如果离开了历史、离开了人类文明演进的大视野，孔孟儒学不仅不能成为我们前行的财富与动力，反而有可能成为包袱与重负。

一

黑格尔曾从“哲学的历史”角度认为历史“是‘自由’意识的进展”，将历史理解为是向着自由的目的性运动过程。从一个人的自由到部分人的自由，再到全体人的自由，构成此目的性过程的具体内容。在黑格尔看来，古老的中国是早熟的儿童，没有历史，是只有一个人的自由的社会。对于黑格尔的这一看法，我们当然可以批评其武断、浅薄与傲慢，批判其宿命论嫌疑。但是，如果我们不是在线性、宿命论的立场，而是在人类历史文明趋势与方向的立场理解问题；如果我们能够基于理性承认人类历史有大趋势、大方向，承认黑格尔关于理性精神的自由目的性运动过程思想，只不过是以特殊方式对此大趋势、大方向的揭示；如果我们能够在原则上承认中国古代社会是宗法等级家长制社会，且承认家长制中只有“家长”一个人的自由；如果我们能够承认马克思在《共产党宣言》中所说“自由人联合体”理想境地的合理性，承认社会历史中有大势与民心，那么，我们就无法在根本上否定黑格尔这一认识具有某种合理性。历史不是编年史的，而是自由精神生长史的；向着自由前行不仅是古老中华文明的发展方向，而且其路漫漫；每一种文明、文化都有其存在的理由，不能简单地否定或肯定，每一种文明、文化只有在人类文明演进的普遍历程中才能被合理把握。这些正是黑格尔上述思辨思想中值得我们格外重视的宝贵精神财富。

对当今中国人而言，观察、理解具有二千多年历史的孔孟儒学，至少有两个基本历史事实不能回避：其一，自汉武帝推行“罢黜百家，独尊儒术”后的两千多年中，孔孟儒学在总体上一直位居庙堂之上，占据社会精神的主导地位；其二，二十世纪初以“打倒孔家店”为目标的新文化运动。前一历史事实所提出的问题是：为什么孔孟儒学能长时期地居于社会精神的主导地位？它与各种皇权统治政治关系如何？后一历史事实所提出的问题是：为什么二十世纪初的中华民族发出了“打倒孔家店”的声音？如何认识上个世纪初的新文化运动？打倒孔家店的实质是什么？而对后一历史事实所提出问题的思考必然涉及对前一问题的思考。

上世纪初新文化运动的要旨是推翻纲常礼治秩序，建立新伦理秩序，否定宗法道德，建立新道德。这是一场中华民族欢呼、迎接德先生、赛先生的启蒙运动。鲁迅在新文化运动中曾尖锐揭露孔孟传统儒学“吃人”。鲁迅的这一思想是否合理？今天我们是否在根本上认可鲁迅的这一文化反思与精神批判？如果我们对此在根本上持怀疑甚至否定态度，这是否意味着我们必须重新检点中华民族学习先进文明并引进民主、科学精神的合理性？是否意味着我们应当重新审视中华民族自鸦片战争之后一百多年间努力探索由传统农业文明向现代工业文明转变的必要性？如果真的这样，这本身又意味着什么？显然，这是关涉中华民族精神文化生命的大是大非原则问题，来不得半点含糊。

当然，我们无须讳言我们所面临的精神困扰乃至苦恼：无论是理智还是情感，我们都必须承认以孔孟儒学为代表的文化传统中有令人珍惜的一面，它们是中华民族引以为豪的文化瑰宝，是人类文明宝库中的财富。我们无法在一般意义上否定孔孟儒学中所包含的仁义礼智信、忠孝仁爱信义和平等价值精神。我们必须在一般意义上真诚地承认这些价值精神为当今人类不可或缺。孔孟儒学以及以孔孟儒学为代表的传统文化有着截然不同的两面，似乎不相容的两极又如此天衣无缝地融合一体。如何合理理解此种现象，考验着我们的智慧与眼光。

二

任何具体事物既是个别、特殊的，又是一般、普遍的。我们对任一事物的认识，无不是在个别与一般、特殊与普遍的连接中进行。孔孟儒学的个别、特殊是什么？其一般、普遍又是什么？必须仔细厘清。

孔孟传统儒学奠基于血亲宗法等级社会、扎根于传统农业文明。孔孟儒学在根本上是那种社会关系的文化自觉，是那个特殊历史时代的文化。正是历史时代的此种特殊性，决定了孔孟儒学的宗法等级基本价值特质及其基本价值框架。宗法等级价值特质及其基本价值框架，不仅决定了孔孟儒学的历史使命——为集权政治服务，在那个历史时代建立起以仁、礼为核心的纲常礼治秩序，而且还规定了其关于人格精神、价值要求、行为规范的具体内容及其具体理解。孔孟儒学是宗法血缘等级社会的文化类型，其礼治秩序与道德人格精神均适应并服务于宗法血缘等级社会。如果我们缺失大局观，不能首先在历史中具体把握孔孟儒学的这一基本价值特质，我们就谈不上对孔孟儒学的真正合理把握，当然也就不能真正理解前贤们对孔孟儒学封建秩序（暂用此称）卫道士的深刻揭露与尖锐批判。

只要我们诚实地面对历史并且运用理性勇敢地思考，就会不禁发问：为什么董仲舒要罢黜百家、独尊儒术？为什么此后二千年王朝更替无数，但皆尊奉儒术？为何在王朝更替中弃儒，打下江山后则尊儒？传统儒学中的何种内容使得统治者将其奉若神明？离开了孔孟儒学的宗法等级价值特质及其礼治秩序，一切都无法获得合理解释。确实，孔孟儒学中的仁、义、礼、智、信、忠、孝、廉、耻等文化价值思想值得我们重视，然而，问题的关键在于，如果我们不能首先把握孔孟儒学的宗法血缘等级这一质的规定性，我们就不能准确把握它们在孔孟儒学中的真实规定或内容，也就谈不上在当代将它们创造性转化的问题。进而言之，我们今天所说的仁、义、礼、智、信、忠、孝、廉、耻等，难道与孔孟当年所说无异吗？离开了具体时代、离开了具体时代的日常生活世界，这些价值精神及其规范性要求还能有真实的规定吗？

人类生活总要有秩序，既要有日常生活秩序，也要有心灵秩序。每个时代的人们都不得不直面并寻求日常生活秩序与心灵秩序及其统一。恰如古希腊的柏拉图、亚里士多德所做工作一样，孔子、孟子以自己的方式对此做出了居于自己时代高度的回答。区别在于前者基于城邦民主制追求城邦正义，后者基于宗法血缘等级制追求礼治秩序。孔孟儒学中有对道德人格的追求，要塑造出不朽人格，然而，这种道德人格首先是那个礼治秩序中的，并在宗法血缘关系框架中被具体规定了的。

当然，以自己方式对日常生活秩序与心灵秩序做出了居于自己时代高度回答的孔孟儒学，作为一种思想文化精神是个别、特殊的，然而，其中却有着两种不同性质的普遍性：其一，作为那个历史形态文化价值精神的普遍性；其二，作为人类文明文化价值精神的普遍性。前者是宗法血缘等级社会生活方式的普遍性精神，这是特殊的普遍性。后者则是作为人类文明普遍财富的普遍性，是真实的普遍性。必须仔细区别孔孟儒学的这两种普遍性，不可彼此遮蔽。中华民族要走在世界文明前列，就必须彻底否定宗法血缘等级的社会结构与生活方式，必须否定与此相应的特殊普遍性意义上的孔孟儒学，并在此基础之上弘扬真实普遍性意义上的孔孟儒学。孔孟儒学中有人类文明的永恒财富。孔孟在那个时代提出并思考了人类的一些永恒问题，诸如人、人性、人的存在及其超越性，人伦关系，社会国家生活中的政道与治道问题，等等，并给出了在那个时代所能够达到的高度的回答。他们以自己的特殊方式提出并回答了人类的永恒问题。在孔孟儒学的个别性、特殊性样式背后有着某种人类普遍、永恒内容。然而，复杂的是，孔孟儒学的这些永恒、普遍性内容却是以那个时代的特殊样式呈现，不仅带有那个时代的深刻烙印，而且还被牢牢地禁锢在那个时代的价值体系框架中。除非我们砸碎包裹其外的坚硬外壳并仔细擦去表面的尘垢，除非我们打碎其体系并在新体系中仔细辨别与重新诠释其成分，否则，我们无法直接拿来用于今天。

近100多年来的诸多先贤们致力于孔孟儒学的现代转化，探索孔孟儒学现代再生的现实可能，这些工作本身表明这些先贤们已经深刻洞悉孔孟儒学与现代社会的时代距离。所谓现代转化、新生，要旨就是打破孔孟儒学文化思想原本有的价值框架，打碎其宗法等级的厚重体系外壳，使其中所包含的某种合理性成分在新时代及其自由、民主、科学价值框架中获得新生。

孔孟儒学有不同的层面：作为意识形态的、作为文化哲学的与作为日常生活大众文化的。作为意识形态的孔孟儒学直接为宗法等级政治服务，是宗法等级政治统治工具。作为文化哲学的孔孟儒学则是文化思想理论的，主要是学术思想理论的。作为日常生活大众文化的孔孟儒学则是日常生活规范的，它在大众层面、为大众所熟悉并成为大众的规范性。在今天，以孔孟为代表的传统儒学要获得创造性转换或新生，就决不是意识形态意义上的，而只能是文化思想理论与日常生活规范意义上的，且这种创造性转换或新生须贯注自由、民主、科学的现代人文精神。

三

它山之石，可以攻玉。日本明治维新时期的精神导师福泽渝吉，在面对东西方文明冲突深思日本民族历史发展走向时，曾在东西方文明对比视野中对孔孟儒学思想有过深刻分析。深谙东西方文化的福泽谕吉认为：日本民族在古代通过向中国学习孔孟儒学进入了古代文明，但是，如今孔孟儒学已是重病在身，继续学习孔孟儒学没有出路。在他看来，孔孟儒学的根本顽疾是禁锢思想、压抑精神，日本民族只有“开启民智”，追求精神解放、思想自由，才有希望。

福泽谕吉并不否认孔子、孟子是“一代伟大学者”，也不否定孔孟之学的思想价值，但他揭示：孔孟之学是内修之学，不是治世之学；孔孟之学是宗法社会的思想结晶，不是现代文明社会的时代精神。在福氏看来，“孔孟的学说，是讲正心修身的伦常道理的”，其核心是修身的道德，而不是治世的政治。道德可以用来教化民众，但不能直接用于现代政治生活。道德“在未开化和人事单纯的社会里，它对维持人民的秩序，是有用的。但是，随着民智的逐渐开化，它的功效必然逐渐丧失。假使现在还想以内在的无形道德，施于外在有形的政治，想用古老的方法处理现代的事务，想用感情来统御人民，这未免太糊涂了！”“在后世的政治上，孔孟之道未能实行，并不是因为孔孟之道的错误，而是由于时间和地点不对头。”他告诫人们：“切不可根据孔孟之道寻求政治途径。”我们当然可以具体批评福氏的过于简单乃至某种肤浅，但是，我们却不能否定福氏简洁方式背后所透视出的洞见。

福泽谕吉以自己的独到眼光，解释了中国历史上长期独尊儒学的现象。他的理由有二：孔孟儒学无碍暴政，孔孟儒学有利于专制暴政。首先，在福泽谕吉看来，一个社会“假如只有一个学说，无论这个学说的性质怎样纯粹善良，也决不能由此产生自由的风气；自由的风气只有在不同意见的争论之中才能存在。”秦始皇焚书坑儒、独尊儒学，在根本上是要“杜绝”“争论的根源”，实行精神专制。在此意义上，孔孟之教无碍暴政。其次，孔孟儒学对独尊儒学的专制暴政“制度最有利”。尽管孔孟儒学中不失某种博大精深与善良人性价值，但是，在根本上它属于“人的依赖关系”的宗法等级社会的文化价值精神。正是这种宗法等级文化价值精神,契合了绝对集权的专制统治。福泽谕吉以自己的方式揭示:对孔孟儒学的把握必须置于历史之中,必须把握其历史属性,否则,我们就会失却正常的理智判断能力。

孔孟儒学是发展着的。至少二千年历史上的孔孟儒学有过宋明、晚清等几个重要发展阶段。作为一种文化,若不是僵死的,要能够存活,就必须发展。没有发展就没有生命。不过,一方面,发展或重新诠释孔孟儒学,不能成为新历史条件下夜郎自大、故步自封、拒绝学习人类先进文化的借口;另一方面,发展的孔孟儒学一定是现代文明和现代人文精神的:承认人类理性的价值,以人的全面而自由发展为灵魂,追求现代科学精神与民主精神。

（作者系南京师范大学教授）

思想启蒙的光荣篇章

——为新文化运动的反传统一辩

○陈卫平

针对把新文化运动的反传统视作错乱妄为的历史灾难，进行以下两方面的辨析：其一，全盘反传统还是"猛勇"反封建？其二，把传统文化"妖""鬼"化还是以科学精神"整理国故"？历史事实是新文化运动提出的不是"打倒孔家店"而是"打孔家店"；后者不是全盘否定孔子儒学，而是"猛勇"攻击"孔教"，即与复辟活动相联系封建专制主义思想，这不仅具有历史的正当性。而且对于新儒学的兴起具有正面的建设性贡献；只有将新文化运动反传统的历史正当性和历史片面性结合起来，才能对其作出公允的评价。斥责新文化运动妖鬼化传统文化，完全是对胡适一段话的望文生义。新文化运动对于传统文化的总体原则是：破除经学传统，强调以科学精神整理国故，奠定了研究传统文化的现代学术形态，使得传统文化在现代社会中重新焕发生机。

100年前创刊的《青年》(《新青年》)，揭开了新文化运动的序幕，掀起了反孔批儒的惊涛洪波。在近十多年的一些言论中，这被视为激进主义"全盘反传统"予以贬抑，而将其当做现今弘扬优秀传统文化的对立面，似乎已成定谳不容置疑。于是，就产生了这样的问题：新文化运动反孔批儒究竟是思想启蒙的光荣篇章，还是错乱妄为的历史灾难？本文认为是前者，并为之做点辩护。“辩”“辨”相通，本文的辩护力图以事实辨析和理论分析为基础，以免把辩护异化为独断的强辩。当然，这里的辩护和辨析是初步和简略的，因而谓之“一辩”。

全盘反传统还是“猛勇”反封建

责难新文化运动者，常常把“打倒孔家店”作为其全盘反传统的有力佐证。其实，这是站不住的。孔门儒学不是传统文化的“全盘”，因此，新文化运动反孔批儒并非全盘反传统是不言而喻的。事实上，新文化运动对于儒学之外的诸子以及被目为异端的嵇康、李贽和民间神话、传说等多有借鉴、褒扬。如余英时所说：新文化运动中，“当时在思想界有影响的人物，在他们反传统、反礼教之际首先便有意或无意地回到传统中非正统或反正统的源头上去寻找根据”。[①]

那么，新文化运动的反孔批儒是全盘“打倒”儒学吗？首先，需要澄清的历史事实是：在至今能够查阅到的新文化运动文献中，没有出现过“打倒孔家店”的字样。[②] 胡适在 1921 年借用他人的话语，称赞吴虞是“‘四川省只手打孔家店’的老英雄”。“打倒”和“打”有很大区别。打个比喻，父母大概都打过孩童时代的子女，但并未要打倒他们的子女，相反，“打”是希望子女们改正过错，能更好地挺身站立。“打孔家店”正是如此。就在《〈吴虞文录〉序》里，胡适把吴虞的“打孔家店”比喻

① 余英时：《五四运动与中国传统》，《中国思想传统的现代诠释》，江苏人民出版社 1995 年版，第 346 页。

② 较早指出这一点的是宋仲福等著的《儒学在现代中国》（中州古籍出版社 1991 年版），见该书第 68—69 页。以后也有一些学者的论著对此有所论述辩证。

为清扫大街的“清道夫”，也就是要扫除孔门儒学这条大街上的“孔渣孔滓”，使其成为新文化重建的重要地基。

当然，“打”字无论如何显示了反孔批儒的猛烈、坚决的态势。因此，进一步需要分析的是：猛烈、坚决“打”向的对象是什么以及有无历史正当性。胡适称吴虞和陈独秀“是近年来攻击孔教最有力的两位健将”。[①] 显然，所要“打”的孔家店，也就是“孔教”。所谓孔教，在当时是有确定所指的。袁世凯和张勋的复辟帝制始终与尊孔相联系，在这中间喧嚣不已的是康有为、陈焕章的孔教会。孔教会强调“孔教”，意在宪法中将儒学和孔子确立为国教和教主。当时有报纸指出：“所以如此者。固孔子力倡尊王之说，欲利用之以恢复人民服从专制之心理”。[②] 所以，攻击孔教的实质是猛烈、坚决地批判有着悠久传统的封建专制主义的思想文化。如陈独秀所说：对于与民主主义的“新社会新国家新信仰不可相容之孔教，不可不有彻底之觉悟，猛勇之决心。”否则，“就是这块共和招牌也是挂不住的”。[③]

事实上，猛勇攻击孔教的矛头是直指封建专制主义的。这主要有以下三方面：一是政治层面上，批判孔子为帝王专制的“护符”；二是思想层面上，批判孔子为思想专制的权威；三是个人层面上，批判孔子之礼为伦理专制的先导。对上述三方面，这里略举一二。新文化运动的思想家们指出，封建帝王利用孔子尊君思想为自身的专制辩护，“孔子为历代帝王专制

① 胡适：《〈吴虞文录〉序》，《胡适文存》第 1 集，黄山书社 1996 年版，第 582 页。

② 韩达编：《1911—1949 评孔纪年》，山东教育出版社 1985 年版，第 17 页。

③ 陈独秀：《宪法与孔教》、《旧思想与国体问题》，《独秀文存》，安徽人民出版社 1987 年版，第 79、104 页。

之护符”，因此“掊击孔子，非掊击孔子之本身”，而是“掊击专制政治之灵魂”；[①]他们还指出，独尊儒术，罢黜百家的思想专制，以孔子之是非为是非，“凡不同于我者，概目之为异端，不本于我者，概指之为邪说”，由此造成了“儒教专制统一，中国学术扫地”；[②]他们还批判“孔门伦理”的纲常名教是“牺牲被治者的个性以事治者”的伦理专制，[③]尽管三纲之说非孔子所创，但“儒教之精华曰礼”，孔子之礼维护尊卑贵贱的等级，而“尊卑贵贱之所由分，即三纲之说所由起也”，所以，“三纲说不徒非宋儒所伪造，且应为孔教之根本教义”。[④] 鲁迅将礼教对个性的摧残，以文学的修饰称之为“吃人”，由此“吃人的礼教”成为批判孔教伦理专制的形象流行语。很清楚，上述三方面的“猛勇”反孔批儒具有历史正当性。因为这使得人们在辛亥革命失败后的迷茫中有了新认识：要把中国社会推向前进，还要有文化的觉醒和思想的启蒙，即陈独秀说的“吾人之最后觉悟”。对新文化运动有很多批评的杜亚泉也认为尊孔复古是违逆历史潮流的。他指出：在当时如果“复兴旧制”，则必“摧折新机”，动摇国本；“设使今日之俄国，欲复彼得以前之旧法，今日之日本，欲行明治以前之藩制，则世皆知其不能，识其不可矣。”[⑤]让世人皆知其不能，识其不可，正是新文化运动“猛

---

① 李大钊：《自然的伦理观与孔子》，《李大钊选集》，人民出版社 1978 年版，第 80 页。

② 吴虞：《明李卓吾别传》、《儒家主张阶级制度之害》，《吴虞集》，四川人民出版社 1986 年版，第 85、98 页。

③ 李大钊：《由经济上解释中国近代思想变动的原因》，《李大钊选集》，人民出版社 1978 年版，第 296 页。

④ 陈独秀：《宪法与孔教》，《独秀文存》，安徽人民出版社 1987 年版，第 76—77 页。

⑤ 杜亚泉：《接续主义》，《杜亚泉文选》，华东师范大学出版社 1993 年版，第 131—132 页。

勇"攻击孔教的光辉所在。

王元化在20世纪90年代反思新文化运动激进主义时，认为梁启超在《欧游心影录》的《中国人之自觉》提出的以下观点值得肯定，即对以往的思想要区分两个层面，即超越时代的"思想的根本精神"和思想受派生其时代所支配的具体观念等等，应当学习前者体现的智慧，而后者往往随着时代变迁而过时。他指出新文化运动反孔批儒的失误或者说片面性，在于只抓住了后者而忽视了挖掘前者，因而只承认孔子儒学的历史价值而否认其现代价值。[①] 也许可以找出一些话语来证明新文化运动的思想家们对儒学的前一层面也有所认识，如陈独秀在批孔的同时指出："温良恭俭让信义廉耻诸德，乃为世界实践道德家所同遵。"[②]如果以此来为上述的片面性作辩护，那是很牵强的。因为上述反孔批儒的三个方面作为新文化运动的主流，确是从后一层面展开的。不过，只有深入揭示后者，才能更清楚地认识前者。这在现代新儒学的开创者梁漱溟身上就有所体现。他肯定陈独秀上述的"猛勇"攻击孔教的话："陈君这段话也可以说是痛快之至，在当时只有他看的如此之清楚！"由此他也"清楚"地认识到：孔家礼法"数千年以来使吾人不能从种种在上的威权解放出来而得自由；个性不得伸展，社会性亦不得发达。""古代礼法，呆板教条以致偏欹一方，黑暗冤抑，苦痛不少"。[③] 显然，正是新文化运动对于孔子儒学在后一层面的批判，使得梁漱溟认识到儒学的根本精

① 参见王元化：《杜亚泉文选·序》，《杜亚泉文选》，华东师范大学出版社1993年版，第18—19页。

② 陈独秀：《宪法与孔教》，《独秀文存》，安徽人民出版社1987年版，第78页。

③ 梁漱溟：《东西文化及其哲学》，《梁漱溟全集》第1卷，山东人民出版社1989年版，第339、479页。

神是另有所在。所以，新文化运动的反孔批儒对于把握儒学的根本精神是具有建设性意义的。正如现代新儒家贺麟所说："五四时代新文化运动，可以说是促进儒家思想新发展的一个大转机。""新文化运动的最大贡献在于破坏和扫除儒家的僵化部分的躯壳的形式末节，及束缚个性的传统腐化部分。它并没有打倒孔孟的真精神、真意思、真学术，反而因其洗刷扫除的工夫，使得孔孟程朱的真面目更是呈露出来"。[①] 这意味着新文化运动反孔批儒对于儒学的新发展也具有历史正当性。

"猛勇"往往与偏激相联系。新文化运动反孔批儒的偏激，一言以蔽之，就是主张矫枉必须过正："夫矫枉必稍过正，而其结果仅乃得正。"[②]陈独秀、鲁迅、胡适都表达过同样的思想。这无疑容易导致片面性。但是，片面性并非没有历史正当性。因为造成这样的偏激有着以下的原因：第一，由于中国近代以来改革屡屡受挫，很容易使人认为失败的原因在于不够彻底，从而普遍形成越彻底越好的急躁心理。陈独秀在《敬告青年》中的"利刃断铁、快刀理麻"就是这一心理的写照；第二，由于封建传统根深蒂固，不易撼动，需要使出加倍的力气与之搏斗，"吾恐吾国诸事既枉之程度已深且固，虽矫之甚过于正犹不能正之也"；[③]第三，为了鼓励自己阵营的同志，坚持真理而不中途妥协，陈独秀致胡适信中说，以白话文取代文言文"不容他人之匡正"，[④]表达的就是这样的精神；第四，为了回

---

① 贺麟：《儒家思想的新开展》，《文化与人生》，上海人民出版社 2011 年版，第 12 页。

② 胡哲谋：《偏激与中庸》，《新青年》第 3 卷第 3 号。

③ 胡哲谋：《偏激与中庸》，《新青年》第 3 卷第 3 号。

④ 陈独秀：《再答胡适之》，《独秀文存》，第 689 页。

应反对者的谩骂而用了一些激烈语言，如以“选学妖孽，桐城谬种”回骂林纾的“人头畜鸣”之类。其实，新文化运动对于克服“偏激”是有一定自觉意识的。陈独秀往往被视作“偏激”的典型，然而正是他代表《新青年》批评钱玄同废除汉文之类的“激切的议论”，指出“象钱先生这种‘用石条压驼背’的医法，本志同人多半是不太赞成的。”[①]他在与反对新文化运动的守旧者激辩时，冷静地表示应当如蔡元培一样，尊重对方保持其学术见解的权利，“蔡先生对于新旧各派兼收并蓄，很有主义，很有分寸，是尊重讲学自由，是尊重新旧一切正当学术讨论的自由”。[②] 既然有此自觉，但仍有偏激之论，这就更表明了这偏激是出于上述的历史缘由。可以说，新文化运动的某些偏激言论，是“猛勇”反封建的思想启蒙历史激流溅起的浪花。

指出新文化运动反孔批儒的片面性有其历史正当性，意在对它的反传统有同情的理解，而决不是要无视这些片面性。只有将肯定其历史正当性和揭示其片面性结合起来，才能作出公允的评价。毛泽东在延安时期正是这样看待新文化运动的。他指出：新文化运动反对封建主义“旧教条，提倡科学和民主，这些都是很对的”，但是它有“形式主义看问题”的缺点，即坏的就是绝对的坏，好的就是绝对的好；[③]认为承继从孔夫子到孙中山的珍贵历史遗产，“对于指导当前的伟大的运动是有重要的帮助的”。[④] 这里表彰了新文化运动反封建的历史功

---

① 陈独秀：《〈新青年〉罪案之答辩书》，《独秀文存》，安徽人民出版社 1987 年版，第 243 页。

② 《关于陈独秀的一封信》，《近代史研究》1986 年第 3 期。

③ 毛泽东：《反对党八股》，《毛泽东选集》第 3 卷，人民出版社 1991 年版，第 832 页。

④ 毛泽东：《中国共产党在民族战争中的地位》，《毛泽东选集》第 2 卷，人民出版社 1991 年版，第 534 页。

绩，也指出了它好坏截然分明的偏激，肯定传统文化具有现代价值。

把传统文化“妖”“鬼”化还是以科学精神“整理国故”

对新文化运动反传统予以谴责者，常常摘录出胡适写于1927年的《整理国故与“打鬼”——给浩徐先生信》中的一些话，认为新文化运动的反传统导致其“整理国故”就是“捉妖”“打鬼”，把传统文化妖鬼化；而所谓“化黑暗为光明，化神奇为臭腐，化玄妙为平常，化神圣为凡庸”，更是将光辉灿烂的传统文化糟蹋成漆黑一团。这样的谴责只是立足于字句的表面字义。新文化运动的“整理国故”确有反传统的指向，那就是以科学精神破除经学传统，而这恰恰开创了现代学术意义上的传统文化研究的崭新局面。

新文化运动的反传统作为思想启蒙，必须回答什么是对待传统文化的总体原则。“整理国故”就是新文化运动对此的回答。1919年5月，新潮社的毛子水发表了《国故和科学的精神》，引发了关于整理国故的讨论。胡适赞同毛子水用“科学的精神”研究国故的意见，并指出要把清代汉学家“‘不自觉的’(Unconscious)科学方法”变为“自觉的科学方法”，而“方法‘不自觉’，最容易有弊。”[①]胡适对清代汉学家的治学方法是有很高评价的，这里以是否自觉来区分它和现代科学方法，意在点明以科学精神“整理国故”是不同于包括汉学家在内的经学传统的。这实际上表达了“整理国故”的总体原则是以科学精

---

① 胡适：《论国故学》，《胡适文存》第1集，黄山书社1996年版，第322页。

神打破传统经学，使得传统文化的研究具有现代的学术形态。对此陈独秀是这样说的："中国人向来不认识自然科学以外的学问，也有科学的威权"，"也要受科学的洗礼"，"向来不认识中国底学问有应受科学洗礼的必要"，"研究、说明一切学问（国故也包含在内），都应严守科学方法。"[①]显然，新文化运动的"整理国故"，就是在用科学的"威权"来驱走经学这一"向来"的"威权"，使得关于"中国底学问"的研究受到"科学的洗礼"。

经学本来是整个传统文化的基本价值之所在，具有至高无上的神圣地位："经禀圣裁，垂型万世，删定之旨，如日中天，无所容其赞述。""盖经者非他，即天下之公理而已。"（《四库全书总目提要·经部总叙》）因而离经叛道被视为大逆不道。同时，在经学笼罩下，普遍形成了对于守成迷信传统的思维方式，因为"凡学皆贵求新，唯经学必专守旧，世世递嬗，毋得改易"。[②] 以科学精神取代经学传统来"整理国故"，就是要从经学垂型万世的权威主义价值观和必专守旧的思维方式中解放出来，重新认识和理解传统文化。

这就是胡适在《整理国故与"打鬼"》所说的"整理国故的目的与功用"的精神实质。"捉妖""打鬼"和"化黑暗为光明……"，无非是用形象化的语言来表达这样的目的与功用。"捉妖""打鬼"是就具体的禅学史研究而言的。胡适说，他在伦敦、巴黎花费 16 天工夫查阅敦煌"烂纸堆"，是为了"捉妖"

---

① 陈独秀：《新文化运动是什么》，《陈独秀著作选》第 2 卷，上海人民出版社 1993 年版，第 123—124 页。

② 皮锡瑞：《经学历史》，中华书局 1959 年版，第 139 页。

"打鬼":"据款结案,即是'打鬼',打出原形,即是'捉妖'"。[①] 可见,"打鬼"就是依据证据做出结论,"捉妖"就是搞清本来真相。这番"捉妖""打鬼"的结果是认识到:"被埋没了一千年之久"的神会和尚,"在中国佛教史上,没有第二人比得上他的功勋之大,影响之深";"我们得推翻道原契嵩等人妄造的禅宗伪史,而重新写定南宗初期的信史"。[②] 这里没有丝毫妖鬼化传统文化的影子。胡适要从这个案例中说明,"整理国故"必须用实事求是的科学精神破除笃信盲从典籍成说的经学思维方式。正是从个案说到普遍的"整理国故",就有了"化黑暗为光明……"这段话。对这段话胡适有十分清楚的解释,这就是"用精密的方法,考出古文化的真相,用明白晓畅的文字报告出来,叫有眼光的都可以看见,有脑筋的都可以明白";也就是他在《新思潮的意义》中所说的"重新估定一切价值";这样"整理国故,只是要人明白这些东西原来'也不过如此'! 本来'不过如此',我所以还他一个'不过如此'。这叫做'化黑暗为光明……'"。[③] 这里的基本意思是,用精密的科学方法否定崇拜权威、必专守旧的经学传统,是还原传统文化"不过如此"的真相的前提。可见,无论"捉妖""打鬼"还是"化黑暗为光明……",都是要走出经学,开辟现代科学意义上的传统文化研究的道路,绝不是妖鬼化传统文化。

胡适"整理国故"的实绩证明了这一点。他的禅学史研究,后人的评价是:"无论人们对于胡适的禅宗史研究有多少

---

① 胡适:《整理国故与"打鬼"》,《胡适文存》第 3 集,黄山书社 1996 年版,第 105 页。

② 胡适:《〈神会和尚遗集〉序》,《胡适文存》第 4 集,黄山书社 1996 年版,第 207 页。

③ 胡适:《整理国故与"打鬼"》,《胡适文存》第 3 集,黄山书社 1996 年版,第 105—106 页。

批评与非议，都要承认他在禅文献方面的廓清返本之功。”[①]对于他的中国古代哲学研究，冯友兰说：“在中国哲学史的近代化工作中，胡适创世之功，是不可埋没的。”[②]余英时认为胡适“在中国思想史和文学史（特别是小说史）方面都起了划时代的作用”；还说：胡适自诩“在中国文化的研究（广义的‘整理国故’）”方面，起了哥白尼式革命的作用，“并不算很夸张”。[③]新文化运动以科学精神取代经学传统来“整理国故”，初步确立了传统文化研究的现代建构。其重要标志是清华国学研究院的建立。李济说：“国学研究院的基本观念，是想用现代的科学方法整理国故。”如同自然科学的学术研究得到蓬勃发展一样，“以科学方法整理国故为号召，也得到社会上热烈支持”。[④]

新文化运动打破经学传统，奠定了用科学精神整理国故的现代学术的基础，主要有以下三方面：

第一，在学术观上，科学作为知识体系是按学科构建的。以此精神“整理国故”，改变了原先各种学科依附于经学的传统，按照现代学科分类来整理传统文化。胡适《中国哲学史大纲》开篇就先给出哲学的定义就表现了这一点。如陈独秀所说：“讲哲学可以取材于经书及诸子，讲文学可以取材于《诗经》以下古诗文，讲历史学及社会学，更是离不开古书底考证”。[⑤]

---

① 葛兆光：《中国禅思想史——从6世纪到9世纪》，北京大学出版社1995年版，第3页。

② 冯友兰：《三松堂自序》，《三松堂全集》第1卷，河南人民出版社1985年版，第213页。

③ 余英时：《中国近代思想史上的胡适》，《重寻胡适历程》，广西师范大学出版社2004年版，第179、173页。

④ 转引自蒋天枢：《陈寅恪先生编年事略》，上海古籍出版社1997年版，第56页。

⑤ 陈独秀：《新教育是什么》，《独秀文存》，安徽人民出版社1987年版，第377页。

这对构建研究传统文化的现代学科起到了奠基作用，不仅出现了像胡适《中国哲学史大纲》那样的学科开山之作，而且产生了一批这些学科的首创者和奠基者，在参与新文化运动"整理国故"的重头戏"古史辨"的人员名单中，可以发现一长串这样的人物。按学科治学，似乎是"肢解"了传统文化，其实这是激活了传统文化在现代社会的学术生命。因为传统文化只有在现代学科体系内得到重新阐释，才能进入生活于现代社会的人们的经验世界，才能通过现代教育制度得到传授，才能成为人类共享的普遍知识。梁启超在 1920 年就敏锐地认识到了这一点。他指出：今后"学者断不能如清儒之专研古典；而固有之遗产，又不能蔑弃，则将来必有一派学者焉，用最新的科学方法，将旧学分科整治，撷其粹，存其真，续清儒未竟之业，而益加以精严，使后之学者即节省精力，而亦不坠其先业，世界人之治'中华国学'者，亦得有籍焉"。[①]

第二，在价值观上，科学以追求真理为目标。以此精神"整理国故"，推翻了视经学为最高权威的偶像崇拜，以辨伪求真为取向。这在胡适那里是两个方面：一是"一切学说理想，一切知识，只是待证的假设，并非天经地义"，[②]一是上述的依据证据做出结论的"据款结案"和搞清本来真相的"打还原形"。"古史辨"突出地体现了上述两个方面。顾颉刚作为"古史辨"的中心人物，深受新文化运动以科学精神"整理国故"的影响。他说："以前我虽敢作批评，但不胜传统思想的压迫……到这时，大家提倡思想革新，我始有打破旧思想的明瞭

① 梁启超：《清代学术概论》，《梁启超论清学史二种》，复旦大学出版社 1985 年版，第 87—88 页。

② 胡适：《杜威先生与中国》，《胡适文存》第 1 集，黄山书社 1996 年版，第 278 页。

的意识。”“要不是遇见孟真和适之先生，不逢到《新青年》的思想革命的鼓吹，我的胸中积着的许多打破传统学说的见解也不敢大胆宣布”。[①] “古史辨”以疑古为旗帜，针对的是信古即“经学则是学术的偶像”。[②] 顾颉刚推到这一偶像，提出“层累地造成的中国古史”说，解构了传统的古史系统，引发了激烈、持久的讨论。尽管“古史辨”疑古的一些结论，现在看来未必正确，因而有了“走出疑古时代”主张，但它奠定了古史研究的现代学术基础的历史功绩是不容否定的。正如首先提出“走出疑古时代”的李学勤所说：“古史辨派及其所代表的疑古思潮对传统的古史观进行了一次大扫荡，从而为建立新的古史观开辟了道路”。[③]

第三，在方法论上，科学是通过逻辑推论而建立系统化理论。以此精神整理国故，摒弃了经学的注疏传统，注重逻辑方法和逻辑论证，赋予研究传统文化的理论成果以体系化的现代面目。在经学传统中，研究者的心得用注疏的形式来表达，其中虽然不乏有价值的见解，但往往多是感悟式的断语而甚少经逻辑分析而提出结论，往往多是片段式的阐述而甚少使之形成有逻辑关联的建构，也就是虽然有实质系统，但缺乏形式体系。新文化运动的“整理国故”彻底改变了这样的状况。胡适《中国哲学史大纲》与经学的注疏形式针锋相对，即把经典的原文作为正文改为以自己的话作为正文。这不仅是体现了对经学的平视，更主要的是表明研究方法的改变，即蔡元培

---

① 顾颉刚：《自序》，《古史辨》第 1 册，上海古籍出版社 1982 年版，第 35、80 页。

② 顾颉刚：《自序》，《古史辨》第 4 册，上海古籍出版社 1982 年版，第 9 页。

③ 李学勤：《中国古代文明研究一百年》，《中国古代文明十讲》，复旦大学出版社 2003 年版，第 6 页。

所指出的“系统的研究”；他认为这就克服了在“形式问题”上“中国古代学术从没有编成系统的记载”的缺点，而且认为“非研究过西洋哲学史的人，不能够成适当的形式”。[①] 就是说，胡适研究中国古代哲学，采用了西方科学建构理论形式的逻辑分析和逻辑论证的方法，主要是归纳法和演绎法，“科学方法不单是归纳法，是演绎和归纳相互为用的”。[②] 这对于“整理国故”具有示范作用，正如熊十力所说：“在五四运动前后，适之先生提倡科学，此甚紧要。又陵先生虽首译名学，而真正文字未能普遍，适之锐意宣扬，而后青年皆知注重逻辑，视清末民初，文章之习显然大变”。[③] 这也应当是熊十力自身的体会。因为如果不是用逻辑方法构成体系化的理论，包括他的“新唯识论”在内的现代新儒家的理论就不可能站立于现代学术之列。

以上考察分析表明，新文化运动的“整理国故”，以科学取代经学，打开了研究传统文化的现代新天地，并非妖鬼化传统文化。当然，这样的“整理国故”也存在着某些“形式主义看问题”的流弊，尤其表现在没有把辩证法纳入科学方法的视野之中。

限于篇幅，对于新文化运动反传统的“一辩”，就此打住。然而，这“一辩”就足以说明，把当前的弘扬优秀传统文化看做是对新文化运动反传统的拨乱反正是错误的。因为正是新文化运动的反传统，警示我们不要在弘扬传统文化时，让封建主

---

① 蔡元培：《〈中国哲学史大纲〉序》，《中国哲学史大纲》，上海古籍出版社1887年版，第1—2页。

② 胡适：《清代学者的治学方法》，《胡适文存》第1集，黄山书社1996年版，第280页。

③ 熊十力：《纪念北京大学五十年并为林宰平祝嘏》，《十力语要初续》，上海书店出版社2007年版，第21页。

义渣滓泛起；也正因为新文化运动的反传统，使我们有了研究传统文化的现代学术基础。在非难新文化运动反传统的言论里，还有一些很有影响的观点需要澄清：新文化运动的反传统是中华文化命脉的“断裂”还是造就文化新形态的新自觉？“文革”是对新文化运动的传承还是颠覆？这些留待以后的“二辩”吧。

（作者系华东师范大学哲学系教授）

教育儒学的沉浮与重建

○夏乃儒

教育儒学是儒学创建时期的原初形态，其基本精神是确立以人为本的人文精神的教育。它既强调学生主动“好学”，又推崇“师道”与引导；它既注重“修己”，又重视“化民”。它揭开了中华文化史上光辉的一页。可是在汉以后，教育儒学的崇高地位被政治儒学所替代。在近代结束封建王朝统治的革命浪潮中，教育儒学又被政治儒学捆绑在一起受冲击，几乎遭到灭顶之灾，只是在近代教育蜕变中尚存一丝生机。近年来借着复兴中华民族的东风，教育儒学正在复苏，不过只是在民间，以形式大于内容的方式躁动着。我们不能仅是目视它在社区、乡村自发地萌生，而应该自觉地加以引导，使它重建、成长，在实现中华民族复兴大业中再兴光辉。

“复兴中华”的强劲步伐与“文化自觉”的积极精神，极大地鼓起人们对继承和弘扬以儒学为主体的中华优秀传统文化的热情。重新研究儒学思想资源，发掘其现代价值，重构其体系，确有其历史合理性和必要性。我提出了：重建生命儒学、生态儒学、实践儒学、情感儒学、生活儒学等体系，以揭示儒学的现代生命力。可是，儒学的一个重要形态——教育儒学却被忽略了。这究竟是什么原因？而教育儒学恰恰有着顽强的生命力，它的现代价值不容长久地被忽视。它在民间正在以

"形式大于内容"的方式复活着。我们必须正视它。新时代又提出了干部教育和提高全民文化素养的新课题。这说明了重建教育儒学已是迫在眉睫了。

教育儒学是儒学创建时期的原初形态

西周晚期"学在官府"的局面被打破。学术下移,士阶层的膨胀,使办私学有了可能。孔子出身于旧贵族衰落下来的家庭。他以"士"的身份创办私学,取得很大成功,并以此形成了儒家学派。《淮南要略》概述得好:"孔子修成、康之道,述周公之训,以教七十子,使服其衣冠,修其篇籍,故儒者之学生焉。"这个概括有教育者,也有被教育者;有教育宗旨,也有教育内容与典籍,还有教育形式。儒学诞生之时,就带有教育特色的胎记,已跃然于简帛之上。

研究先秦时期教育儒学的典籍,首推的是《论语》。因为《论语》汇编了孔子一生授徒讲学时的言论。有位中学校长称《论语》是中国最早的一部教育学著作,这实不为过。其次,先秦另两位儒学大家的著作——《孟子》和《荀子》,也是先秦教育儒学的重镇。再次,《礼记》中的《大学》和《学记》,这两篇都是论述古代大学教育的。特别是《学记》可看作是先秦教育儒学的总结,过去对它重视不够。从上述儒学典籍,我们可以引出教育儒学的基本精神与内涵。

确立以人为本的人文精神教育,是教育儒学的基本精神。殷周时期虽然已有贵族教育,那是贯彻以神为本以及以体现天命意志的君王为本的精神。儒家办学进行了两个转变:一是由"以神为本"转变为"以人为本";另一是由"以君为本"开始转变为"民贵君轻"的"以民为本"。这在儒家忧患意识内容的演变也可揭示这一点：周初政治家最早萌发忧患意识，他们忧天命会改变，王位可能像殷王朝那样再次失落。儒家的忧患意识内容就根本不同了。孔子忧当时天下仁道之不行，礼崩乐坏，仁爱之心失落。孟子更提倡“忧民之忧”，把“民本”观念充盈其中。这些思想在儒家办学宗旨和教育内容上有充分体现。以人为本的人文精神教育在教育儒学的内涵中有以下几点具体展开：

首先，教育儒学注重德性教育，也即教育是教人学为人，成为有道德、有文化修养，有理想的人。孔门四科，德行为首。其他如政事、文学等知识都有用，但不能置首位。钱穆曾说得很有趣：孟子曰“乃所愿，则学孔子”，但“不得谓孟子在学孔子之专门知识，或史学，或哲学，或政治学等。乃在学孔子之为人与为学。”[①]儒家的德性教育是渐进的、有层次的。最高的是理想人格塑造。当然，“圣人”是达不到的，孔子自己也否认是圣人。实际上儒家至上的理想人格是“仁人”，以孔子、孟子、荀子言论来看，“仁人”对常人来说也难以企及的。可是，学当“君子儒”，不做“小人儒”，还是应当做到的。

其次，教育儒学提倡一种主动性教育并以性情教育入手。所谓主动性教育，就是不把学生看作是被动的受教育者，而要启发学生好学、善思。孔子就说过“好仁不好学，其蔽也愚”，“学而不思则罔”。类似的话，孔子、孟子、荀子都说了不少。可见原创阶段的教育儒学是非常重视学生在学习中的主动性与积极性的。可是后世的教育，只把学生当做被灌输者，养成只会背诵经文、应付考试的书呆子。实在有悖于教育儒学创始者的初衷。所谓以性情教育入手，即是在阐述儒家至理哲

---

① 钱穆：《现代中国学术论衡》，岳麓书社 1986 年版，第 162—163 页。

言，在讲解“道、仁、礼、和”这些核心范畴时，必须与学生的感性经验、情感体验结合起来，并以后者为导入口。《论语》记载了孔子在不同场合，针对不同个性的弟子，进行有效的点拨，是性情教育的生动范例。现在有人把“性情”理解为耽于物欲，那是太偏颇了。

再次，教育儒学是十分推崇师道的教育。现在人只知道儒家是最讲“师道尊严”的。不知道这“尊严”是建立在什么基础之上。“师德”是“师道”的基础，此其一。儒家讲师德，重“身教”。孔子的名言：“其身正，不令而行；其身不正，虽令不从”（《论语·子路》），也适用于教师。孔子一生从教，显示出“诲人不倦”的精神。孟子深表“得天下英才而教育之”为人生之一乐。这都是“为人师表”的师德之体现。“师友”使“师道”充满活力，此其二。“师友”是对孔门师生和谐友善关系的概括。[①] 孔子主张学生对教师不应该唯命是听，唯唯诺诺，而应该“当仁不让于师”。在教学中学生对教师也会有所启发有所“助”。这就是《学记》所说的“教学相长”思想。不讲“师友”的“师道”，一味追求师威、师严，必然会失去生气勃勃的活力。

第四，教育儒学主张教育公正。孔子受徒，只要“自行束脩”，而“未尝无诲”，只收一点薄礼，而不论贫富、贵贱，这叫做“有教无类”。使百姓都有受教育的权利，这是儒家重视从民间“举贤才”的基础。

最后，教育儒学十分看重教育的修身达人、化民成俗的社会作用。儒家办学首先立足于使受教育者重视修己、立身。因为已不正，安能正人？何况当时社会士人心态浮躁，学问道

---

① “师友”说，参见陈军主编：《市北中学学友论》，上海教育出版社 2013 年版，第 4 页。

德只为装饰自己,做给人看。所以孔子非常强调“克己”“正己”“修己”,以修养成完美的人格。可是从教育的目标、作用来看,并不止于此。孔子认为要弘扬仁道,立己还要立人,达己也应达人,修己更要安人,甚至安百姓。《大学》提出教育儒学的“八条目”(格物、致知、诚意、正心、修身、齐家、治国、平天下),其中“修身”是最基本的。在此基础上,逐渐达到“修齐治平”的目标。《学记》认为,实现“德治”目标,要以“教学为先”,充分发挥教育的“化民成俗”作用,教化的作用得以强调。

以上五个方面是初创时期教育儒学的基本内涵和特点,它对后世儒学的发展,对中国传统教育的发展,都有着深刻的影响。

汉代以后教育儒学的勃兴与衍变

从汉王朝独尊儒学,到清王朝覆灭,经历了两千零四十六年。在这期间,教育儒学经汉武帝设五经博士后大发展。后虽在魏晋时期有过曲折,到宋元时教育儒学无论是官学还是私学,都有了更大的发展,一直延续到明清。与此同时,儒学也在汉武帝时被定为官方的统治思想。在魏晋南北朝时期,它受到玄学、佛学的挑战,但仍未撼动其统治地位。宋时儒学在融合佛道思想后,作为国家的统治思想已发展到了顶峰。到明清,它更向社会生活、民间习俗等各个方面渗透。我们不难看到,儒学从教育形态发展到国家意识形态,这两者之间有着密切的关联性。

儒学之所以从教育形态发展到国家意识形态,有其内在的可能性。前文已述教育儒学有五个基本内涵、特征。其首尾两大特征所包含的内涵,尤被后世的政治家、学者所重视,而大加发掘。首先是德性教育，也称为“德性之学”“心性之学”。包括对人性、人心、性命、性情的理解，对修养的途径、方法的坚守，对理想人格、境界的追求等。这就是儒家重视“内圣”的立身之道。其次是教育的化民成俗作用，也称为“治平之学”。即是通过实践，达到安人安百家、治国平天下。这就是儒家强调“外王”的治天下之道。

具备“心性之学”和“治平之学”两大部分，儒学改变为国家意识形态，其可能性远超道、墨、法等家学说。但是，可能性不等于现实性。为使儒学成为统治思想，自汉至清的统治者在两千多年中持续推行了两项基本决策。

第一项基本决策：尊经读经。

为使孔子创立的教育儒学，腾升为官方的统治思想，必须把孔子使用的教材，确定为国家、社会行事的经典依据。董仲舒首献独尊之策：“诸不在六艺之科、孔子之术者，皆绝其道。”接着，汉王朝召开石渠阁经学会议（汉宣帝），白虎观经学会议（汉章帝），以“讲议五经同异”，确定统治思想的纲领。解决了经学内部的今文经学、古文经学、谶纬神学之间的矛盾，也解决了经学和王权之间的矛盾。

不能认为儒学独尊以后，儒学经典就此千古不变、一成不动的。在汉至清的两千多年间，儒学经典系统为适应各个时期的政治需要有过多次变动。这里仅以儒学群经中突出经典的变动来略加说明。孔子以“诗、书、礼、乐、易、春秋”教弟子，并认为这些都是重要典籍。汉武帝、董仲舒特别推崇《春秋公羊传》。《公羊》开篇首句就讲“大一统”。“大一统”原本指统一历法的，这里被作为政治统一的依据。汉代今文经学派无不尊《公羊》为众经之最的。汉代在崇经读经活动中还有两个现象值得重视，一是尊崇《孝经》。《孝经》在六经之外，传由孔子弟子曾子所作。这部文字较少的著作，在汉代流传后，立即受到朝廷推崇。汉文帝时已为《孝经》专设“博士”讲授。武帝时规定为入学学子必读书。昭帝时诏令举贤良文学必治《孝经》。[①] 究其原因，无非是与汉统治者的“以孝治天下”的国策相吻合，以及它通俗易懂，利于教化庶民。再一是抬《易经》为群经之首。这不尽是由于《易经》产生年代久远，因此排列在前。《周易》古经原本是卜筮之书。章太炎说：“至孔子乃视为穷高极远，于是《周易》遂为六经之一。”(《国学略说》)此话不错。据帛书《易传》之《要》篇：“夫子老而好《易》，居则在席，行则在囊。有古之遗言焉，予非安其用，而乐其辞。后世之士，疑丘者或以《易》乎！”[②]据此更可确信《系辞传》二篇为孔子所作。有此二篇，《周易》才“穷高极远”，儒经才可在宇宙论、方法论上与道家相抗衡，才会得到汉魏知识精英之赏识。以上三则，政治上推《公羊》，教化中重《孝经》，穷高极远讲《周易》，可见，儒学刚升至国家意识形态时，一元多样，是虎虎有生气的。

即使到了封建时代鼎盛时期的宋代，尊经读经活动也不是一成不变的。先是把《大学》、《中庸》、《论语》、《孟子》四书并行。《大学》、《中庸》原是《礼记》中的两篇。《论语》东汉时被列为六经之一。《孟子》原列为子，宋时超子入经。[③] 经二程、朱熹的努力，四书得以并行。接着又把“四书”置于“五经”

---

① 详见骆承烈主编：《中华孝文化研究集成》第一卷，光明日报出版社 2013 年版，第 19 页。

② 参见韩仲民：《帛书〈系辞〉浅说》，载《孔子研究》1988 年第 4 期；李学勤：《从帛书〈易传〉看孔子与〈易〉》，载《周易经传溯源》，长春出版社 1992 年版，第六节。

③ 可参阅邱汉生：《四书集注篇论》，中国社会科学出版社 1980 年版；徐洪兴《思想的转型——理学发展过程研究》，上海人民出版社 1996 年版。

之前。这是尊经读经史上的一个重大事件。从此，“四书”成为升堂入室，把握儒学精神的阶梯。儒学因此而更易向社会各阶层传播，其作为统治思想的基础更为牢固。

第二项基本决策：科举考试。

创导“有教无类”“学而优则仕”“举贤才”，原是先秦教育儒学的一项重要内容。关于如何“举贤才”，孔子、孟子、荀子虽然对成才、察才有许多精彩的论述，但是当时不可能提出具体的实施措施。汉代情况就不同了，开始把“举贤才”放到制度建设的层面上来。汉代出现了以举荐为主考试为辅的察举制度。它是对历来官员世袭制度的否定，也极大地促进了私学的发展。可是举荐为主的弊端马上出现，“荐举的双方，为了各自利益”，“形成一种密切的政治联盟关系”。[①] 史传隋朝设“志行修谨”“清平于济”两科分别荐进，有认为科举之始。实际上，以考试为主的科举制度产生于唐代。到北宋，又在弥封、誊录、回避等方面完善立法。科举制度遂趋成熟定型。

科举考试这一中国式的文官选拔、考试制度，它使古代教育儒学在质与量上都发生了巨大的变化。从此，儒家思想、儒生阶层与中央集权在制度上结成三位一体。由于科举考试，将学识、教养与权力、地位、财富结合起来，这更加促使了中国社会极端重视教育。通过各类教育，儒家思想向社会各个阶层渗透，其作为国家意识形态的基础，越来越牢固。从积极方面讲，正如冯契所说：儒学“对提高民族素质和增强民族的凝聚力起了积极作用，产生了许多能以身作则的教师，也造就了一批为真理和正义献身的志士，博古通今，具有宽广胸怀的

---

① 龚书铎总主编：《中国文化发展史》秦汉卷，山东教育出版社 2013 年版，第 267 页。

'通儒'、'鸿儒'。"[①]可是,从消极方面讲,儒学被科举所绑定所产生的负面作用,在明清时期日益明显地暴露出来。儒学成为应举的经义条文、做官的"敲门砖"。原来的感念民生国计的忧患意识、考虑治理天下炽烈情怀,都极少见了。儒生阶层的精力全被出入科场所消磨。真所谓"今科虽失而来科可得,一科复一科,转瞬之间其人已老。"[②]即使是科考及第者,也大多是在利禄途中的"陋儒"。教育儒学堕落到与封建集权制一起殉葬的危险之中。

近代教育儒学的灾难与蜕变

结束封建王朝统治,是放在近代中华民族肩上的首要任务。原来好端端的教育儒学,变成了封建国家的意识形态,那么它必会遭到厄运。首当其冲的,就是上述千年来的两项基本决策——读经与科举。

辛亥之前,学校与科举之争,一时成为中西、新旧之争的聚焦点。在新学思潮推动下,"废科举,兴学校"已是先进人士的实际行动。康有为提出"废八股"。出版《革命军》的邹容主张进行"革命之教育"。撰写《猛回头》《警世钟》的陈天华呼吁"兴学堂,普及教育"。蔡元培、黄炎培等人在上海发起成立中国教育会,并成立"爱国学社"。各省书院纷纷改设大学堂,为各省大学之前身。张謇创办通州师范学校、女子师范学校以及十几所职业学校。在这种势如破竹的革新形势下,清政府不得不于 1905 年废止科举。儒家教育实际上已无形取消。

---

① 冯契:《如家的教育》,载《智慧的探索》,华东师大出版社 1994 年版,第 439 页。

② 冯桂芬:《校邠庐抗议·改科举议》。

废科举已几经周折，反读经更属不易。因为经两千多年的演变，要厘清儒学之精华与陈腐，非一两代人所能完成的。辛亥革命后，蔡元培任南京政府首任教育总长。他发表《对于新教育的意见》说："忠君与共和政体不合，尊孔与信教自由相违"，又说"孔子之学术，与后世所谓儒教、孔教当分别论之"。[①]可见当时蔡元培想对孔子学术与意识形态作某些区隔。但是新政府成立之初，百事待举，不容细琢。这里再举数例来说明：蔡在教育总长任上，聘同乡马一浮为秘书长。谁知马一到职后即闹分歧，主张经不可废。蔡认为处理学术思想此事"时间尚早"。[②] 当月教育部与内务部命文庙祭祀，废跪拜之礼，改行三鞠躬，祭服则用便服。现在看来这处置得当。可是不久又出现袁世凯篡位称帝、张勋复辟等闹剧。重祭尊孔读经与坚持批孔废经，再次成为政治斗争的工具。其热浪，一浪高于一浪，一直延续到五四运动前后。

此时的教育儒学是否沉沦而毫无生息了呢？我们可以从民国时期的教育家的教育主张中获知其端倪。当时活跃在社会舞台上的教育家有一大批。如：蔡元培（美育教育）、张伯苓（公能教育）、经亨颐（人格教育）、晏阳初（平民教育）、陶行知（生活教育）、陈鹤琴（活教育）、黄炎培（职业教育）等。由于上述教育家大多有游学欧美的经历，人们往往把他们的教育主张归属于近代西学一类。这一见解过于浮泛。其实只要阅读了他们的著述，就可以发现在他们的血脉中还是流动着传统教育儒学的血液。我们不妨把上述教育家分三类作简要评述：

---

① 见《蔡元培全集》第二卷，中华书局 1984 年版，第 136 页。

② 陈锐：《马一浮儒学思想研究》，上海古籍出版社 2010 年版，第 166 页。

第一类：注重道德教育。蔡元培是为代表。他提倡“修身，德育也，而以美育及世界观参之。”他曾提出以美育代替宗教，是“以美感教育完成其德”，[①]但最为重视的还是道德修身教育。他所编著的《中学修身教科书》，从1912年到1921年共出了十六版。该书按“修、齐、治、平”顺序，但“仅说到国家而止”。他说：“吾国圣人，以孝为百行之本，小之一人之私德，大之国民之公义，无不由是而推演之者”，“行之于社会，则宜尽力于职分之所在，而于他人之生命若财产若名誉，皆护惜之，不可有所侵毁。”显然也吸收了近代西方伦理思想。

第二类：创导平民教育。创始人为晏阳初，后陶行知加以发展。晏于1923年创立中华平民教育促进会，以“民为邦本，本固邦宁”，“深入民间”，“与平民打成一片”等为信条。1926年在河北定县开展平民教育和乡村改造运动的实验，但“多半只是识字运动”。[②] 陶行知在1920年任中华教育改进社总干事。1923年也参与中华平民教育促进会，以后又兴办了晓庄师范、湘湖师范、新安小学等。他提出“生活即教育”、“社会即学校”、“教学做合一”，主张教育与社会生活相联系，与生产劳动相结合。陶行知改造了西方实用主义教育思想，把它与儒家的“有教无类”、“知行合一”思想以及中国社会实践结合起来。

第三类：推行职业教育。创始人为黄炎培。1917年黄联络了蔡元培、梁启超、张謇、张元济等人在上海成立了中华职业教育社。办学方针为“手脑并用，双手万能”，校训为“敬业乐群”。教育界有人评论职业教育只是把平民教育的对象乡

① 见1912年北京教育部《教育宗旨令》，《蔡元培全集》第二卷，第130页。
② 陈青之：《中国教育史》，上海书店出版社2013年版，第587页。

村平民改为城市平民，为解决他们的生计罢了。这一评价过于简单了。笔者认为职业教育是近时代对儒家教育的某种突破。孔子设教有“礼、乐、射、御、书、数”六门课程。其中“礼”、“乐”属于德艺范畴，“射”、“御”、“书”、“数”归学艺范畴。历来儒家教育重视德艺教育，而学艺教育处于从属地位，未使其独立发展。这一状况不能适应现代社会发展的需要。中华职业学校把《学记》中的“敬业乐群”作为校训也是高明之举。因为真正做到“敬业”了，德艺教育也成功了。

上述数则近代教育蜕变的动态，可以透露出教育儒学在危机中尚存一丝生机。

当今教育儒学的复苏与重建

近年来借着复兴中华民族的强劲东风，教育儒学正在顽强地复苏起来。尽管它还不是很自觉的，差不多是在民间，以形式大于内容的方式躁动着，但是它的生命力是不容忽视的。我们不能由于它某些活动不同常态、不合规矩而横加指责，加以扼杀。我们应该正视它、研究它、扶持它，使它自觉地发展起来。只因为它是中华民族复兴事业不可分割的组成部分。下面就教育儒学的复苏与重建谈几点看法：

首先，紧扣儒学真精神，对各个阶段教育进行全面部署。针对目前在儒学复苏过程中出现的高价敛钱办班，编印低劣读本，推行不当仪式等不健康现象，有必要强调反思、研究儒学的真精神。儒学的人文精神主要表现为两大部分：一是体现为德性教育的“修身之道”，一是体现为化民成俗、安邦治国的“治天下之道”。这两者都是相贯通的，但以“修身”为根本。

在弄清儒学真精神的前提下，应该对各类各阶段教育进行部署。比如，家庭的家训教育，幼儿的童蒙教育，中小学的伦理道德教育，大学的通识教育，社会的公德教育，干部的修身教育等。还有各式书院、学堂、精舍、论坛的讲学、研究、交流活动。现在这些活动大多是在基层自发运行。有关教育、宣传部门应该对此进行总结、引导，并分别提出具体要求，把重建教育儒学作为中华民族复兴事业不可或缺的部分来抓。

其次，对经典的传习要有自觉、理性的态度。儒学经典是中华悠久文化的主干。对儒学经典传习的自觉，是文化自觉的重要内涵。从个人层面而言，使每个人在成长过程中直面经典，与古代圣贤对话，明白做人的基本道理，增强修己成才的自觉性。从国家、社会层面而言，是自觉地倾力救治当前存在的文化断层的危机，使祖先留下的宝贵文化遗产不至于中绝，并使它继往开来，开创繁荣的新局面，增强国家的软实力。

对经典的传习，要抱理性的态度。我们强调要诵读原典，是为了使初学者切实领略儒学创建时期大师们的智慧，避免被后人随意剪裁任意解读而造成的曲解。但是这不是说古代圣贤讲的都没有缺陷无须修正。例如，宋人编写且流传甚广的《三字经》，就有不适合现代教育的内容。现在各地出现多种《改良三字经》、《新编三字经》，说明确有推陈出新的必要。其实，经典传承总是离不开后人诠释的。问题在于现代诠释是否力求全面、深入。最要不得的是为吸引眼球刻意“求新”，歪曲了经典的原意。还有一种非理性态度，是想依赖考试的办法，来鞭策学生读经，这反而造成部分学生对经典的“恐惧症”。殊不知儒家智慧的习得，不同于寻常知识的积累。它是靠性与情、内与外、知与行不断地调适才能习得的。

再次，重建礼仪文明，发挥它在教育立人中的潜移默化作用。礼仪相对于道德来说，是一种外在的人们行为规范。礼仪有着调谐心性、陶冶情操、调节人际关系、稳定社会秩序的功能，也即所谓教化正俗作用。教育儒学在创建之初，就把礼乐教育作为重要内容。孔子说："不学礼，无以立。"(《论语·季氏》)又说："兴于诗，立于礼，成于乐。"(《秦伯》)可见礼乐教育在教育儒学中的地位。可是，在一百多年来的我国社会变革中，传统礼仪遭到重挫。礼仪的积极意义被抹杀。在人们的心目中，传统礼仪被视为"旧传统""封建糟粕"。礼仪的跌宕，造成了一些人的举止行为，与我国素有的"礼仪之邦"称号极不相称。这也是当今百姓所普遍担忧的。

重建礼仪文明，学校是个重要基地。青少年是养成人生礼仪习惯的重要阶段。学校可以从坐立行止的举止礼仪，所谓问候、握手、鞠躬等待人礼仪入手。学校举办各种大的活动时，都应提出相关的礼仪要求。比如在升国旗、唱国歌时，在聆听英雄人士报告时，遇到同伴发生意外困难时，应该有哪些文明行为。毋庸置疑，日常礼仪行为的养成，对提升价值观和道德品质有着促进和巩固的作用。有些学校举行"成人礼"，有的在重阳节去敬老院举办敬老活动，这些都有效地使学生养成责任意识、敬老精神。现已有条件把"中华礼仪文化"作为一门课程，编成教材，纳入中小学、职业学校的教育体系。在推行礼仪教育时，要注意切忌搞铺张热闹的形式主义。比如有的地方出现"汉服热"，遭到非议。须知，任何形式主义、繁琐哲学都会走向反面。

最后，教师队伍建设是重建教育儒学的关键。儒学的重建，并欲为中华民族复兴事业作出贡献，不能单凭儒学经典的自发流传，而是要依靠一大批具备中国教育精神的教师。他们热爱中华优秀的文化传统，自觉地传承中华人文精神；他们弘扬以身作则、诲人不倦的立德树人精神；他们扎根基层像陶行知那样决心献身于人民教育事业。

当务之急是要培养一批熟悉儒学主要经典，并能理论联系实际通俗的讲解德育修身的教师。可在已试行讲授《论语》、《孟子》、《大学》、《中庸》的基础上，加以推广。民国初年蔡元培先生所编的《中学修身教科书》，在传统与现代对接上，有值得借鉴之处。我们期望教育界和学术界合作编写出新的《修身教科书》、《干部修身教程》，以适应时代提高国民道德素养之需。

传承教育儒学，不只是德育教师的责任，也是广大教师的共同使命。因为教育儒学之基本点都体现在中国教育精神中。习近平同志号召做四有（有理想信念、有道德情操、有扎实学识、有仁爱之心）好老师①，再次把“教育大计，教师为本”提了出来。为传承教育儒学，有位中学校长说《论语》是中国第一部教育学著作。我赞同此说，并建议全体老师都来重读《论语》，以更自觉地贯彻中国教育精神。

我相信：教育儒学重建振兴之日，正是中华民族复兴实现之时。

（作者系上海师范大学教授）

① 见习近平于2014年9月10日同北京师范大学师生代表座谈时的讲话。

近现代儒学的基本特征与思想精华

○邵龙宝

近现代儒学具有三个基本特征：其一，由“得君行道”转向“移风易俗”；其二，由崇尚“夙夜在公”转向彰显“私我”和“独立自主”之人格；其三，由注重“心性”的“内圣”之学转向为讲求“民主”“科学”的“外王”之功。其精华渗透在基本特征之中。儒学的生命力主要体现在对后现代社会的西方发达国家和当下中国社会，尤其是为中国人提供了克服生存危机的智慧。如果说海德格尔的现象学是现代西方哲学的一种生存论转向，那么，儒学的复兴则也应是生存论或人生哲学层面上的现代转向。

研究近现代儒学的基本特征需注入新的眼光，即不能就儒学言儒学，就某某思想家言某某思想家，而是要将其演化的内在逻辑放置在纵横交错的历史演进与世界背景中加以考量。与其说儒学的基本特征来自儒学本身，不如说来自它所处的时代对其制约和影响；与其说其特征存在于儒学的经典和学理中，莫如说它渗透在特定时代特定社会的国民心理结构中；与其说其理论形态到了近代更趋于成熟和完备，莫如说它在现实的社会政治生活中越益凸显出苍白和乏力；与其说它在近现代蕴藏着一种生命活力，莫如说在 21 世纪的今天即当下它才真正获得了大放异彩的天时地利。

近现代儒学的命运似乎是必然要面对着衰败的迹象，这不是儒学本身的原委，而是此时的儒者想以儒学来救国或曰用儒学来全面安排人生秩序便成为一种臆想。儒学是一种很好的道德心性修养学说，在古代也曾是很好的安邦治国的政治理念和智慧，但是到了近代，一方面有其内在的演化逻辑，另一方面在西方的政治理念、制度机制和科技文明和长枪大炮的较量下就显得捉襟见肘，黯然失色。近代中国的衰败主要源于治理理念的落伍，当时的士大夫只懂道德义理之学而不懂经济管理和科学技术、社会组织和数字管理之学。因而考察近现代儒学的特征和思想精华必须放在儒学发展的内在逻辑和它所面临的时代问题和情状之中。如果说先秦儒学是诸子百家中之一种崇尚德治和君子人格的实存道德描述形态的话，宋明理学则是形而上学的体系性哲学，它要为儒学建立形上基础，而近现代儒学一方面进一步发展了其形上的理论形态，另一方面又表现为转向实用性面向，它要解答现实面对的各种问题，强调“经世致用”，因而它是一种形上基础上的实践性儒学。以这样的历史研究和哲学反思的方法进行审视，近现代儒学具有以下三个基本特征：其一，由“得君行道”转向“移风易俗”；其二，由崇尚“夙夜在公”转向彰显“私我”和“独立自主”之人格；其三，由注重“心性”的“内圣”之学转向为讲求“民主”“科学”的“外王”之功。而其精华渗透在其特征之中。

由“得君行道”转向“移风易俗”

儒学在传统中国社会的主要贡献在于它提供了一个全面

的人间秩序，包括政治、经济和社会、文化秩序。用陈寅恪的话来说："夫政治社会一切公私行动莫不与法典相关，而法典为儒家学说具体之实现。故两千年来华夏民族所受儒家学说之影响最深最巨者，实在制度法律公私生活之方面。"[①]然而，自戊戌变法到五四新文化运动不过短短二十年，传统制度从家庭婚姻、乡里、学校各种制度到风俗习惯统统全面瓦解，每一制度的崩塌意味着儒学在现实层面失去了立足点。明清儒者绝大部分并没有认识到王朝的体制缺陷，没有意识到传统中国社会与政治有一个根本问题即理想的高远与社会治理在技术上的低劣；他们只会从道德上思考问题而不懂得帝国的整个财政机构太过陈旧，许多国家制度如盐税、军屯、漕粮都太过时，没法有效调动资源。用黄仁宇的话来说："一方面是紧密而彻底的财政权力集中，另一方面却是资金的分散，名义上的体制，与实际运作之间差距甚远。"[②]以上指出两点，一点是儒学在传统中国担当的大任到了进现代中国已失去了本有的效用，第二点是当时的儒者大多没能认识到制度体制的缺陷与自己秉承的理想之间的矛盾。下面指出第三点，近现代士人"得君行道"这一途已经堵塞，只好转而下行走向民间致力于"移风易俗"。据余英时考证，这是缘于中国政治制度史上一个重大的变革，即明太祖洪武十三年（1380 年）更敕谕君臣云："以后嗣君，其勿得议置丞相，臣下有奏请设立者，论以极刑。"[③]直至明亡后黄宗羲公开指斥：有明之无善治，自高皇

① 陈寅恪：《审查报告三》，刊在冯友兰《中国哲学史》下册，商务印书馆1934 年版，第 2—3 页。

② 黄仁宇：《现代中国的历程》，中华书局 2011 年版，第 65 页。

③ 《明史》卷七二"官职一"，第六册，第 1733 页，转引自余英时：《现代儒学的回顾与展望》，生活·读书·新知三联书店 2012 年版，第 171 页。

帝罢丞相始也。实际上，明代废相以后，相权转入宦官之手，如此便切断了儒者“得君行道”的上行路线。在程颐等儒者看来，人主位高权重，百官畏惧，万方承奉，无不骄肆，在这种情形中唯有宰相可以起到制约君王的制衡作用，所以，程颐曾说：“……自古以来，未有不尊贤畏相而能成其圣者也。”（《论经筵第三札子》）程颐的意愿是皇帝完全不要问事，而将天下一切大权尽交付宰相，儒者只要掌握了相权，自然就可以行道了。可见程颐的相权论与明清的君主专制主义完全处在势不两立的境地。从这里我们可以看到儒家的道统中一方面极力为维护君权不遗余力，另一方面儒者的骨气和风范就体现在孔子所说的“三军可夺帅也匹夫不可以夺志也”的人格节操上。从孔子到孟子、荀子、董仲舒、周敦颐、程颢、程颐、朱熹、陆九渊、王阳明乃至后来的儒家学者，确有“从道不从君”，“遵其道而忘人之势”的精神气质。在真正的儒者眼里，道比君高，倘若君不能合道，则儒者可以不予合作，不辞而别，甚至可以通过革命的手段推翻昏君，可见儒家政治的核心部分恰好是君主专制的一个主要障碍。既然专制的皇帝乾纲独揽，儒者没法把政治理想的实现寄托在朝廷上，只好将注意力转移到民间社会方面。明代的心学和清代的考证学实际上都反映了君主专制的压力使然。“晚清儒家处于君主专制最高峰的终结时期，又深受黄宗羲《原君》篇的启发，因此对于西方的民主制度几乎是一见倾心。他们终于在民主制度中发现了解决君权问题的具体办法，突破了儒家传统的限制。”[①]无论今文经学派还是古文经学派都想从儒学系统内找到与西方民主、民

---

① 余英时：《现代儒学的回顾与展望》，生活·读书·新知三联书店 2012 年版，第 176 页。

权、共和、平等、自由等能够定位的质素，以便赋予儒学以现代价值。但是不幸的是作为政治儒学即制度化的儒学已然失去了重新制度化的一切条件和环境，在专制主义的高压下儒者们不得不放弃“得君行道”的旧途，转而面向寻常百姓和个人生活领域。儒学的政治智慧日益显得无能和贫乏，而其心性修养的智慧和实践的品格则在“日用常行化”或“人伦日用化”的演进中体现了它的生命活力。侯外庐先生对黄宗羲的“天崩地裂”的概括正是深刻揭示了这一倾向。正当中国古代宗法专制主义社会开始缓慢解体时在学术上却出现了新气象，王廷相、吕坤、王艮、何心隐、东林党人的思想便是这种学术新气象的代表人物。当时虽然在学术上出现了新气象，儒者在经济思想上却是没有开化，这要怪上述所指中国社会旧的生产方式和旧的思想观念拖累了近代文明的进程。

从文明发展的演进来看，“西方国家是使农民变为商品生产者打破了自然经济，为资本主义发展开辟了道路；中国则使人身依附关系转变为人身自由的租佃者，自然经济解体缓慢使得资本主义发展艰难……”[①]还有一点不能忽视，中西启蒙思想家的出身背景和阶级属性不一样，“欧洲启蒙思想家是新兴资产阶级的代表人物，如十六世纪初宗教改革运动以及尔后的启蒙思想发展，都是由新兴资产阶级代表人物主导，主要表现为反对宗教蒙昧主义和封建专制制度的思潮。中国的启蒙思想则非如此，主导启蒙思想运动的并不是新兴资产阶级的代表人物，而是一批反传统的地主阶级内部的开明和进步的思想家。如王夫之走的是知识形式是解放之路。黄宗羲走

---

① 张岂之，打开中国历史的秘密——侯外庐关于中国文明路径说及其价值，《光明日报》2011 年 7 月 11 日第 15 版。

的路线是政治理想的乌托邦之途。顾炎武更走了一条特异的路线，即依据实际作'当世之务'的倡导。而颜李学派则强调劳动和科学，趋向于走改革世界的实践之路。"①后来在戴震等人那里则成为最早在中国宣扬"民主""人权"等西方价值的先觉，在他们的心目中民主与制度化的儒学是水火不相容的，但是与"人伦日用化"的儒学却是息息相通的。这就是自 14 世纪至 17 世纪在儒者中产生了早期的启蒙思想家，中国在没有外来思想的影响下开始向现代演进，说明中国传统中蕴含着使中国社会近代化的内在机制，及至外来思想的影响，内外交融，形成了一种中国式的近代启蒙思潮，这是一种与专制主义对抗而下沉到民间的一种进步力量。这股力量在五四之前已经形成，且成为五四新文化运动的内在动力。

由崇尚"夙夜在公"转向彰显"私我"和"独立自主"之人格

罗国杰在概括中华民族优良道德传统的主要内容时，第一条就是"注重整体利益、国家利益和民族利益，强调对社会、民族、国家的责任意识和奉献精神。"侯外庐比较中西文明的异同时认为，"如果用恩格斯家族、私产、国家三项作为文明路径的指标，那么，'古典的古代'就是从家族到私产再到国家，国家代替了家族。而亚细亚的古代则是从家族到国家，国家混合在家族里面，就是所谓的社稷。所以前者是新陈代谢，新的冲破了旧的是革命的路线，而后者却是新旧纠葛，旧的拖住

① 张岂之，打开中国历史的秘密——侯外庐关于中国文明路径说及其价值，《光明日报》2011 年 7 月 11 日第 15 版。

了新的，是维新路线，用中国古文献的话说，即是前者是人惟求新，器惟求新，后者则是‘人惟求旧，器惟求新’。”中国传统的主要特征是家国同构，国在家中，天子、诸侯、卿大夫是由血缘关系为纽带构成的宗子、宗孙和姻亲的亲疏分配。君权是父权的延伸和扩大，君主是国家的最高统治者，也是最大的家长，王朝的更替意味着一家一姓的轮替。这就形成了超稳定的中国传统社会模式，难逃兴衰成亡的周期律。在这样的传统中国社会个人是没有立足的地盘的。中国文化的特性是伦理与政治结合，伦理与宗法结合，重视道德论、政治论、人生论的君子人格和贤人境界，讲究忠孝节义，重视道德修养、人际和谐，视国家和民族的整体利益高于一切，以至于以“三纲五常”为核心价值也就顺理成章了。中国文化重家世、家族，重孝廉，后来孝道变成博取功名的制度化“工具”，淹没了人的真性情，扭曲了儒家的真精神，才有了魏晋以下的个人主义的兴起。近现代儒学的一个重要转向是由崇尚“夙夜在公”转而彰显“私我”和“独立自主”之人格，这是中华民族走向现代化的一笔珍贵的精神财富。人们一直有一个误解，以为五四以前是封建主义道德，只讲整体，不讲个人，到了五四新文化运动突然一下子强调独立的人格，重视起个人来了。实际上比鲁迅批判“礼教吃人”更早的是谭嗣同，他提出要“冲决网罗”，谭嗣同以西方传来的物理学的乙太来诠释“仁学”，用“仁”来表现中国人的主要精神。人们以为胡适的个人主义是西方的思想，其实胡适所讲的个人主义一方面仍然在传统的框架中，他强调“小我”的存在应该以“大我”为依归，“小我”必须以“大我”为前提；认为“小我”会死，“大我”即“社会不朽论”，这是对人生三不朽的引申，另一方面在与马克思主义者辩论的时候他阐发了西方自由主义的契约观念，强调个人的自由为第一位，个人若没自由，国家也不会有自由，一群奴隶形成不了强大的国家；个人若没有自由，个人与国家就无法签订契约。

实际上，早在谭嗣同、胡适之前，从先秦开始中国文化传统就有“个人”和“自我”的思想和理念。儒家所讲的内圣外王、“为己之学”都是从个人修养开始，当“经学”和“理学”教条化、僵化之后，魏晋以降，魏晋时代个人的精神自由是一种重要的价值，嵇康的《幽愤》，阮籍的《述怀》都表达了个人觉醒的主题。佛教讲修行高的人的觉识永不消失，始终在宇宙中流转，佛教使个人意识增强，它所主张的“无君无父”，实际上便是突出了个人。禅宗所讲的平常心就是“道”，讲求“自得”，都是说不必靠神，要靠自己。至于唐诗宋词大多描述的是个人寄情山水的情怀和志向。宋明理学使“修己之学”达到了精致化的高度，在书院传播，发掘人性，讨论如何成为君子和圣人，可以说个人观更为成熟，这样的内转的好处是使得许多士人在遇到人生磨难时可以得到化解和提升，王阳明的“不离日用常行内”的思想对商人、樵夫等寻常百姓也产生了一定的影响，使人格能在境遇不顺的情状下挺立起来。当然一味讲内圣的后果是容易走向偏颇和僵化。元明以后儒家一方面因“科举害道”走上“官学化”之路，另一方面明清一代儒家学者也都主张反对宗法专制主义，要给个人的独立自主留出地盘。到了五四时期，传统的“自我”观和资源应该可以成为中国人建立现代人格观的本土资源，但是激烈的反传统思潮使得人们全盘否定传统，丢弃了这一笔非常重要的本土资源。在片面理解西方个人主义思想的基础上，“自我”和个人主义的思潮在当时属于科学主义和实证主义框架中的个人主义，看不到个人和自我的超越源泉。诚然，科学、理性、民主、自由是值得提倡的，这样的启蒙刚要兴起，遇到救亡图存的急务，中国人顾不上考虑“小我”，只得考虑“大我”，使得启蒙运动刚刚开始就夭折了。实际上中国传统中也有关于个人和自我的文化资源，即使道家和佛家也都重视个人的精神自由，中国式的个人自由与西方式的个人自由的不同点是，“西方以个人为本位，中国却在群体与个体的界限上考虑自由的问题。”[①]由于人们往往把儒家伦理看作是统治阶级的意识形态，所以，后来的知识分子一般不屑于从儒家传统中寻觅有关“个人”“自我”方面的资源。五四前后学习西方主要出于师夷长技而制夷的功利目的，并不了解西方文化的特质，尤其不了解西方的宗教，西方的个人主义源于文艺复兴、宗教改革和启蒙运动，只有极少知识精英开始了解西方的个人自由的实质，广大民众的对思想启蒙的认知只是皮毛而已。由此带来的问题是：一方面自清朝以来，整个儒家的意义世界受到巨大创伤，可超越的个人和自我的资源丢失了，另一方面对西方的启蒙思想的理解则是片面的、表层的，中国人狂热接纳和崇拜“科学”和“民主”这两位先生的动力和目的仅仅是从要富强的功利目的出发，忽略了更深一层的西方文化的根源性的因素。眼下的中国社会物质文明在不断攀升，政治上的成就也有目可睹，但是信仰、人格等人生问题日见危机，和谐社会的建设理应建立在每个人的身心和谐的基础上，“小我”的身心不圆满，“大我”的社会怎能真和谐？全社会都在崇尚科技主义、物质主义，个人的心性修养没人去顾及，意义世界的构建甚至令人唾弃。说

① 余英时：《现代儒学的回顾与展望》，生活·读书·新知三联书店 2012 年版，第 60—62 页。

是重视科学，却没有人确立起为学术而学术，为真理而真理的科学信念。人们只知道所谓的科学精神就是批判精神，事实上中国传统也有批判精神，只是中国传统的批评精神首先是对自己的怀疑和批判，即自我内在的批判，这样的中国式的科学态度是中国文化的精神，现在也丢失殆尽了。今日中国的精神匮乏并不完全是科学、民主、理性和人权等西方启蒙思想的匮乏，更是丢失了自己丰厚文化传统资源尤其是个人和自我修养方面的精神资源的匮乏。因为丢失了中国传统文化中的个人和自我的丰富资源，所以西方启蒙思想的精华就难以为中国人所理解，中西启蒙思想不能有机融和，思想的启蒙直到今天也就成了问题。按照常理，没有健全的个人就不会有成熟的群体；唯有健全的个人才能配合政治制度的理性化建制和创新的成功。我们今天并不是仅仅要强调“小我”的重要性，而是要强调没有健全和谐的“小我”就不会有健全和谐的“大我”和社会；没有伦理道德的“小我”就没有制度创新和合理的社会政治制度的理性运作。中国近代从表面上看由崇尚“夙夜在公”转而彰显“私我”和“独立自主”之人格，这是近代西方启蒙思想影响导致的一场思想解放运动。实际上无论当时还是今天，人们都忽视了这场思想启蒙运动的内在的精神，即既没有能很好地继承和弘扬我们文化传统中的“个人”和“自我”的自由精神，也没有真正理解西方启蒙思想背后的宗教情怀和文化背景中的西方文化的“个人”自由和人权的意蕴，我们只是在十分肤浅的层面邯郸学步似地呼喊“个人”和“自我”，要求自由和民主。这是值得我们今天进一步很好地加以反思的大问题。今日在人的现代化的问题上还要接着五四新文化运动继续前行，其内涵就在这里。

由注重“心性”的“内圣”之学转向讲求“民主”“科学”的“外王”之功

近现代儒学是在西方枪炮和思想理念冲击下开始全面解体的，儒学的解体不是仅仅在学理上，在经典和教义层面的解体，而是伴随儒学得以依赖的政治、经济、社会、教育等等所有制度的崩塌而展开，是一整套全面安排人间秩序的思想系统及其由这套思想系统所制约的生活方式的全面解体。儒学本身是一种实践的哲学（它不可能长期停留在思辨的层面，而是强调从个人的心性修养到制度化的互动都要落实在实践上），以至于它的实践的功能也被窒息了。当然，儒学在价值观念层面并没有完全消解，用余英时的话来说它成了“游魂”。“从戊戌政变到‘五四’不过短短二十年，但这二十年间中国传统制度的全面瓦解已成事实。从家族婚姻、乡里、学校各种制度到风俗习惯，其中已没有任何一部分是可以站得住的了。‘五四’全面反传统的运动便是在这种形势下逼出来的。”①儒学与现实社会在制度层面就这样完全断绝了。这表明制度化的儒学死亡了，但心性儒学或生活儒学则反而开始获得了新生。新儒家尤其是在提炼和阐发儒学的现代性和世界性等方面作出了卓越的贡献。

既然儒学没有了一切社会制度的托身之所，没有了朝廷之上的经筵讲座，书院、私塾、明伦堂之类的讲学之所，只能在大学哲学系中存身，它又怎样获得了新生呢？我以为儒学的

---

① 余英时：《现代儒学的回顾与展望》，生活·读书·新知三联书店 2012 年版，第 55 页。

新生正是在新的环境中与各种思潮的挤压和对话中获得的，自五四前后，它就面临西方文化的和马克思主义等各种思想流派的较量，使得它在寻求生路的过程中增强了自己的敏感性和触角、应变能力且进一步发挥了本身就有的开放性、包容性和与时偕行的品格。如果说中国近现代哲学是一种中西互动格局的话，那么，在中国语境中实际上是一种“中”“西”“马”三者互动的局面。当然，严格来讲，这三者的互动依然是一种中西哲学的互动，因为马克思主义也是一种西方哲学。由于这种情形，大多数“中国哲学史”“中国近现代哲学史”“中国现代哲学史”基本上是以中西互动或“中”“西”“马”互动为结构形成的哲学史。

由孔子开创的以仁为核心，以礼为形式的内圣外王之道，其精粹在于“为己之学”即内圣。其实，儒、墨、法三家的“内圣”都讲求通过道德修养追求一种崇高的道德境界；所谓“外王”是通过政治实践或其他社会事务以建功立业。而道、玄、禅三家的“内圣”则是追求一种超越而自由的精神境界，它们的“外王”是指从事俗务，即要求以出世的精神干入世的事业。前者是追求至善的道德人格境界，后者是追求自由的逍遥人格境界。传统士人常常表现为上述二者的有机统一，得意时追求道德人格，失意时追求逍遥人格。内圣外王又内含了性情与礼教、修身与济世、现实与理想之间的矛盾。后儒在发展流变中使内圣外王之学在形式上越趋复杂和体系化，在内容上却剥离了元典儒学的原有的活泼精神，使其流于僵化和教条，越来越偏于内圣一方，形成内圣强、外王弱的总体发展趋势。新儒家的理论探索就是试图解决这一问题。新儒家的贡献也就在重建了中国文化的主体性与中国哲学的自主性。

新儒家提出的“内圣开出新外王”的思想纲领，即力图从

“仁心”或“良知本体”中“开”出“科学和民主”的新外王。这一命题的实质就是儒学要借助吸收西方的科学精神与民主精神来贯通道德理性与理智理性，在道德人格与逍遥人格中发展出知性主体，以完成儒学从传统走向现代的历史嬗变。新儒家认为传统与现代并不对立，越是传统的东西可能越能代表现代。他们不仅倡导而且践履在对话中展现和发展儒学精神，不仅认为道德人格精神可以弥补现代性危机，而且儒学可以与现代民主，与自由主义相沟通，儒家的精髓完全可以与西方科学民主相交融，以完成内圣开出新的外王。事实上，他们捍卫了传统文化的尊严，彰显了传统文化的价值，在传统与现代的沟通上已获得不少成就。但现代新儒家在内圣外王问题上也是有其偏颇的，尤其是在第一代大师梁漱溟、熊十力等人身上表现更加明显，这种缺失在历史的进程中正在得到纠正。例如，他们认为西方文化只重“科学一层论”或“理智一层论”，缺少理想和人文的层面，以至发展出一种过分物质化的非理性文明，以至构成整个世界的思想危机。实际上，西方文化中不是没有人文和理想。现代新儒家自认为自己对现代性抱有批判的精神，儒学的传统智慧可以统一宗教精神、哲学精神与科学精神，谋求更大综合的新开展，用以消解现代性带来的人性的异化、生存意义的迷失等问题。而事实上，儒学的综合力未必有如此神奇。儒学的功用主要还在信仰和价值方面，这两个方面西方文化中也不乏精髓，更何况这些精神资源应该与现代社会的制度创新进行互动，其和谐辩证法更应该与马克思主义的历史唯物主义和辩证唯物主义相融合，否则难以去除自身的弊端，剔除西方文化中的糟粕，重现自身价值的灵光。儒学崇尚家族、宗法，安贫守己、乐天知命，以孔子的言论为真理之标准，以权力本位、等级结构为神圣不可侵犯的观念秩序，将个人自由平等局限在精神领域，新儒家对与儒学有某种干系的上述弊端缺乏反思和批判。又因儒家崇尚的道德理想主义过于高远，加之在宗法专制主义的钳制下，使得真实的崇尚正义的个人无法生长出来，结果造就了许许多多的双重的分裂性人格，他们善于在明里冠冕堂皇而在暗里行男盗女娼，娴熟自如地出入明规则与潜规则这两种"规则"，使整个社会挺立不起敢说真话、实话，敢于维护道义、公平正义的个人。这种反思和批判早在五四时期的鲁迅和胡适那里就已经鞭辟入里、淋漓尽致，新儒家则把它归因于西方文明即现代性的危机恐怕就有些失之毫厘差之千里了。

新儒家的学人对伦理和政治的关系存在混淆的偏差，他们将政道等同于做人之道，内圣意味着个人道德修养水准很高则政治治理水平也就很高，将政治寓于道德之中，这就混淆了两者的不同内涵和职能。政治上的腐败，不能靠道德来解救，道德修养解决不了政治问题，政治手段同样解决不了道德问题，但若离开了民主法治这个治本之策，不仅领导者会陷于不道德，而且政治也会变得更加黑暗和残忍。政治应该从人伦秩序中划分出来，近代中国社会的政治儒学的生命力不能不说已经气数已尽。儒家的公平正义观虽说是民族性、母体性的资源，毕竟与近现代意义上的民主法治理念有着本质的差别，试图从内圣中开出新外王只是梦呓而已，民主法治政治的建设自有其社会发展的内在需求（特别是经济因素）和制度建设自身的内在规律，不是学者们书斋里或靠意欲之类的东西可以创制出来。儒学中有着丰厚的心性修养的生命智慧，它并不因时代的变迁而失去其珍宝的价值，但是儒学中恰恰缺乏适应现代化的社会治理的知识、手段和智慧。企图以道德自律型政治来治国平天下，忽视政治体制和制度的变革，必然强化专制。

儒学发展出了一种非常可贵的内圣之学，但是恰恰没有能发展出一套对权力加以制约的强制性的他律的制度和机制。由人文的自我修养、道德至上、教化万能来解决权力结构的监督和法律约束；只是在态度上、理念上、自我心性修养上重视人的价值、民本的价值是代替不了科学进步的民主制度建设的。儒家只有唱高调的民本和人文，没有以民权制约君权的制度设计和机制创设，皇权的专制就会变得无以复加，道德修养只是统治者自我标榜的饰词。当然，我们需要的是好的人和好的制度的统一，但首先还是要有好的制度。儒家难辞其咎的是它维护了人治传统，德治、礼治、王道、仁政固然好，但“有治人，无治法”，必然导致权力腐败，民主法治难以立足。“以伦理代法理，以道德代法律，以情感代理智”是中国宗法专制主义社会一切问题之症结，其结果是平民的人格独立丧失殆尽，以至于一方面道德理想主义大唱高调，另一方面从君王以至于庶民养成了双重人格，人人崇拜呼唤着圣人即“救世主”的降临，使得民主、自由、平等理念和制度无法建成。

结　语

从中国现代思想史的实际进程来看，马克思主义和自由主义都取得了不同程度的胜利，唯有现代新儒家始终落落寡合。梁漱溟以中国本位立场出发来比较中西文化，通过“人生问题”来解决“中国问题”。冯友兰和熊十力构建了各具特色的“中国哲学”体系都脱不了对西方哲学的仿效。无论梁漱溟的中西求异或是冯友兰的古今求同都是以儒家文化作为立场吸收西方文化的概念和形式的创造。在梁漱溟那里表现为人生问题和这个问题的冲突，在熊十力这里则是“内圣”无法开出“新外王”。牟宗三从熊十力那里“体会了慧命之相续”[①]试图要完成熊十力之未竟之业，他从“道统”即守护孔孟所开辟的人生宇宙之本源，“学统”即转出“知性主体”以容纳希腊传统，以弥补儒家单讲德性之不足，使知识论有了生长的空间，又把西方的民主融入“政统”中开出新外王，这就构成了儒学第三期发展之特征。牟宗三自认为这“三统说”乃是关联着今日时代之症结而开出的治病之方，然则，中国人何以能暂时忘却了自己的道德目标，而又获得了西方的科学精神和民主精神呢？为此，牟宗三构建了良知的“自我坎陷”之说，即“知体明觉不能永停在明觉之感应中，它必须自觉地自我否定（亦曰自我坎陷），使良知转为‘知性’，此知性与物为对，始能使物成为对象，从而究知其曲折之相”[②]“自我坎陷”在逻辑上尚能自圆其说，但是道德主体的“自我坎陷”又怎能开出知识之学，以“自我坎陷”来解决“内圣”无法开出“新外王”之难题之所以不能成功是因为如此的构建仅仅是概念上和理论上的演绎和建构，它脱离了对中西文化传统之异同的历史流变和现实问题的考察，未能深入到社会结构和中国人的国民性的深层次进行解剖，来回应当时中国所处的时代性的问题。

我以为，无论站在儒学传统的立场上吸收外来的东西和反过来以外来的现代化的东西为动力和躯体来创造性地转换传统均失之偏颇，而应以当下中国的经济、政治、社会、文化的现状和问题为出发点或立场来反思和批判自己的文化传统，不仅仅是儒学的传统，包括整个传统文化的传统，不仅仅是文

---

① 牟宗三：《生命的学问》，广西师范大学出版社2005年版，第119页。

② 《现象与物自身·知性之辩证的开显》，见《当代新儒家八大家·牟宗三集》，群言出版社1993年版，第460页。

献典籍中的思想理念，更重要的是要检视传统对现实社会和中国人的国民性的影响，这样的创造性转换已经不是儒学的复兴，而是中华文化的复兴。

儒学的生命力主要在于对后现代社会的西方发达国家和当下中国社会，尤其是为中国人提供了克服生存危机的智慧和丰厚的资源。如果说海德格尔的现象学是现代西方哲学的一种生存论转向，那么，儒学的复兴则也应是生存论或人生哲学层面上的现代转向。儒学资源不同于西方立基于永恒彼岸的本体论建构，而是寻求一种安身立命的依据的生存论建构。它的本质和特性在近代中国社会的变迁中显得甚为乏力，但是时过境迁，在当下全球化、信息化、网络化的中国社会却日益凸显出其特有的精神价值。不能仅仅从儒学的“内圣”的立场吸收西方的民主和科学企图开出新外王，而是从现实的社会经济、政治、社会和文化的需要和存在的问题出发进行制度创新，这种制度创新的视野是开阔的，并不囿于儒学的“内圣”之学之一隅，而其创新的目标则应是马克思主义的人的自由全面发展的价值理想，儒学的生存论的建构应该与社会结构的制度创新相结合，它们是有分别的，又是可以相统一的，总之，应该在这样一个动态发展着的中西马互动的框架中来展开。

（作者系同济大学马克思主义学院教授）

辑二

第八届儒学研讨会现场

"心力"论

——阳明心学在近代中国的重振与发展

○朱义禄

本文以龚自珍、谭嗣同、梁启超、康有为、章太炎五人为重点，考察了阳明心学在近代中国发展的新趋势。与古代大儒们有别，阳明心学在近代中国重振与发展中，炫动着异域的色彩，融合了西方学理(西方自然科学与唯意志论)，构成了出近代中国哲学历史行程中的新形态。这也是阳明心学在近代中国得以重振与发展的缘由所在，希望关注儒学历史命运的人们对此要引起足够的重视。

一

"心力"一词古已有之，只是在近代才成为显赫的哲学范畴。近代中国有原创力且影响较大的哲学家，大多浸沉于心学中，而主要是阳明心学。这可以列举出一大批声名卓著的思想家，如龚自珍、谭嗣同、康有为、梁启超、章太炎、梁漱溟、熊十力、贺麟、毛泽东等。受程朱理学影响并自成哲学体系的体的，只有冯友兰一人。前者注重发挥人的主观意志的作用，借助于西学的引进，在各自对"心力"作了不同特色的诠释中，形成了各殊的主张乃至于成体系的学说，将它们作为向旧社会、旧制度、旧风俗进行抗争的精神武器。心学在近代中国重振与发展，构成了出近代中国哲学历史行程中的新形态，也是传统儒学在近代中国的发展趋势所在，值得当今人去玩味。本文仅就龚自珍、谭嗣同、梁启超、康有为、章太炎这五位作些分析。

"心力"较早见于《左传·昭公十九年》："尽心力以事君。"《后汉书·方术列传下》记载了太医郭玉的事迹："玉仁爱不矜，虽贫贱厮养，必尽其心力，而医疗贵人，时或不愈。"汉和帝问他为何如此？他说，治病时贵人居高临下，自己有恐惧感。为穷人治病时，没有这种外在的恐惧感，自己就会费尽心思与能力去治病。"心力"通常的理解，就是人的心思与能力。

与历史变易论相结合，是龚自珍的"心力"论的主要特征。近代是西学东渐的时代，但在鸦片战争前后，思想家仍浸沉文化传统中。被列为六经之首的《周易》，是他们的精神世界重要源泉之一。龚自珍的历史变易论是依从了《周易》的："《易》曰：穷则变，变则通，通则久。"[①]古今往来，一切客观事物、典章制度；风俗习惯，都是处于不断变化中的，这是据《周易》得出的见解："自古及今，法无不改，势无不积，事例无不变迁，风气无不移易。"[②]任何一个朝代，能够兴旺发达而有活力，关键在于革除以前存在的弊病："抑思我祖所以兴，岂非革前代之败耶？前代之所以兴，又非革前代之贻耶？"龚自珍认为，与其让别人起来取而代之进行改革，还不如自己动手改革的好："一祖之法无不敝，千夫之议无不靡，与其赠来者以劲改革，孰

① 龚自珍：《乙丙之际箸议第七》，《龚自珍全集》，上海人民出版社 1976 年版，第 6 页。

② 龚自珍：《上大学士书》，《龚自珍全集》，上海人民出版社 1976 年版，第 319 页。

若自改革?”[①]意思很明确,那就是一个社会的统治者,不对已经存在的弊端进行自我改革的话,就被新兴的朝代取而代之。

“自改革”的“自”就是“我”:“天地,人所造,众人自造,非圣人所造。圣人也者,与众人对立。众人之宰,非道非极,自名曰我。我光造日月,我力造山川,我变造毛羽肖翘,我理造文字语言,我气造天地,我天地又造人,我分别造伦纪。”[②]这里有几点值得关注。第一,它宣称,世间一切事物的无例外地都出于“我”的创造,而不是程朱理学的“极”(太极)、“理”(天理)的派生。天地日月、山川人物、文字语言、人伦秩序等,都源于“我”之“造”。这个“我”是王阳明“良知”的翻版:“良知是造化的精灵。这些精灵生天生地成鬼成帝,皆从此出”、[③]“我的灵明,便是天地鬼神的主宰。”[④]第二,龚自珍以为,人人都有一个“自我”,世界是由“自我”所创造的。第三,这样的“自我”即人的主观意识就是“心力”:“心无力者,谓之庸人。报大仇,医大病,解大难,谋大事,学大道,皆以心力。”[⑤]没有“心力”的人,被龚自珍贬低为“ 庸人”;有“心力”的人,能干出惊天动地的大事来。这里又见到了王阳明的“良知”。按照当代学者钱明多年潜心研究,认为“良知”就“意味着个体独立人格的确认和对自我意志的确认”。[⑥] 王阳明的“良知”(“我的灵明”)与龚自珍

---

① 龚自珍:《乙丙之际箸议第七》,《龚自珍全集》,上海人民出版社 1976 年版,第 6 页。

② 龚自珍:《壬癸之际胎观第四》,《龚自珍全集》,上海人民出版社 1976 年版,第 12—13 页。

③ 王阳明:《传习录下》,《王阳明全集》,上海古籍出版社 1992 年版,第 104 页。

④ 王阳明:《传习录下》,《王阳明全集》,上海古籍出版社 1992 年版,第 124 页。

⑤ 龚自珍:《壬癸之际胎观第四》,《龚自珍全集》,上海人民出版社 1976 年版,第 15—16 页。

⑥ 钱明:《儒家正脉——王守仁传》,浙江人民出版社 2006 年版,第 197 页。

的“我”，虽说都是造化天地人物的宇宙本体，但差别还是很大的。龚自珍的“我”突出的是人的意志力，“良知”的伦理道德的意义被弱化了

龚自珍“自我”的核心就是“心力”。“心力”指促成人们行为的驱动力，主要是指意志力。这从逻辑上说必然导向“自改革”。“自改革”是指对现存社会进行自我批判的政治要求。鸦片战争前后，中国的社会正处于这一状态之中：“痹痨之疾，殆于痈疽；将萤之华，惨于槁木。”[①]社会情况好似一个中了风、生了病的病人一样，像将要凋谢的花朵，已陷于日暮途穷的境地。康乾盛世不能重造，但士大夫们仍沉湎于莺歌燕舞之中。“留心古今而好议论”[②]的龚自珍，他的“自改革”主张，是把一个社会能自觉地进行内部的自我改革，当成是社会历史发展的动力。龚自珍把“心力”论与他的历史变易观结合了起来，是时代所赋予的迫切要求。近代中国受西方列强的侵略，主要问题是中国往何处去，这必须认清中国是怎样从过去变到现在，将来又会朝什么方向发展。这样，古与今的辩论就突出了起来。凡是在近代真正有过影响的思想家，都是善于贯通古今的。讲究古与今的内在联系，就是对历史规律性的认识。历史哲学的问题，在近代中国就突出了。

龚自珍的历史变易论，虽比同时代人来得高明，但还留着形而上学的尾巴。他的改革方案具有浓郁的传统气息，如恢复井田制、宗法制等，“何敢自科医国手？药方只贩古时丹。”[③]

---

① 龚自珍：《乙丙之际箸议第九》，《龚自珍全集》，上海人民出版社 1976 年版，第 7 页。

② 龚自珍：《京师乐籍说》，《龚自珍全集》，上海人民出版社 1976 年版，第 118 页。

③ 龚自珍：《己亥杂诗》，《龚自珍全集》，上海人民出版社 1976 年版，第 513 页。

他医治衰世的改革方案，没有超出历史上地主阶级改革派的框架。龚自珍不冀望衰世来一番剧烈的变动："可以虑可以更，不可以骤。"[①]他要求的社会变更是一种渐变，是寄托于封建统治者自上而下的改良，不是剧烈的"骤变"。

二

谭嗣同要比龚自珍激烈得多，他称颂法国大革命，"誓杀尽天下君主，使流血满地球以泄万民之恨"。[②] 他渴望做陈胜、杨玄感那样的反叛者，死而无憾。似这样激烈的反清言论，是龚自珍所不敢说的。

同样强调"心力"，谭嗣同注入了龚自珍所无的西方自然科学的内容，且与佛教相结合，以期"冲决网罗"。在古今之辨中，谭嗣同不讲"药方只贩古时丹"，而是反对复古主义。就民族而言，如果"中国动辄援古制，死亡之在眉睫"；就个人来说，"今之自矜好古者，奚不自杀以从古人"。谭嗣同力今反古的倾向是明显的，他希望中国出现一个日新的局面。对欧美、日本与亚、非、澳的现状，他作了个比较："欧、美二洲，以好新而兴；日本效之，至变其衣食嗜好。亚、非、澳三洲，以好古而亡。"新的动力是什么？谭嗣同以为是"以太"："日新乌本乎？以太之动机而已矣。"[③]以太是古希腊哲学家所设想的一种弥漫性物质。到19世纪，以太被看作是传播光的媒质，电磁相

---

① 龚自珍：《乙丙之际箸议第七》，《龚自珍全集》，上海人民出版社1976年版，第7页。

② 谭嗣同：《仁学》，《谭嗣同全集》增订本，中华书局1981年版，第342—343页。

③ 谭嗣同：《仁学》，《谭嗣同全集》，中华书局1981年版，第319页。

互作用以及引力相互作用，是以太的特殊机械作用的结果。“以太”的假设被19世纪的西方科学家所普遍接受。[①] “以太”介绍到中国后，对近代中国哲学家有重大影响。谭嗣同、康有为、章太炎与孙中山等人，各自按照自己的需要与理解进行解释和发挥，作为构筑思想体系的依据。谭嗣同视“以太”为是“原质之原”，为天地万物的本原，世界上一切事物日新月异变化的推动者。“以太”就是“心力”：“仁以通为第一义。以太也，电也，心力也，皆指出所以通之具。”[②]把“心力”等同于“以太”，也就是说“心力”为宇宙万物之本原，这是“心力”的一重意思。另一重意思，是赋予“心力”以无比巨大有威力：“因今人之所以灵者，以心也。人力或有做不到，心当有无有做不到……自此猛悟，所学皆虚，了无实际，唯一心是实。心之力量虽天地不能比拟，虽天地之大可以由心成之、毁之、改造之，无不如意。”[③]谭嗣同的“心力”，是指人的主观能动力，它足以改造“天地”，能使人们目的得以圆满地实现。这是王阳明“良知”的翻版：“良知者，心之本体”、“人只要成就自家心体，则用在其中。”

谭嗣同以为，“心力”是人从事各种活动的驱动力，显现于外就转化为物质力量。因此可用西方的力学来描述：“心力可见否？曰：人之所以赖以办事者是也。吾无以状之，以力学家凹凸力之状状之。愈能办事者，其凹凸力愈大；无是力，即不能办事，凹凸力一奋动，有挽强持满不得不发之势，虽千万人，未或能

---

① 1907年，爱因斯坦相对论得到物理学家劳厄的实验证实后，“以太”假设被否定。关于“以太”传入中国的情况，参见侯外庐主编：《中国近代哲学史》，人民出版社1978年版，第217—218页。

② 谭嗣同：《仁学》，《谭嗣同全集》，中华书局1981年版。

③ 谭嗣同：《上欧阳中鹄书十》，《谭嗣同全集》，中华书局1981年版，第460页。

遏之改变其方向者也。”这是用力学的语言来描述意志的双重品性——自主与专一。谭嗣同“心力”论与龚自珍有相通处，但又有自己的特点，就是把他所学到的西方自然科学来诠释。

谭嗣同以为，“心力”还是一种同情仁爱之心。为证实这一点，他又糅进了佛教的因素。他说：“盖心力之实体，莫大于慈悲。慈悲则我视人平等，而我以无畏；人视我平等，而人亦以无畏。……故慈悲为心力之实体。”[①]佛教把菩萨爱护众生，给予欢乐叫“慈”；怜悯众生，拔除苦难叫“悲”。从心理学角度看，慈悲是在对他人同情与爱意后施以援救行为的心理前提。谭嗣同把“心力”与佛教慈悲说相结合，强调因慈悲而产生的平等，能使人产生一往无前的大无畏精神，什么艰难险阻都不能遏制。相反，愈是艰险愈向前：“阻者进之验，弊者治之效也。”于是“心力挽劫运”的论断，就顺理成章地被推了出来：“以心挽劫者，不惟发愿救本国，并彼极强盛之西国，与夫含生之类，一切皆度之。心不公则道力不进也……以此为心，始可言仁，言恕，言诚，言絜矩，言参天地也、赞化育。以此感一二人而一二人化，则以感天下而劫运可挽也。”以“仁”、“恕”、“诚”为“心”的功能，不但能够感化人，而且能够“感天下”、“挽劫运”。在谭嗣同看来，当今中国处于“网罗”笼罩之中，此为最大的“劫运”。解决问题的办法只能是“心力”：“夫心力最大才，无不可为。”

立志“以心挽劫运”的谭嗣同，在给他好友唐才常的信中说，近日考虑的是“别开一种冲决网罗之学”。此“学”即“仁学”，为此他写了《仁学》一书。“仁”的首要含义就是“通”，“通”有四个含义，即“中外通”、“上下通”、“男女内外通”与“人

---

① 谭嗣同：《仁学》，《谭嗣同全集》，中华书局1981年版，第363页。

我通”，达到完全平等。这是因为，“通之象为平等”。“中外通”，即打破保守人士对学习西学的阻挠，把西方的科学技术与社会政治学说引入中国；后三个“通”，同“冲决网罗”有关。“心力”的目的是要达到人与人之间的平等，有了平等的前提人们才有意志力的自由发挥可言。因为要破除种种不“通”，所以要冲决“罗网”。谭嗣同把要冲决的“网罗”分为八个层次：利禄、俗学、全球群学、君主、伦常、天、全球群教、佛法。其中关键的是君主、伦常、天这三个层次。以君主为核心的封建政治制度，由三纲五常的“伦常”为其提供合理性与正当性的依据，配之以君权神授作形而上学的基础（“天命”）。既然“心当有无有做不到”的威力，破除世间种种束缚，冲决不同层次的“罗网”，是顺理成章的事情。

谭嗣同的思想深处，又是十分矛盾的。一方面激烈地反对君主专制，以杀尽天下君主为快；另一方面，又觉得维新变法非得靠光绪帝不可。1898 年光绪帝发布“明定国是”书后，征召谭嗣同进京，谭嗣同觉得绝处逢生。一方面要破除“佛法”，另一方面又把“佛法”与“心力”相结合，赋予大无畏的品性。这都是很能说明问题的。如此的矛盾品性，使他无法把自己的要求贯彻到底，但我认为谭嗣同“心力”论，对启迪当时国人的思想，是有很大启蒙意义的。他身体力行实践了“心力”说，在可以逃亡时大义凛然，以一己的就义来撼动时人。

三

如果说，龚自珍与谭嗣同是从正面去彰显“心力”的话；那么，梁启超则从排除与消除“心力”的负面因素去张扬“心力”，可以说是殊途同归。为此梁启超提出了“自除心奴”说。梁启超说自己读龚自珍的文章有触电般的感受，其论“心力”的语言，格式类龚自珍：“盖心力散涣，勇者亦怯；心力专凝弱者亦强。是故报大仇，雪大耻，革大难，定大计，任大事，智士所不能谋，鬼神所不能通者，莫不成于至人之心力。”[①]《新民说》写于1902—1906年，这是梁启超一生中思想最为激烈的时代。1902年梁启超撰《释革》一文，提出“革也者，天演界中不可逃避之公例”，“为今日救治中国独一无二的法门”的主张，[②]甚至与其师康有为反唇相讥。梁启超的“革命”，不仅一度赞同革命派的主张，更主要的是要国民从传统的“心奴”中解救出来。同时，“心力”要完成报仇雪耻、革难任事的目标，必定是自由的、不受束缚的。两者的要求合在一起，就顺理成章得出了“自除心奴”说。

“心奴”的核心是身体上的自我奴化与意识上的自甘为奴。“心奴”在汉代有一个美称，叫“攀龙附凤”，特指依附帝王而建立功业。《汉书·叙传下》说：“舞阳鼓刀，滕公厩驺，颍阴商贩，曲周庸夫。攀龙附凤，并乘天衢”。樊哙封舞阳侯，原本屠狗之流；位为滕公的夏侯婴，先后做过沛县厩司御和滕令；食颍阳2 500户的灌婴，是睢阳贩缯商人出身；郦商一普通人也，封为曲周侯。四人以屠狗、贩缯等低贱出身，一跃而登公侯之位，完全是依附刘邦的结果。刘秀在争夺天下的过程中，下了称帝之心，但何时称帝还未定，得视时局再定。文官武将纷纷劝其称帝，刘秀不为所动；唯耿纯以“攀龙附凤”道出手下人之心志，才使刘秀决定称帝。耿纯提出，“士大夫捐亲戚，弃土壤”，出生入死于战火纷飞之际，是为了求得荣华富贵。如

① 梁启超：《新民说·尚武说》。宋志明选注：《新民说》，辽宁教育出版社1994年版，第157页。

② 梁启超：《释革》，《饮冰室合集》文集之九。

果你刘秀再不称帝，手下的人就会“望绝计穷”，产生“去归之思”。[①]。“攀龙附凤”的心理，沿袭千年之久终于成为国人的传统。1901年，《国民报》有篇《说国民》的文章，内中对“心奴”描述非常形象：“官吏者，至贵之称，本无所谓奴隶者也；然中国之官愈贵而愈贱。”官吏出行时，“武夫前呵，从者塞途，非不赫赫可畏也”，但是“其逢迎于上官之前则如妓女，奔走于上官之门则如仆隶，其畏之也如虎狼，其敬之也如鬼神”，以至于“甚至上官之皂隶，上官之鸡犬，亦见面起敬，不敢少拂焉。”上官之上更有上官，“即位至督抚、尚书，其卑污诟贱，屈膝逢迎者，曾不少减焉。”[②]对身心上的双重奴化，描绘得入木三分。人有贵贱上下，自己被人奴役，但也可以奴役别人。一级一级的制驳着，不得独立自主地做人。低一等的人对高一级的人来说，都是俯仰他人鼻息而生存的依附者。心甘情愿做他人的奴隶，这是古代专制社会里依附人格的写照。到了近代，国民性中这种劣根性依然存在。梁启超大声疾呼要去除的“心奴”，就是与“心力”相对立的劣根性。

梁启超断言：“辱莫大于心奴，而身奴斯为末也。”“心奴”比“身奴”更为可耻，是缘于“心奴”是出于自愿原则，而非外力强制的：“心中之奴隶，其成立也，非由他力之所得加，其解脱也非由他力之所得助，如蚕在茧，著著自缚，如膏在釜，日日自煎，若有欲求真自由者，其必自除心中奴隶始。”

与龚自珍的“自改革”相映照，梁启超同样强调“自”而非“他”。梁启超列举了“心奴”的种种表现：诵法孔子，“为古人之奴隶”；俯仰随人，“为世俗之奴隶”；听命运安排，“为境遇之

---

① 《后汉书·光武帝纪》。

② 《说国民》。张枬、王忍之编：《辛亥革命前十年时论选集》第1卷下册，三联书店1960年版，第76页。以下简称《时论选集》。

奴隶”；心为形役，“为情欲之奴隶”。[①] 梁启超以“公理”为“我”的主心骨：“我有耳目，我物我格；我有心思，我理我穷。高高山顶立，深深海底行。其于古人也，吾时而师之，时而友之，时而敌之，无容心焉，以公理为衡，自由何如也！”“心奴”里对国人影响最为深远的是圣人崇拜，梁启超所说的“古人”主要是指孔子。每一个“我”都有他自己的人格与思想，对待孔子就不能持膜礼顶拜之态度，得视情况而定。有时待之以老师，有时则视为以朋友，有时不妨看做敌人。一切要看是否合乎“公理”，也说是真理来定夺。“我”是自由的，不能把用“古人”来笼罩自己：“古人自古人，我自我，彼古人之所以能为圣贤豪杰者，岂不以其自有我乎哉？”在“我”中他突出的是“自”，这同龚自珍是完全一致的。他大声疾呼“自除心奴”，是同革命派要求铲除奴性的社会思潮相合拍的。

辛亥革命前的十余年的革命准备时期中，比较多的有识之士，纷纷意识到了依附人格所造成的奴性，与中华民族的兴亡息息相关。被称为“革命军中马前卒”的邹容说，“革命者，除奴隶而为主人者也。”革命的目的之一，对广大民众来说，就是“脱去数千年种种奴隶之性质”[②]，而成为一个具有独立、自由、平等意识的“主人”，“主人”更多的被称为“国民”，它与奴隶之区别在于，“奴隶无权利，而国民有权利；奴隶无责任，而国民有责任；奴隶甘压制，而国民喜自由；奴隶尚尊卑，而国民言平等；奴隶好依傍，而国民尚独立。”“国民”是革命派宣传独立人格的术语，是指在立宪国家或民主共和国里享有民主权利的人民，“奴隶”是指专制国家里充满奴性的人民。革命党人认为，

---

① 梁启超：《新民说·论自由》。《新民说》，辽宁教育出版社 1994 年版。

② 邹容：《革命军》。张枬、王忍之编：《辛亥革命前十年时论选集》第 1 卷下册，三联书店 1960 年版，第 651 页。

“脱奴隶就国民”，是保种保国、推翻清廷、反抗外侮的重要前提。民众的奴性集中体现在做古先圣贤的奴隶、做天命神学的奴隶、做君主专制的奴隶这三个方面，这三者之间并非相互割裂而是有内在联系的，其目的是要叫人匍匐在圣、天、君之下，丧失独立、自由、平等的意识。梁启超在20世纪初着力宣扬的“自除心奴”说，也是有鉴于此。他更多地是从抽象的角度去总结，与革命党人贴近现实政治还有些区别。梁启超“自除心奴”说，是“心力”论的另一种表现形式，它也张扬“心力”，但从消除“心力”的负面因素着眼，与龚自珍、谭嗣同实为殊途同归。

四

早年康有为不满于程朱理学与清代考据学，一度热衷于陆王心学与佛学。1890年，在广州听了经学家廖平谈论后得到启发，开始倾心于今文经学，进而把公羊学派的“三世说”改造成历史进化论。但他早年心学的痕迹在戊戌变法期间，却又浮现了出来。1898年4月17日(农历三月二十七日)，保国会在北京南横街粤东会馆举行第一次集会。与会者有京官和各省举人二百多人，公推康有为登台演说。康有为说当今国人的处境，正处于“种族兴亡”的时刻：“吾中国四万万人，无贵无贱，当今日在覆屋之下，漏舟之中，薪火之上，如笼中鸟，釜底之鱼，牢中之囚，为奴隶，为牛马，为犬羊，听人驱使，听人宰割，此四千年中二十朝未有之奇变。加以圣教式微，种族沦亡，奇惨大痛，真有不能言者也。”想保国保种的办法只有一个：“欲救亡无他法，但激励其心力，增长其心力。”[①]20世纪

---

① 康有为：《三月二十七日保国会上演讲会辞》。《国闻报》1989年5月29日。

初，在流亡海外期间，他鼓吹以保皇为拯救中国的不二法门，坚持“心力论”，断言“心力不毅，多中道沮废，颓然自放”。[①] 手无寸铁的康有为面对的，是以慈禧为首的强大的保守势力。于是只能诉诸人的主观精神的极度膨胀上。他一方面痛斥慈禧：“然则四万万之同胞，神明之全族，将坐听于顽固之西后、逆贼之权奸二人，鬻之卖之乎？其果甘心卖女子奸贼之手乎？”[②]另一方面要求海外华侨发挥“人心”到“十分”，以其达到保住光绪复位的目的：“今既知脉证确凿，将束手待毙乎？抑将欲医活救活之乎？若我同胞不肯自鬻身，不愿自绝种，但同心大发其忠君爱国之心救之，固自易易耳。吾为开二方：上方曰保皇会，则保已能医我救 我国民之圣主复位，则四万万同胞立救矣；下方曰保工商会，则我海外五百万同胞，合力自行保护，则亦可救我四万万人矣。上方至顺至易，下方至厚至稳，而皆以十分人心为引，愿吾同胞，真知病危者，亟服此良药，以救万死。”[③]无论上策还是下策，康有为都希望把“人心”张扬到“十分”的极致。这一主张是有其理论基础的。一年后，康有为在 1901 所著的《孟子微》一书中说：“不忍人之心，仁也，电也，以太也，人人皆有之，故谓人性皆善。既有此不忍人之心，发之于外即为不忍人之政。若使人无此不忍人之心，圣人亦无此种，即无从生一切仁政。故知一切仁政皆从不忍人之生，为万化之海，为一切根，为一切源。一核而成参天大树，一滴而成大海之水。人道之仁爱，人道之文明，人道之进化，至于

---

① 康有为：《孟子微·中庸注·礼运注》，中华书局 1987 年版，第 195 页。

② 康有为：《保救大清皇帝公司序例》。《康有为与保皇会》，上海人民出版社 1982 年版，第 245 页。

③ 康有为：《保救大清皇帝公司序例》。《康有为与保皇会》，上海人民出版社 1982 年版，第 254 页。

太平大同，皆从此出。”[①]“不忍人之心”出自《孟子·公孙丑上》。依照孟子之意，“不忍人之心”就是性善论的另一种表达方式，而“仁政”即“不忍人之政”是以性善论为基石的。康有为说“不忍人之心发于外即为不忍人之政”，那是孟子原意的复述。这是一层意思。另一层意思是融合中西学术思想了。所谓“不忍人之心，仁也，电也，以太也”，那是把孟子学说与西方自然科学相整合了，“人心”“仁”“电”“以太”，不过是同名而异实罢了。康有为把“电”“以太”这些当时视为物质的东西精神化了，精神既相类于虚空的“电”与“以太”，就可以同“人心”“仁”等同起来。尽管康有为在自然科学上的造诣要高于谭嗣同，但同样是将略有知解的科学知识，糅杂在自身已接受了的传统思想里。[②] 第三层意思把“不忍人之心”当做宇宙万物的本原，“为一切根，为一切源”。第四层意思把“不忍人之心”的作用夸大到了极点，它是人世间“仁爱”、人类“文明”的源泉，人间社会的进化，以至于到达大同之世这样的理想社会，都是这种叫做“不忍人之心”的“心力”的杰作。总而言之，在“心力”上康有为和谭嗣同的主张相同处颇多，他们均将“心力”与西方自然科学的相掺和，都膨胀了“心力”在社会实际活动中的作用，以期战胜实力远远大于自身的力量。不同的是，康有为的哲学理论高过谭嗣同，其自然科学知识也非谭嗣同可及。

---

① 康有为：《孟子微·中庸注·礼运注》，中华书局 1987 年版，第 9 页。该书第 208 页有“仁从二人，人道相偶，有吸引力之意，即爱力也，实电力也。”（《中庸注》）

② 康有为早年就有《诸天讲》这样的自然科学专著，而谭嗣同没有。关于康有为的科学精神，参见朱义禄：《康有为评传》“穷参中西新学理”一目。广西教育出版社 1996 年版，第 14—24 页。

五

章太炎的“心力”论出现了新的趋势，那就是与西方的唯意志论相结合。近代受心学影响的哲学家多强调一个“自”字，章太炎也不例外。[①] 章太炎说：“仆所持者，以‘依自不依他’为臬极。”[②]章太炎所表明的是，自己在辛亥革命前的哲学思想宗旨。这篇写于 1907 年 6 月 8 日的《答铁铮》，对理解章太炎的哲学见解颇为关键。章太炎又说：“盖以支那德教，虽各殊途，而根源所在，悉归于一，曰‘依自不依他’耳。上自孔子，至于孟、荀，性善、性恶，互相阋讼。讫宋世，则有程、朱；与程、朱立异者，复有陆、王；与陆、王立异者，复有颜 李。虽虚实不同，拘通异状，而贵其心，不以鬼神为奥主，一也。”文中所说“德教”，为传统儒学在不同历史时期的表现形态。历史上的儒学虽有不同派别，但殊途同归形成一个好传统，即“依自不依他”“贵其心”。[③] 章太炎大力表彰阳明心学，说“明之末世，与满洲相抗，百折不回者”，除了禅宗信徒外，就是“姚江学派之徒”。章太炎断言：“王学岂有他长？亦曰‘自尊无畏’而已。”

---

① 值得令人玩味的是，态度比较温和的严复也强调“自立”：“尝谓济人之道，莫贵于使之自立，舍此必固穷之术，于受者又何益也。”（见《〈法意〉按语》，《严复集》第 4 册，中华书局 1986 年版，第 1012 页。）

② 《答铁铮》，《章太炎全集》第 4 册，上海人民出版社 1985 年版，第 374 页。这是一篇极能说明章太炎思想的书信，故学术界同仁多有引用。但铁铮究为何人，从无文章提及。据本人所见材料，铁铮本姓李，在北平教过中学。为《古兰经》第一个完整的汉文本译者。至于铁铮给章太炎的信是什么内容，则不得而知。

③ 佛教中的禅宗、法相宗，章太炎认为，“自贵其心，不依他力，其术可用于艰难危急之时，则一也”，都有“勇猛无畏之心”。《答铁铮》，《章太炎全集》第 4 册，上海人民出版社 1985 年版，第 367—368 页。

章太炎所说的阳明心学（“王学”）“自尊无畏”，可从两个方面去分析。

首先，心学的“自尊无畏”，同尼采哲学中的“超人”是“相近”的，有着激励人们斗志的功效。章太炎以为，虽说阳明心学（“王学”）“不免偏于我见”，“然所谓我见者，是自信，而非利己，犹有厚自尊贵之内，尼采所谓超人，庶相近。排除生死，旁若无人，布衣麻鞋，径行独往，上无政党猥贱之操，下无懦夫奋矜之气，以此揭橥，庶于中国前途有益。”“尼采所谓超人”一语，涉及尼采哲学的东渐与章太炎对尼采哲学的撷取这两个问题。“超人”源出于希腊文，意为“在人之上”，即精神上和肉体上都具有非凡的力量，能完成凡人做不到事业的人。尼采依据他的强力意志论，把这一概念加以改造，用以他所设想的人类发展的目标。“超人”指未来的一个全新的族种，是意志力最强的人所组成的一个超越民族范围的新的族种，是人类发展的理想状态所在。尼采以为，现代人中的大多数人已难以成为超人，只有少数血统高贵的上等人后代，历经几代的优生选择与严格训练，才能产生出充满权力感的“新主人”——超人。首次把尼采介绍到中国的是梁启超，是在《进化论革命者颉德之学说》一文中，时在 1902 年。1906 年，章太炎从上海工部局狱中获释后，第三次东渡到日本。这时他参加了同盟会，并任《民报》的总编辑和发行人。这一期间他深入研究了西学：“既出狱，东走日本，尽瘁光复之业。鞅掌余闲，旁览彼土所译希腊、德意志哲人之书，时有概述。”[①]“德意志哲人”，指康德、尼采与叔本华。《答铁铮》即为“时有概述”的内容之

① 章太炎：《自述思想变迁之迹》。《章太炎选集》，上海人民出版社 1981 年版，第 558 页。

一，那时章太炎哲学思想的经典表述大多集中于这一书信中。章太炎断言，那种为了政党的利益而做出卑鄙行为的人，那种畏缩不前的懦夫，在相信阳明心学的人们中是不会有的。他们心中充满着勇气，有着一往无前的大无畏精神，个人的生死在他们看来是不值得计较的。这种蹈死如饴的志士仁人，正是20世纪初想推翻清朝的革命派所急需的。这种“旁顾若无人、径行独往、排除生死”的人，与尼采哲学中的“超人”极为相似。他们的存在，对中华民族的前途是大有益处的。

其次，“自尊无畏”的“自”是主体，但不是指肉体或感官，而是指“心”，就是独立人格与自由意志。“心”能让人面对一切艰难险阻而不却步，明末气节之士抗清而矢志不变者，就是阳明心学（“王学”）的忠实信徒。“自尊”强调的是，在人的行为中起主导作用的是自由意志。他重视的是，不必依附他人的权势去实现自己的目的。他说：“即实而言，人本独生，非为他生。而造物无物，亦不得有命令者”，“盖人者，委蜕遗形，倏然裸胸而出，要为生气所流，机械所制，非为世界而生，非为社会而生，非为国家而生，非互为他人而生，本无责任。”[①]这是说，一个人赤条条地到世界上来，生来具有独立的人格，并不是为社会、国家、他人而生的，更没有上帝对我发布命令，更不要说什么责任了。这种独立人格的思想有浓厚的虚无主义色彩，但就反对国家、社会、他人乃至造物主，强制人们片面承担各种责任与义务而言，无疑有明显的反封建权威与否定依附人格的进步因素在内。

---

① 章太炎：《四惑论》，《章太炎全集》第4卷，上海人民出版社1985年版，第444—445页。

六

从龚自珍“自改革”、经谭嗣同的“以心力挽劫运”、梁启超“自除心奴”、到康有为“不忍人之心”、章太炎“自尊无畏”，“心力”有如此大的威力，是出于对“心”的极度尊重。龚自珍说：“心尊，则其官尊矣；心尊，则其言尊矣。官尊言尊，则其人亦尊矣。”[①]章太炎在与宋教仁的交谈中，提出“万事万物”源于“我心”的主张：“晚餐后，与章枚叔谈最久。谈及哲学，枚叔甚主张精神万能之说，以为‘万事万物皆本无者，自我心之一念以为有之，始乃有之矣。’”[②]。交谈的时间是1906年12月6日，与前说的“依自不依他”“贵其心”是完全吻合的。躯体的尊贵与言论的高尚与否，在龚自珍看来在于人是否确立了自尊心。自身的尊严，是由主体自身建立的；不像荣誉，是由外在力量确认的。自尊其心的思想，包含了个性解放的要求与对自由意志的渴望。马克思说：“必须唤醒人的自尊心，即对自由的要求。”谭嗣同、梁启超、康有为、章太炎等人，他们突出的“自我”、赞美“心力”的特点，都与龚自珍“自尊其心”的命题相关。梁启超以亲身感受来描绘龚自珍的启蒙作用：“晚清思想之解放，自珍确有功焉，光绪间所谓新学家，大率人人皆经过崇拜龚氏之一时期。初读《定庵文集》，若受电然。”[③]自鸦片战争以后，对人的尊严与自由的呼唤，已成为哲学家所注目的重大问题和社会思潮。

---

① 龚自珍：《尊史》，《龚自珍全集》，上海人民出版社1976年版，第81页。

② 汤志钧：《章太炎年谱长编》，中华书局1979年版，第230页。

③ 朱维铮点校：《梁启超论清学史二种》，复旦大学出版社1985年版，第61页。

王阳明及其后学，没有明确提到“心尊”与“心力”，但仔细阅王阳明及其后学的诸多著作，不难发现对“心”之“尊”与“力”有着极为崇敬的议论。突出“心”的主宰作用与人的主观奋斗精神，是心学及其后学的主要特征。王明明说：“人者，天地万物之心也；心者，天地万物之主也。”[①]无待乎外的“心”，就是最高权威。最高权威在自己的“心”中，天地万物、纲常伦理、六经学术，都不出于吾“心”之外。没有什么外在的强力，如神灵、天命、权力、圣人崇拜等，都不能左右自己。阳明后学中的泰州学派，其创始者王艮明言“造命”：“我命虽在天，造命却由我。”[②]这种夸大人的主观意志的力量，具有唯意志论的色彩。综观心学的发展行程，是合乎逻辑沿着一个方向而去——崇尚人的精神力量，凸显人的主观意志力。王艮之后的刘宗周，他是一代大家黄宗羲的老师，直截了当地打出了“主意”的旗号，赤裸裸地向唯意志论迈进了。刘宗周一再申明，王阳明对“意”的理解是错位了。刘宗周强调“心之主宰曰意，故意为心本”，但王阳明只认同“心之所发便是意”。[③]

唯意志论夸大意志的本质与作用，主张把意志冲动置于理性之上，认为意志创造世界万物，是宇宙的基础。龚自珍的“天地，人所造，众人自造”、梁启超“人间世一切之境界，无非人心所自造”[④]，康有为“不忍人之心”能“为一切根，为一切源”，章太炎的“万事万物本自我心之一念”，均有着唯意志论

① 王阳明：《答季明德》，《王阳明全集》，上海古籍出版社 1993 年版，第 214 页。

② 王艮：《明儒王心斋先生遗集》卷二《又与徐子直》。《王心斋全集》，江苏教育出版社 2001 年版，第 53 页。

③ 参见朱义禄：《论刘宗周的唯 意志论——兼论阳明心学的总结》，《东方论坛》2001 年第 3 期。

④ 梁启超：《新民说·论尚武》。《新民说》，辽宁教育出版社 1994 年版，第 158 页。

的因素。因为世界上万事万物只是意志的表现，唯意志论者都强调人的意志能够改造天地万物，其威力无穷无尽。“排除生死，旁若无人，布衣麻鞋，径行独往”，就是章太炎对超人的描绘。其实这就是章太炎与许多革命志士的真实写照。章太炎生前，人们讽讥为“章疯子”，但鲁迅赞他“七被追捕，三入牢狱，而革命之志，终不屈挠者，举世亦无第二人；这才是先哲的精神，后生的楷模”。[①] 这是个意志坚定、高扬自身人格力量的革命志士，岂有他哉！这是阳明心学与尼采哲学相结合，并付之于自身政治实践的哲学家，岂有他哉！

七

近代哲学家为何要凸显“心”的力量，诠释出对“心力”各种界说呢？导致传统儒学与唯意志论合流的因素是什么？我想可以从三方面来剖析。

首先，从这些哲学家所处的时代与社会状况来考察。他们想用抽象的范畴，来排除现实中强力压迫的愿望，实际上近代中国的国力与西方列强存在着明显差别的明证。梁启超《新民说·论尚武》一文在这方面有着典型性的意义。该文首先批评了“野蛮人尚力，文明人尚智”的流行观念，认为这与中外历史不相吻合。在古代中国，周“见辱于犬戎”，汉有“匈奴大患”，“降及魏晋，五胡煽乱”。李唐王朝虽说受外族牵制较少，但“突厥、契丹、吐蕃、回纥，迭为西北之患，以终唐世”。至宋兴则始受辽、后受金的威胁，最后亡于蒙古。明朝更弱，“遇

① 鲁迅：《章太炎先生二三事》。《鲁迅全集》第6集，人民文学出版社1981年版，第547页。

满洲而国遂亡”。公元5世纪，西罗马帝国遭到蛮族入侵而亡。19世纪，俾斯麦行铁血政策而统一德意志，使德国成为世界上的强国，“伟然雄视于欧洲，曰惟尚武故”。古代希腊的斯巴达城邦，以其奴隶式的军事训练而声威大振，“雄霸希腊，与雅典狎主齐盟也，曰惟尚武故”。在“绝北苦寒”的俄罗斯，“文化程度不及欧美之半”，但因其“富于野蛮之力”，势力日盛，“代为世界之主人翁，若是者何也？曰惟尚武故”。人数不及中国十分之一的日本，“好武雄风，举国一致”，结果是战胜了泱泱大国的中国，“屹然雄立于东洋之上也，曰惟尚武故”。梁启超认为，“中国以文弱闻于天下，柔懦之病，深入膏肓”。解决的关键在于“心力”“胆力”“体力”，而“胆力”为“心力”的表现形式，“胆力者，由自信力而发生者也”。梁启超寄言：“吾望我同胞奋其雄心，鼓其勇气。”梁启超强调，无形的“心力”能激起被压抑人们的内在力量，并转化为强大的精神力量，从而冲破一切外在的障碍。再深入一步，梁启超是有感于备受西方列强压迫与民族精神意志的萎靡而发的：“今日群盗入室，白刃环门，我不一易其文弱之旧习，奋其勇力，以巩国防，则立于羸羊于君虎之间，更求以免其吞噬也？”[1]总而言之，梁启超的“心力”就是与列强抗争的斗争精神，他想以这种精神来唤醒国民。这是他写《新民说》的原委所在。振奋这种精神，就能御敌于国门，此为“心力”能干大事的真諦所在。章太炎断言，“排除生死”的大无畏精神，方能“庶于中国前途有益”，不也正是这种斗争精神吗！不过，龚自珍与谭嗣同、康有为的“心力”更多地针对清朝的专

① 引文皆出自梁启超：《新民说·论尚武》。《新民说》，辽宁教育出版社1994年版，第147—161页。

制统治的，与章太炎与梁启超抵御列强的侧重有所不同罢了！“心力”论为主观唯心论，但它的产生有它的真实历史背景与文化氛围。按照龚自珍、谭嗣同、梁启超、康有为、章太炎的想法，尽管现实中对立面过于强大之故，但完全可以用膨胀自身的主观意志中所蕴藏的力量来消除的。尽管他们的主张过于空泛而带有幻想的色彩，但他们的愿望是善良的。

其次，从意志的特性来考察。意志有两大特征，一是自主，二是专一。荀子早就有见于此了：“心者，形之君也而神明之主也，出令而无所受令。自禁也，自使也，自夺也，自取也，自行也，自止也。故口可劫而使默云，形可劫而使之本屈申，心不可劫而使之易意，是之则受，非之则辞。故曰：心容，其择也无禁，必自见；其物也杂博，其精之至也，不贰。”[①]相对于“形”而言，作为“神明之主”的“心”，就是意志。意志具有自制、坚毅、果断、自信、勇敢、自夺等品性，外力可以强迫嘴巴张开或闭合，可以迫使形体伸张或弯曲。但意志能够自由选择，必定自主地表现自己而不考虑其他。它以为正确的就接受，以为不对的就拒绝。“其择也无禁，必自见”，是申明意志的自主；“其精之至也，不贰”，是突出意志的专一。龚自珍“谋大事，学大道，皆以心力”、梁启超“任大事，智士不能谋，鬼神不能通，莫不成于至人之心力”、谭嗣同的“以心力挽劫运”、梁启超的“自除心奴”、康有为“厉其心力”、章太炎“依自不依他”，都是对意志的自主与专一双重品性的不同诠译。谭嗣同虽极力鞭挞荀子，说“二千年来之学，荀学也，皆乡愿也”，但他对意志的双重品性则与荀子为同调：“盖心力之用，以专以一。”至于章太炎“造物无物，亦不得有命令者”，与荀子“出令而无所

---

① 《荀子·解蔽》。

受令”，在突出自主性、不受外力干涉上，是看不出区别的，不同的只是文字表达上的差异。

最后，从儒学海纳百川的传统品性来考察。孔孟创立的原始儒学，在后世为大儒们在不断汲取各种学说的行程中，丰富和发展了起来。提倡“独尊儒术”的董仲舒，他的“儒术”融入了阴阳五行说、法家、名家、墨学等各家，成为包容性的体系。他以阳尊阴卑来论证“三纲”、以五行附会于社会伦理的“五常”、用“奉天法古”（德主刑辅）来容纳法家，用无差别的“爱民”包容了墨家、而“深察名号”无疑是汲取了名家。[①] 原始儒学这一因包容性而发生变形的进程，在隋唐期间有过停顿，但到宋明理学那里又加速了。“昔明道泛滥诸家，出入于老、释者几十年，而后返求诸《六经》；考亭于释老之学，亦必究其归趣，订其是非。”[②]“吾亦自幼笃志二氏，自谓既有所传，谓儒者不足学。其后居夷三载，见得圣人之学若是其简易广大，始自叹悔错用了三十年力气。大抵二氏之学，其妙与圣人只有毫厘之间。”[③]前者是说，程朱理学在创立的过程中是以儒为主，融进了佛教与道家（包括道教）的内容后，才得以形成。同样，王阳明以“致良知”为宗旨的心学的创立，同样离不开从佛、道两家中吸收自身所需的理论养料。到了近代，加速更进了一步。因着古今中西之争，儒学在进一步变形中，增添了异域的风情。无论是纳入了西方的自然科学（谭嗣同、康有为），还是同尼采唯意志论的糅合（章太炎），阳明心学并没有失去

① 参见朱义禄：《论董仲舒的宗教道德观》，《宁波师范学院学报》1984 年第 4 期。

② 黄宗羲：《清溪钱先生墓志铭》，《黄宗羲全集》第十册，浙江古籍出版社 2005 年版。

③ 王阳明：《传习录》上，《王阳明全集》，上海古籍出版社 1993 年版，第 36 页。

其本色，只是在包容性中炫动着西学的色彩。作为传统儒学的重要支柱之一的阳明心学，在近代中国得以重新振作并取得了理论上的新发展，对关注儒学的历史命运的人们，是一定要引起足够重视的。

（作者系同济大学教授）

从经学到哲学：董仲舒研究范式的现代扭转

——以康有为《春秋董氏学》、冯友兰《中国哲学史》为例

○余治平

晚清以降，中国学术经历了一次从经学到哲学的转变。以董仲舒研究为例，康有为的《春秋董氏学》是“我注六经”，依然遵循着中国古代经典诠释的基本传统。其伸张公羊义理，鼓呼改制变法还得以对《春秋繁露》文本做注释和解读的方式来完成。冯友兰《中国哲学史》下卷的董仲舒部分则把经学边缘化，明显转向以学科划分为进路、以学理问题为中心，这就有利于把问题充分展开来讨论，可以直接面向义理本身，无须顾忌经学话语的条条框框，具有一定的学术含量。通过哲学史的撰作，冯友兰敦促并推进了解读中国古代思想家的路径转换与方法更新，已经先后影响了新中国诞生以来的几代哲学人。

晚清以来的中国社会，一直处于“三千年未有之变局”当中，至今也没有晃悠结束。纵观哲学史家、哲学家冯友兰先生的一生，他先后跨越了从晚清、到民国、到新中国可谓战火纷飞、翻天覆地的三朝。1949年解放后，他又活了41年之久，此间他又经历了“土改”“反右”“文化大革命”“评法批儒”一系列

重大政治风浪。末了，在改革开放 12 年之后以 95 岁常人望其项背的高龄而寿终正寝。坎坷的人生阅历，真实而有效地敦促了他世界观、哲学观、价值观的多次转变，值得后人追问和反思。

而作为一个哲学史家，冯友兰先生能够紧随胡适首撰《中国哲学史大纲》(卷上，写作于 1918 年)开风气之先，而后又能够在胡适放弃走哲学叙事的道路而折回到历史叙事、思想史叙事的情况下，[①]从 20 世纪 30 年代，到 40 年代，再到 80 年代，持之不弃，恒以坚韧，而成就出中国哲学史的一套恢宏、精细而完善的研究范式，敦促并推进解读中国古代思想家的路径转换与方法更新，已经先后影响了新中国诞生以来的几代哲学人。同时，他对古典文本、学派与人物的理解和诠释也进入了公共话语系统，因而也影响了无数社会大众。

---

① 胡适的《中国哲学史大纲》卷上自 1919 年 2 月由商务印书馆在上海初版后，至 1930 年共出了 15 版，平均不到一年就出一版了，可谓非常热销。这本书是用现代学术方法系统研究和处理古代中国思想资源，对于中国哲学史学科而言，无疑具有开创与建立之功绩。1921 年 11 月 20 日在《教育杂志》第 13 卷第 11 号上发表了《中国哲学的线索》。1925 年 12 月在北京大学《国学季刊》第 2 卷第 1 期上发表一篇《戴东原的哲学》，1927 年商务印书馆出了单行本。然而，恰恰就在这期间，胡适却毅然中止乃至完全放弃了哲学的研究路数，急流勇退而折回到历史叙事、思想史叙事中去。1930 年完成了《中国中古思想史长编》，七章分别讲齐学、杂家、秦汉之间的思想状态、道家、淮南王书、统一帝国的宗教、儒家的有为主义。民国二十年(1931 年)到二十一年(1932 年)又在北京大学开设《中国中古思想史》课程。而此后的胡适则基本上闭口不谈"哲学"，唯一例外就是 1959 年在美国夏威夷大学主办的"东西方哲学家会议"上宣读了一篇题为《中国哲学里的科学精神与方法》论文。但这篇论文的原来题目却是"*The Right to Doubt in Ancient Chinese Thought*"，应该翻译成"中国思想"而不是"中国哲学"。胡适之于国故旧学研究路径从哲学到历史的这一转变，可能与《中国哲学史大纲》卷上出版后在学界遭到诸如梁启超、章太炎、柳诒徵、傅斯年的猛烈批评与严厉指责密切相关。他因为主张"哲学要关门"也与贺麟坚持"哲学永远不会关门"产生过争辩。

最后的经学套路：康有为的董学研究

每逢时代变局，春秋学必兴。晚晴年间，西夷东侵，列强凌华，知识分子意欲从春秋学中寻找救亡图存的思想资源。光绪二十二年（1896年），康有为在弟子徐勤、王觉任的辅助下，编成《春秋董氏学》一书。次年即由胞弟康广仁在上海大同译书局刻印出版。在该书《自序》中，康有为倍加推崇董仲舒，在他看来，孔子之道在六经，六经统一于《春秋》，《春秋》之义在《公羊》，而“欲学《公羊》者，舍董生安归”！甚至以为，“《繁露》之微言奥义”，“皆孔子口说之所传”。

康有为还从自己求学《公羊》的疑惑经历，说明研读董仲舒《春秋繁露》之重要，经由董子而通达孔子圣义真传之必然。他用极为煽情的文字描绘说，“《公羊》家多非常异义，可怪之说，辄疑异之。吾昔亦疑怪之，及读《繁露》，则孔子改制变周，以《春秋》当新王，王鲁绌杞，以夏、殷、周为三统，如探家人筐箧，日道不休。”只可惜自宋学兴起之后，《春秋繁露》一书“久不诵于学宫，阙夺百出，如临绝壑崩崖，无絙索，无铁梁，惟有废然而返”，但凡宋儒之学都“视董生旧说如游异园，语言不解，风俗服食宫室皆殊绝，或不求其本而妄议之”，导致“二千年来遂如泛太平洋而无轮舰，适瀚海而无乡导”。幸赖最近有江都学者凌曙注释《春秋繁露》一书，恰如“空谷足音，似人而喜”，而一旦要对其“缘文疏义”，则“如野人之如册府，聋者之听钧天，徒骇玮丽，不能赞一辞也，况于条举以告人哉！”可见，当时的人们对董仲舒已经相当陌生，欣赏不了董学之雄伟绚丽与酣畅淋漓。

在康有为看来，“因董子以通《公羊》，因《公羊》以通《春秋》，因《春秋》以通《六经》，而窥孔子之道”，[①]这条解释锁链一旦截断，圣道则必然遮蔽不显。董仲舒也正因为明于《春秋》，才奠定了他在汉初“为群儒宗”的崇高学术地位。

康有为的《春秋董氏学》八卷[②]的篇章结构安排如下：

春秋旨第一
春秋例第二
春秋礼第三
春秋口说第四
春秋改制第五
春秋微言大义第六上
春秋微言大义第六下
传经表第七
董子经说第八

如果仅从表面形式上看，康有为的这本《春秋董氏学》就是一本解读《春秋繁露》的笔记或摘抄而已，很难称得上研究性专著，充其量也就是一本对《春秋繁露》全书内容进行分门别类、梳理耙抓的“工具书”，但实际上却饱含了康有为自己对董仲舒的自家体贴与独到诠释，其中蕴藏着那个时代变局对春秋学的回归呼唤。无论是《春秋》的旨意、例解、礼法，还是《春秋》改制、微言大义，都还在经学系统之内展开董学，阐发董仲舒，研究董仲舒，保持着董仲舒学说自身的原始生态，没

① 康有为：《春秋董氏学·自序》，楼宇烈整理，中华书局 1990 年版。

② 据楼宇烈称，该书卷六下“有一小部分按语为其弟子徐勤所写”，而整个卷七《传经表》则“为其弟子王觉任所编制”。见《春秋董氏学》“点校说明”，中华书局 1990 年版，第 1 页。

有游离出经学话语系统，汉代之后，这种套路在中国已经陆陆续续绵延了两千多年，不是没有变化，而是变化实在不大。康有为尽管有利用董仲舒之心，但他也只能首先借助并放大董仲舒的春秋学思想，这在当时是启发学界、发动民众、开启世智唯一可行的通道。

“我注六经”是中国古代经典诠释的基本传统，也是古代中国知识分子实现学术创新的一种最基本的方式，历史久远，很难撼动。康有为即便想伸张公羊家的义理，而为他的改制说鼓与呼，也还得以对《春秋繁露》文本做注释和解读的形式来完成。在《春秋董氏学》一书中，通篇几乎都是董仲舒传世文献中的文字，大多取于《春秋繁露》，间或取于班固《汉书·董仲舒传》，至于康有为本人的态度、立场与观点只能表现在非常有限的题注、尾注之中，一般也只有寥寥数语，用笔并不多。据今人李宗桂在《康有为〈春秋董氏学〉杂议》一文中的统计，全书摘抄《春秋繁露》共 187 段，康有为自己撰写按语 159 条。[①] 康有为的一切思想意图都只能倾注并体现在这 159 条极为有限的文字总量里。而这恰恰又是在他所处的那个时代里人们做学问、搞研究最可能并且最有效的方式。

譬如，在《春秋旨第一》中，有“为善不法不取不弃”一节，引于《春秋繁露·玉英第四》篇，其文字为：

---

① 在康有为自己撰写的 159 条按语中，《春秋旨第一》4 条，《春秋例第二》8 条，《春秋礼第三》11 条，《春秋口说第四》45 条，《春秋改制第五》10 条，《微言大义第六》74 条，《传经表第七》只有卷首导言，《董子经说第八》7 条。仅《春秋口说第四》和《微言大义第六》两部分的按语就有 119 条，占康有为全部按语的 75%之多。见《中山大学学报》(社会科学版)，2005 年第 4 期。“这说明口说与微言大义，是康有为此书的重点所在。口说与微言大义相较，微言大义是根本，口说只是微言大义得以保存与流传的途径，而无论是口说还是微言大义，核心都是孔子改制说，这与《孔子改制考》的主旨是一致的。”见黄开国《公羊学发展史》，人民出版社 2013 年版，第 679 页。

《经》曰:“宋督弑其君与夷。”《传》言庄公冯杀之,不可及于《经》,何也?曰:“非不可及于《经》,其及之端眇,不足以类钩之,故难知也”。《传》曰:“臧孙许与晋却克同时而聘乎齐。”按《经》无有,岂不微哉!不书其往而有避也。今此《传》而言庄公冯,而于《经》不书,亦以有避也。是以不书聘乎齐,避所羞也;不书庄公冯杀,避所善也。是故让者《春秋》之所善。宣公不与其子而与其弟,其弟亦不与子而反之兄子,虽不中法,皆有让高,不可弃也。故君子为之讳不居正之谓避,其后也乱,移之宋督以存善志。此亦《春秋》之义,善无遗也。若直书其篡,则宣、缪之高灭,而善之无所见矣。难者曰:“为贤者讳,皆言之。为宣、缪讳独弗然。何也?”曰:“不成于贤也。其为善不法,不可取,亦不可弃,弃之则弃善志也,取之则害王法,故不弃亦不载,以意见之而已。苟志于仁无恶,此之谓也。”①

这里所引“宋督弑其君与夷”之事,据《春秋》载,发生于桓公二年春,宋国大夫督,字华父,宋戴公之孙,宋殇公堂叔。宋宣公未能传位于儿子与夷,而传位于弟弟缪公。缪公即位,驱逐自己的两个儿子庄公冯与左师勃,然后传位于与夷,是为宋殇公,从鲁隐公四年至鲁桓公元年在位。宋殇公十年,督杀大夫孔父,弑其君殇公与夷,迎公子冯归国而立之,是为宋庄公。

宋国之内乱,《公羊传》认为祸起于宋宣公,因为他传弟不传子,坏了君位继承的基本规矩。《左传》则以为罪在华父督,

① 这里的引文已经参校于苏舆《春秋繁露义证·玉英第四》,中华书局1992年版,第77、78页。个别文字有改动,断句、标点也有变化。

他觊觎孔父之美妻，才以“殇公立十年，十一战，民不堪命”为借口，杀死君臣二人。隐公四年，凡涉及宋殇公之事，孔子编《春秋》时便皆只书“宋公”而不名其人。“夏，公及宋公遇于清”，“宋公、陈侯、蔡人、卫人伐郑”，既不提殇公即位之事，也不记录其名字，根本就没把宋殇公当一回事，其用意就在于贬刺他得位不正，实属非法继承。

显然，被康有为所引用的这么一大段话，连同内容与文字，如果没有一定的春秋史知识背景，如果脱离了传统经学特定的话语系统，让今天的人们直接去读，则如同天书一般，不可能获得准确的理解和诠释。

而紧接在《玉英》的一段文字之后，就是康有为自己的注解：

> 《春秋》义分三世，与贤不与子，是太平世；若据乱世，则与正不与贤。宣公在据乱世时，而行太平世之义，不中乎法，故孔子不取。所谓王法，即素王据乱世之法。《史记》谓垂空文以断礼义，当一王之法是也。[①]

在康有为看来，“太平世”的王位继承是“与贤不与子”，但在“据乱世”，则应该“与正不与贤”。一世有一世的继承规矩，不可脱离具体的社会环境。这里，“太平世”“据乱世”“与贤不与子”“与正不与贤”之类的思想观念，也都依据于为“素王”孔子所规定的王制礼法，其学统也根植于汉代经学本身，现代学科意义上的政治学、社会学、哲学、历史学基本内容及其方法体系并没有进入康有为董学研究的视野。

严格意义上说，用古老经学的套路研究董仲舒的学术，康

---

① 康有为：《春秋董氏学》，楼宇烈整理，中华书局1990年版，第21页。

有为也并不是最后一位。民国三十三年(1944 年)起,段熙仲先生在南京中央大学讲授公羊春秋学课程,于民国三十七年(1948 年)撰成讲稿。可惜直至 1999 至 2002 年间才由其弟子鲁同群、丁福林等整理成《春秋公羊学讲疏》一书。

该书在分别考述春秋经、公羊传、何休《解诂》、徐彦《疏》、两汉《公羊》经师的基础上,集中展开公羊家比事、属辞、书例与大义之内容,不仅予以横向的剖析,多维切入,繁复推进,几乎涉及了整个公羊学的方方面面,而且还具有纵向的历史深度,从董仲舒、何休,到刘逢禄、孔广森,再到康有为,以及《礼记》、《韩诗外传》、《史记》、《汉书》、《三国志》、《吴越春秋》、《逸周书》、《法言》、《论衡》等诸书引《公羊》之"义辑",均包容、囊括于书中。能够照顾学术史梳理与纯粹学理分析,兼备了公羊学家之义理、体例。其所论,有事有据;其所议,丰满周祥。其架构显然不容于现代学科体系,毋宁仍在传统经学脉络里自由伸展,放任捭阖而无碍。虽用文言体撰写,但读来仍觉得醇正过瘾。其行文洋洋洒洒,酣畅淋漓,几近六十万言,应该是近代以来公羊学研究难得的一部钜制。

《春秋公羊学讲疏》一书的第五编"义"之第二章《述董》,在辑录康有为《春秋董氏学》一书春秋八总旨的基础上,又伸张出董子之《春秋》八义,尤其是发掘《玉杯》篇"屈民而伸君,屈君而伸天"一句最见学问之功底,深得董学之真谛。① 至 1963 年,段熙仲先生还在《中华文史论丛》第四辑上发表《公羊春秋三世说探源》一文。直到 1987 年 90 岁去世,段熙仲先生都没有吸收和采纳哲学的或思想史的范式去研究公羊学,

---

① 段熙仲:《春秋公羊学讲疏·第五编·第二章·述董》,南京师范大学出版社 2002 年版,第 420 页。

其对经学脉络的忠诚与坚守，已非一般学者所能比拟，堪称国故旧学一奇葩。

学科分工与冯友兰的哲学史三书

1905年9月2日（清光绪三十一年），袁世凯、张之洞奏请立停科举，以便推广学堂，咸趋实学。获皇帝诏准，次年开始，所有乡试一律停止，各省岁科考试亦即停止。而随着新式学堂的开设和兴建，来源于西方的现代学科体制也堂而皇之地进入并扎根到中国中小学及大学教育之中。许多大学都按照现代西方的学科模式建立了自己的文学系、历史系、哲学系、政治学系、法律系、社会学系等。于是，人们对传统经学的研究也经常首先以某一个学科的形式呈现出来，传统经学已经很难找到适合自己的、像它在过去千百年里一直所赖以存在的那种体制化形式了。经学，要么彻底游离于现代学科体制之外，自生自灭；要么就削足适履，以现代学科的形式重新呈现于世。而这无疑又是一种充满焦虑、进退两难的选择，其实无论走上哪一条路，对于经学自身而言，都是一种伤害。

一百多年走过来，只要稍微回望一下，我们就不难发现，在牢固而彪悍的现代学科体系下，真正坚守从经学到经学研究范式的人并不多，可谓寥若星辰。更多的人都向现代体制投降和屈服，而义无反顾地选择了把传统经学纳入现代学科体系之内，并借助于现代科学的方法、手段而研究古老的经学。具有很强代表性的儒家五经，《诗经》、《尚书》、《礼》、《易》、《春秋》，通常的格局安排是，中文系的人研究《诗经》，历史系的人研究《尚书》、《周礼》、《仪礼》，哲学系的人则研究《礼记》、《易》。而稍微宽泛一点的十三经中，《论语》、《孟子》、《礼记》、《春秋公羊传》等一般都会是哲学系教授的研究对象。或者，中文系、历史系、哲学系的学者们分别站在自己学科的立场上，专门研究这些经典的某一个方面、某一个维度，如中文系的学者只关注《礼记》的修辞、音韵、文字训诂等内容，而哲学系的学者则大多仅仅对《礼记》的义理解构和思想价值感兴趣。现代学科体制背景之下，已经没有或者很难出现那种饱读六经、精通六经、六经文献信手拈来的“通才”了。

分工，是现代性的一个重要特征，具有很强的标志性意义。甚至，我们直接用“分工”一个词汇就足以概括现代化大生产的全部性质。正是通过不厌其烦的精确分工，现代社会才把每一个活生生的人都挤压成一个个同质化、异化了的螺丝钉的。因而几乎所有的现代文明方式都借助并强调分工的重要性。正如埃米尔·涂尔干在《社会分共论》一书中所揭示的那样：“我们的时代，早已不再是以哲学为唯一科学的时代了，它已经分解成了许许多多的专业学科，每个学科都有自己的目的、方法以至精神气质。”现代科学的所有成就几乎都是在精细、严格的分工前提下实施、推进并完成的。工作分得越细，活干得就越漂亮，这已经成为现代社会的一种普遍信仰。因为必须借助于精细、到位的任务划分和专业化手段，所以，分工也意味着瓦解，必然导致事物整体的分崩离析与溃不成军。“社会一方面愿意驱使人们不断专业化，另一方面又总是担心他们过分专业化。”[①]这样，分工也便成为所有前工业社会文明传统前所未遇的天敌。

现代学科的形成起源于中世纪晚期的知识分类。分类，

---

① 埃米尔·涂尔干：《社会分共论》，渠东译，生活·读书·新知三联书店2000年版，第2、6页。

从来都具有价值倾向，并且，任何分类都是有力量的。甚至每一次分类都会引起一定程度的社会变革。面对现代大生产的专业化、分工化浪潮，面对西方现代学科分类的渗透，传统的中国经学也难逃被肢解、被切割的命运。在这样的形势之下，在中国，相比于文学、历史学，哲学学科更愿意担当起传承经学的重任，尽管它通常都在以一种经学未必接受和认可的方式处理经学思想资源。而冯友兰先生哲学史著作的撰写、他的董仲舒研究方式的确立就是在这样的时代背景下完成的。他已经绝不可能重走康有为解董释董的老路。

冯友兰关于董仲舒的研究成果集中体现在他的三种中国哲学史著作中。

第一种是两卷本的《中国哲学史》。冯友兰两卷本《中国哲学史》的上卷（第一篇 上古哲学）写作、完成于1929年，冯友兰时年34岁。隔了一年多，1931年2月，作为“清华大学丛书”之一，由上海神州国光社出版发行。[①] 其“自序（一）”有“十九年八月十五日清华园”的落款。[②] 而下卷（第二篇 经学时代）则完成于1933年6月，又隔了一年多，1934年9月，连同修订后的上卷一起，又由商务印书馆在上海出版发行。冯友兰自1931年起，到1949年，担任清华大学文学院院长一职长达18年之久，或可推断其第二章“董仲舒与今文经学”也写就于清华园。

第二种是《中国哲学简史》(*A Short History of Chinese Philosophy*)。这本《中国哲学简史》是冯友兰1947年在美国宾夕法尼亚大学讲授“中国哲学史”的英文讲稿，后经整理，1948

---

① 参见“本卷编校说明”，冯友兰《中国哲学史》上卷，中华书局2014年版，第5页。

② 冯友兰：《中国哲学史·自序（一）》上卷，中华书局2014年版，第2页。

年由麦克米伦出版有限公司(Macmillan Publishers Limited)出版发行,冯友兰时年53岁。1985年2月由弟子涂又光翻译中文,北京大学出版社出版了中文版。第十七章,题目为"将汉帝国理论化的哲学家:董仲舒"。①

第三种是《中国哲学史新编》(七册)。该书是冯友兰晚年的鸿篇巨制,1980年,已经85岁高龄的冯友兰还试图"用马克思主义的立场、观点和方法重写一部《中国哲学史》",真可谓"老骥伏枥,志在千里"。② 第三册的第二十七章,题目为"董仲舒公羊学和中国封建社会上层建筑"。

以问题为中心

写作于20世纪20年代,在《中国哲学史》下卷的第二章"董仲舒与今文经学"中,其框架结构,冯友兰是这样安排的:

(一)阴阳家与今文经学

① 涂又光将第十七章的标题翻译为"将汉帝国理论化的哲学家:董仲舒",似乎与其英文原文"Theorizer of the Han Empire: Tung Chung-shu"之义有隔,"哲学家"一词过于突兀,凭空生出,违背原文;董仲舒是儒家,不应该被归入"哲学家"之列。而"将汉帝国理论化"的译法则更置董仲舒于被动地位。这里的theorizer一词,英文原意为理论家、总是讲理论的人。其动词形式为theorize,它作为不及物动词,含义是创立理论、创立学说,做理论上说明(或讨论、推理),(空)谈理论;而作为及物动词,其含义则是使理论化,系统地提出……理论,从理论上阐明。武帝即位当政,问计于天下贤良文学,遍求治安之策,董仲舒及时应对,其思其学都是在为汉帝国提供一套法统根据、观念指导与创制设计的有益参考,而不是仅仅把现实形态的汉帝国做一个简单的理论包装与拍马屁式的附会诠释。作为景帝朝的经学博士,董仲舒的公羊学理在先,武帝的国体改制在后,因而他绝不是那种只会论证现有政制合法性的陋儒俗儒。借此,不妨将"Theorizer of the Han Empire: Tung Chung-shu"翻译为:"董仲舒:汉帝国的理论家"或"董仲舒:汉帝国的理论创构人"。

② 冯友兰:《中国哲学史新编·自序》,第一册,人民出版社1964年第1版,1982年第3版,第1、2页。

(二) 阴阳家思想中之宇宙间架

(三) 董仲舒在西汉儒者中之地位

(四) 元、天、阴阳、五行

(五) 四时

(六) 人副天数

(七) 性情

(八) 个人伦理与社会伦理

(九) 政治哲学与社会哲学

(十) 灾异

(十一) 历史哲学

(十二)《春秋》大义

冯友兰在《中国哲学史》上卷中，自孔子、墨子，到战国“百家之学”，一直到成书于秦汉之际的《大学》《中庸》《礼运》《易传》《淮南鸿烈》，都被称为“子学时代”。冯友兰以为，从春秋到汉初，上古中国进入了一次“大解放之时代”，原先那种国中卿大夫皆是公族、皆为世官、庶人不能参与政权的贵族政治体制已经被完全破坏，井田瓦解，分封兴起，王制灭，礼法堕，庶人崛起而经营私产，富豪并兼，但这种社会局面虽然不能令儒家者流满意，但客观上却推动了思想大解放。“在中国哲学史各时期中，哲学家派别之众，其所讨论问题之多，范围之广，及其研究兴趣之浓厚，气象之蓬勃，皆以子学时代为第一。”而“上古时代哲学之发达，由于当时思想言论之自由”。①

战国之末，是古代哲学终结的时期。从秦始皇焚书，禁止天下人藏“诗书百家语”，到汉武帝一旦把董仲舒“罢黜百家”

① 冯友兰：《中国哲学史》上卷，中华书局 2014 年版，第 33、39 页。

的建言做实，则完成了向“经学时代”的转型。所以，冯友兰下卷第一章便首先阐释“泛经学时代”。在他看来，西洋哲学史可以分出上古、中古、近古三个时期，但中国哲学史则缺少“近古哲学”这一阶段。西洋近古哲学始终“依傍古代哲学诸系统”，皆以柏拉图、亚里士多德等“上古哲学之中坚”为学术范型和价值源泉，而基督教哲学的宇宙观、人生观，因为创新不多，所以可谓“旧瓶装旧酒”。但“及乎近世，人之思想全变，新哲学家皆直接观察真实，其哲学亦一空依傍。其所用之术语，亦多新造。”所以近古之西洋哲学，“新酒甚多又甚新，故旧瓶不能容受；旧瓶破而新瓶代兴。”

而中国近古则有明显不同，自汉初董仲舒到清末康有为，悠悠两千载都为“经学时代”。[①] 因为此间的“诸哲学家无论有无新见，皆须依傍古代即子学时代哲学家之名，大部分依傍经学之名，以发布其所见。”这个时期的哲学家们“所酿之酒，无论新旧，皆装于古代哲学，大部分为经学之旧瓶内。而此旧瓶，直至最近始破焉。”所以，近古中国只有纯粹时间刻度上的近古，却没有产生出与近古时代相应的思想内容，“直至最近，中国无论在何方面，皆尚在中古时代。”中国没有“近古哲学”，如果硬说有，也只能说“尚甫在萌芽也”。[②] 也正是在这一意义上，冯友兰才更进一步地断定，“所谓东西文化之不同，在许多

---

① 把中国哲学思想的发展仅仅划分为“子学时代”和“经学时代”一度被后来学者指责为“是对于西方哲学史区分为‘古希腊’和‘中世纪’的生硬模仿，背后隐含的则是西方的‘现代化’史观”，因为“经学时代”之后只能是“启蒙时代”，两千年的中国仍还没有走出“中世纪”。而“‘启蒙’的动力来自西方，于是‘会通中西’（实为以西方的方法整理中国的材料）乃成为必由之路”，所以，“被视为‘正统派’的冯友兰骨子里实际上是非常‘西化’的”。引自郑家栋《为“中国哲学”把脉》，见彭永捷主编《重写哲学史与中国哲学学科范式创新》，河北大学出版社 2011 年版，第 130 页。

② 冯友兰：《中国哲学史》下卷，中华书局 2014 年版，第 415、418、416 页。

点上，实即中古文化与近古文化之差异。”[1]这一观点构成了研究董仲舒乃至中古时代所有哲学家的理论大前提，属于学术研究的观念支撑。

《中国哲学史》下卷的董仲舒部分显然以董学问题研究为中心，但这些问题又不是传统经学的内部问题，而是纯粹思想性的问题。诸如“宇宙间架”，“元、天、阴阳、五行”，“四时”，“人副天数”，“性情”，“灾异”之类的问题都是哲学史家根据自己个人的兴趣、眼光和知识背景而从董子传世文本中挖掘出来的问题。与改制、立法、王正月、正三统、大复仇之类特别醇正而又具有一定的相互关联度的经学问题的性质有所不同，作为哲学史家冯友兰所看到、揭示并阐发的问题一般都是独立的、可分解的，不需要放在思想赖以发生的原生态环境中也能够做出诠释与回答。

冯友兰对“天”的概念的解释就颇能够说明他对董子的研究已经完全从经学的理路扭转到哲学的范式上来了。天，在董仲舒的思想中始终是占有相当大的地位的。董仲舒关于天的论述很多，所揭橥的含义则更多。如“天者，群物之祖也，故遍覆包含而无所殊，建日月风雨以和之，经阴阳寒暑以成之。”[2]“天之道，有序而时，有度而节，变而有常，反而有相奉。”[3]“天地者，万物之本，先祖之所出也，广大无极。其德昭明，历年众多，永永无疆。”[4]“天覆盖万物，既化而生之，有养而

① 冯友兰：《中国哲学史》下卷，中华书局 2014 年版，第 418 页。

② 班固：《汉书・卷五十六・董仲舒传》，岳麓书社 1993 年版，第 1103 页。

③ 董仲舒：《春秋繁露・天容》，聚珍版影印本，上海古籍出版社 1989 年版，第 69 页。

④ 董仲舒：《春秋繁露・观德》，聚珍版影印本，上海古籍出版社 1989 年版，第 56 页。

成之，事功无已，终而复始。”[①]到了冯友兰这里，他一上来直接就断言：“董仲舒所谓之天，有时系指物质之天，即与地相对之天；有时系指有智力有意志之自然。”[②]冯友兰在这里似乎只关注到了天包容万物、规律性的宇宙整体结构的一面。以宇宙论解天，此后便成董仲舒研究的一个最流行的手段与方法。

但是，董仲舒又说：“天者，百神之大君也。事天不备，虽百神犹无益也。何以言其然也？祭而地神者，春秋讥之。孔子曰：获罪于天，无所祷也。是其法也。故未见秦国致天福如周国也。《诗》云：唯此文王，小心翼翼，昭事上帝，允怀多福。”[③]天作为信仰对象、敬畏对象和尊崇对象，是公羊学的应有之义。但冯友兰却以为，“然董仲舒所说之天，实有智力有意志，而却非一有人格之上帝”。[④] 在这里，天的另一面，即作为人心信仰的源出，是人不得不尊崇、敬畏的对象，则已经被冯友兰丢失了。“有智力有意志”当然与“有人格之上帝”不可同日而语，但不相信天、不祭奉天、不敬仰乃至得罪于天，都不会受到来自天的恩赐和福祉，从周朝尊天敬帝所带来的强盛久治，到秦代违天逆道所导致的国祚短促，都已经清楚明白地昭示了天的这一层含义的无比重要性。

冯友兰的这种纯粹以问题为中心的研究范式影响甚大，后来的董学研究者大多走了这条路。这种研究范式的优点很多，有利于把问题充分展开来讨论，可以直接面向义理本身，就事论事，无须顾忌经学话语的条条框框，其学术含量也远远

---

① 董仲舒：《春秋繁露·王道》，聚珍版影印本，上海古籍出版社 1989 年版，第 67 页。

② 冯友兰：《中国哲学史》下卷，中华书局 2014 年版，第 425 页。

③ 董仲舒：《春秋繁露·郊祭》，聚珍版影印本，上海古籍出版社 1989 年版，第 83 页。

④ 冯友兰：《中国哲学史》下卷，中华书局 2014 年版，第 425 页。

溢出了经学内部那么些个干巴巴的问题。通过冯友兰所做的清理与梳理，可以展开董学许多前所未有的面向。如果说过去的董学研究只有经学一个视角，那么如今则可以把董子思想放在多棱镜下进行审视与观赏，于是便可以发现许多前人所没有看到的精彩内容，重新拥有董学的更多维度。这种研究范式虽然不符合经学传统，但在今日却已经无法拒绝，很有诱惑力，几成大势所趋、不可逆转的潮流。其实，能够称得上经典的所有文本都应该经得起这样以问题为中心的拷问和挖掘。第二章的细目显然已经涉及董仲舒思想与学术的诸多方面，“阴阳家思想中之宇宙间架”，“董仲舒在西汉儒者中之地位”，“元、天、阴阳、五行”，“四时”，“人副天数”，“性情”，“灾异”，这些都是治董学不可绕开的重要问题，而它们在康有为的《春秋董氏学》里则是不可能以专门问题的方式被展开和讨论的。

学科化分类

经由学科化的分类进行问题阐释，则是冯友兰《中国哲学史》下卷董仲舒部分的另一个研究特征。其“个人伦理与社会伦理”，“政治哲学与社会哲学”，“历史哲学”的布局则显然是在现代学科框架里对董仲舒思想进行分而治之，逐个阐发，进而得出董仲舒的伦理学、政治哲学、社会哲学、历史哲学的相应内容。

《春秋繁露》一书中，《王道通三》的“古之造文者，三画而连其中，谓之王；三画者，天地与人也，而连其中者，通其道也。取天地与人之中以为贯，而参通之，非王者庸能当是？是故王者唯天之施，施其时而成之，法其命而循之诸人，法其数而以起事，治其道而以出法，治其志而归之于仁。”[①]冯友兰将其概括为“王者受天之命，法天以治人，其地位甚高，其责任甚大”，“王者唯天之法”，“法其时而成之”。[②]

《官制象天》中，董仲舒所说：“王者制官：三公、九卿、二十七大夫、八十一元士，凡百二十人，而列臣备矣。吾闻圣王所取，仪金天之大经，三起而成，四转而终，官制亦然者，此其仪与！三人而为一选，仪于三月而为一时也；四选而止，仪于四时而终也。三公者、王之所以自持也，天以三成之，王以三自持，立成数以为植，而四重之，其可以无失矣，备天数以参事，治谨于道之意也，此百二十臣者，皆先王之所与直道而行也。是故天子自参以三公，三公自参以九卿，九卿自参以三大夫，三大夫自参以三士，三人为选者四重，自三之道以治天下，若天之四重，自三之时以终始岁也，一阳而三春，非自三之时与！而天四重之，其数同矣。天有四时，时三月；王有四选，选三臣；是故有孟、有仲、有季，一时之情也；有上、有下、有中，一选之情也；三臣而为一选，四选而止，人情尽矣。”这些官制根据则被冯友兰总结为“法其数而以起事者”，“设官分职，均法天之数，非可随便规定也。”[③]

实际上，冯友兰在这里对董子文本所做的这些概括、总结都够不上所谓“政治哲学”的层面，充其量也只能算“政治思想”而已。因为这其中既没有形而上的高屋建瓴，也缺少严密的学理分析。这一缺陷已经被当代中国的许多董学研究者所直接“继承”。目前市面上行销的许多董学专著都打着董仲舒

---

① 董仲舒：《春秋繁露·王道通三》，聚珍版影印本，上海古籍出版社 1989 年版，第 67 页。

② 冯友兰：《中国哲学史》下卷，中华书局 2014 年版，第 442、443 页。

③ 冯友兰：《中国哲学史》下卷，中华书局 2014 年版，第 444、445 页。

政治哲学研究的旗号，但只要翻一翻它们的内容就知道离“政治哲学”还远着呢！甚至，还有一些专家置董仲舒丰富的思想内容于不顾，坚持号称董仲舒的学说就是政治哲学。

董仲舒在《度制》篇说，“孔子曰：‘不患贫而患不均。’故有所积重，则有所空虚矣。大富则骄，大贫则忧，忧则为盗，骄则为暴，此众人之情也。圣者则于众人之情，见乱之所从生，故其制人道而差上下也，使富者足以示贵而不至于骄，贫者足以养生而不至于忧，以此为度而调均之，是以财不匮而上下相安，故易治也。”[①]这段文字材料也被冯友兰纳入“社会哲学”的架构里予以解释和利用。他说“董仲舒之社会哲学，注重于均贫富，‘塞并兼之路’。”他所说的“此制度，董仲舒以为与‘天理’合”[②]，唯有这一句还像是在谈哲学。而紧接着，冯友兰又援引《爵国》篇中的：“方里而一井，一井而九百亩而立口，方里八家，一家百亩，以食五口，上农夫耕百亩，食九口，次八人，次七人，次六人，次五人”，[③]而这段文字显然又是在议论具体得不能再具体了的土地制度问题，没有任何形上的旨趣和抽象的成分，很难算得上什么“社会哲学”。

依傍现代学科体系对古代思想家的文本进行解读和诠释，这种研究范式在今日中国的影响是深远的。1989 年，周桂钿的《董学探微》问世，在《前言》中，作者称“董仲舒是划时代的大哲学家”，而“从董仲舒的这个思想体系的概括来看，它是包括了整个宇宙，从自然界到人类社会，从社会的人际关系

① 董仲舒：《春秋繁露·度制》，聚珍版影印本，上海古籍出版社 1989 年版，第 47 页。

② 冯友兰：《中国哲学史》下卷，中华书局 2014 年版，第 446、447 页。

③ 董仲舒：《春秋繁露·爵国》，聚珍版影印本，上海古籍出版社 1989 年版，第 49 页。

到个人的道德修养，都涉及了，其中有哲学、政治学、经济学、伦理学、文学、法学、教育学等各方面的内容。”[①]从《董学探微》的结构看，宇宙论、人性论、仁义论、义利论、贤庶论、德才论、贵志论、辞指论、常变论、中和论、大一统论，似乎已经避免或逃脱了按学科机械划分篇章的尴尬，但从整个内容的观念支撑看来，全书仍是以哲学、政治学、伦理学立论的。

1992年，华友根出版《董仲舒思想研究》一书，在其《序》中，作者也承认，“董仲舒的思想是丰富而全面的”，但仍不得不以学科分类的方式而予以瓜分豆剖，“不仅包括政治理论、哲学、经济等方面，而且涉及社会科学的各个领域，如经济、法律、教育、伦理、历史、民族之类”[②]，而一落笔，则还是不得不以“董仲舒的哲学思想”“董仲舒的政治法律思想”“董仲舒的社会经济思想”“董仲舒关于历史与民族”“董仲舒与今文经学”的架构形式而呈现其主体思想内容的多个面向和维度。

作为董子研究的专门家，尽管周桂钿、华友根两本董学专著的写作并没有直接交代接受过冯友兰哲学史范式的影响，但其表达形式却是与后者高度一致的，或许他们都是学科宰制现代学术大势的一种必然结果吧！人们已经自觉、半自觉甚至不自觉地接受并加强着学科分类的新习惯，应该也是一种潜移默化。

把古老的经学内容纳入现代学科框架之内，并不像“新瓶装旧酒”比喻所理解的那样简单，因为，即便换了新瓶子，酒还是那个酒，其味道并不因为换了新瓶子就有所改变。但按照学科分类来选取文献材料，把既有的经学文献统统纳入现代

① 周桂钿：《董学探微·前言》，北京师范大学出版社1989年版，第1、3页。

② 华友根：《董仲舒思想研究·序》，上海社会科学院出版社1992年版，第1页。

学科框架内,则必然会给文本自身带来价值损伤和意义消耗。人们一旦跳出传统经典所赖以生存的那个原始文化生态,就很难再找回传统经典的真正蕴涵了。一种传统经典只有在自身熟悉的土壤里才能存活,而很难在另一种话语系统里获得重生。尽管哲学解释学强调文本的价值就在于解释,所有的意义都是在解释中生成的,没有哪一种解释是不合法的。但文本与意义之间仍必须维持一个合理、适度的张力,以守护文本之为文本的自身价值,同时也能够充分释放读者的解释力。使用现代学科技术对经典文本材料做任意的剪裁,各取所需,只要符合目的拿来就用,导致经典文本大规模地碎片化,一经现代人的解读便只剩下残垣断壁,一片狼藉,惨不忍睹,谁都不需要对文本自身的原始生态负责,谁都不需要对经典作家的原始意图负责。这种局面已经到了必须严肃反省的时刻了。

材料取用、经学的边缘化

冯友兰两卷本《中国哲学史》因资料详实、征引丰富而著名,书中属于冯友兰自己的评述内容则相当简略、精要,可谓高度浓缩,具有很强的概括性。下卷第二章"董仲舒与今文经学"部分共引《春秋繁露》52 处,引《汉书·董仲舒传》5 处,引《汉书·五行志》1 处,引《四部丛刊》卷一《春秋公羊传》隐公元年注 1 处,引《墨子·贵义篇》1 处。书中更多的是在让材料自身说话,而不是哲学史家一人在说个没完。材料多的一大好处就是留给读者做判断的空间很大,读者不再被作者牵着鼻子走。让自己的成见淡淡地退隐出去,由读者自己根据材料去独立判断,还读者以一份想象的自由,一份思想的自由,这是史学家的一种工夫，也是史学家笔下的一门独到的艺术。

“（三）董仲舒在西汉儒者中之地位”一节中，援引班固《汉书》文字有三段，冯友兰自己的陈述与评价只有寥寥140余字。末了的“盖董仲舒之书之于《春秋》，犹《易传》之于《周易》也”一句，则成绝妙的画龙点睛之笔。所以，金岳霖在对冯友兰《中国哲学史》的《审查报告》中指出：“哲学要成见，而哲学史不要成见。”他非常赞同冯友兰“没有以一种哲学的成见来写中国哲学史”的做法，有意克制和屏蔽其本人“实在主义”的态度和观点，而把“中国哲学史”当做“在中国的哲学史”来写，让“中国哲学”成为“发现于中国的哲学”。[①]

然而，材料太多也会成为问题，冯友兰两卷本《中国哲学史》一直难免遭受“资料堆砌”“资料汇编”“材料大于解释”的批评和指责。如今的中国哲学界竟然有人能够一天能够“写”出上万字的文章，到处都是引文，一大段一大段地摘录，没完没了，理性分析与观念论证往往都被淹没在繁复庞杂的材料之中。

对于哲学史家而言，甄别材料真伪虚实也是一门必备的工夫。陈寅恪的《审查报告》指出，“至于冯君之书，其取用材料，亦具通识，请略言之：以中国今日之考据学，已足辨别古书之真伪；然真伪者，不过相对问题，而最要在能审定伪材料之时代及作者而利用之。”在陈寅恪看来，中国古代的文献材

① 可以形成鲜明对比的是，在金岳霖看来，胡适的《中国哲学史大纲》只是“根据于一种哲学的主张而写出来的”，它就难免给人“一种奇怪的印象”，即会“觉得那本书的作者是一个研究中国思想的美国人”。哲学史家如果成见过深，立场太硬，其书则既不免以论带史，损坏材料，又不免误导读者，干扰读者做出正确的判断。胡适“对于他最得意的思想，让他们保存古色，他总觉得不行，一定要把他们安插到近代学说里面，他才觉得舒服。”引文见冯友兰《中国哲学史》下卷《审查报告二》，中华书局2014年版，第898、897页。

料，包括儒家、诸子在内的经典，“皆非一时代一作者之产物”，成书时间跨度很长，“缺乏史学之通识”的人往往都不能考辨贯通，“而冯君之书，独能于此别具特识，利用材料，此亦应为表章者也。”①

《春秋繁露》一书，其真伪性，相当复杂，争议已久。北京的国家图书馆现存《春秋繁露》最早的刻本是宋嘉定四年江右计台刻本。从汉武帝至隋文帝，煌煌八百年几乎所有的历史文献都未述其详。南宋程大昌著《演繁露》、《续演繁露》两书之后，质疑者增多，但总因缺乏力据，而无法证伪。最终，人们都接受了清乾隆《四库全书总目提要》的意见：其“虽未必全出仲舒，然中多根极理要之言，非后人之能所托”。该书虽或混有后人篡伪，但基本上仍出于董仲舒学派之手。日本学者庆松光雄曾认定《春秋繁露》中涉及五行的诸篇均系伪作，田中麻纱巳、近藤则之都判“五行诸篇”之后五篇属《尚书》谴告系统而都属伪造，但均被中国旅日学者邓红教授反驳。邓红认为，日本学者对《春秋繁露》所持的谨慎态度并没有获得文献批判的基础，因此便没有超越主观“想当然”的推断性质。如果没有新出土的文献支持，对《春秋繁露》的所有疑难都不会超出主观想象的范围，因而都是经不住推敲的。②《春秋繁露》今存七十九篇，绝大部分文字还是可靠的，只有少部分值得怀疑。冯友兰先生书中所引诸篇基本都是无可争议的文字。

在冯友兰两卷本《中国哲学史》里，董仲舒的经学内容退

---

① 陈寅恪：《审查报告》，见冯友兰《中国哲学史》下卷，中华书局 2014 年版，第 892、893 页。

② 钟浙：《汉儒雄风——一代宗师的现代复活》，《衡水学院学报》，2009 年第 6 期。

居末位。对于这样的一部哲学史书而言，经学内容不是不要，也不是干脆取消，而是被彻底边缘化了。不但被放在最后一节，而且篇幅也极为有限。现代学科体制下，经学无论如何都不可能成为叙述的重点，它好像已经变得可有可无了。这一部分有没有，读者读不读这一部分，似乎都并不影响对董仲舒本人思想的理解。具有讽刺意义的倒是，离开那种僵死的经学话语系统，现代人也能活，甚至活得还更好。

冯友兰撰写哲学史时对传统经学的这种布局安排，可以说，极大地影响了后来金春峰、周桂钿、华友根等一代学人的董学研究。金春峰1985年出版了《汉代思想史》一书，在“董仲舒思想特点及其历史地位”一章中，共分十节阐述，而“《公羊春秋》学的基本精神”则位列第九。[①] 周桂钿《董学探微》一书，凡十四章，仅有“贵志论”、“名讳论”、“辞指论”、“常变论”、“大一统论”五章与传统公羊学还有一点关联，而且均放在第八章之后。[②] 华友根《董仲舒思想研究》一书的七章之中，“董仲舒与今文经学”也排在了最后，默默地为前面的“董仲舒的哲学思想”“董仲舒的政治法律思想”“董仲舒的社会经济思想”“董仲舒关于历史与民族”等各章垫底。而且，周桂钿、华友根两人撰写经学一节所使用的研究方法和表述形式，也都已经游离出经学话语系统本身了，毋宁更具有科学分析、理性评说的腔调与性质。

（作者系上海社会科学院哲学研究所研究员）

① 金春峰：《汉代思想史》，人民出版社1997年版，第142—211页。

② 周桂钿：《董学探微》，北京师范大学出版社1989年版，第217—352页。

民主视野下的梁漱溟和牟宗三

○杨泽波

近代以来，在如何看待民主问题上，学界大致有两种不同的态度：激进主义者拜倒在西方文化的石榴裙下，不相信自己的文化，认为只有把原有的东西统统扔掉，一切向西方学习，中国才有希望；保守主义者则对中国文化有强烈的认同感，特别强调中国文化有自己的特殊性，有着很高的内在价值，这些是西方有所欠缺，需要向我们学习的。梁漱溟和牟宗三虽然均属于保守主义阵营，但其具体看法又有所区别。将这二人的相关思想进行一个比较，在今天显得尤为重要。

一

当20世纪一些人主张全盘西化的同时，梁漱溟不畏压力，旗帜鲜明地站出来反对，坚持认为中国文化的特点不适合推行民主制度。梁漱溟提出这种主张主要基于这样一些理由：

其一，中国人在生活上奉行安分不争的态度，政治上崇尚消极无为，缺乏西洋人主动积极争取的精神。西方政治制度建立在大家各自爱护其自由，争取其权利，关心其切身利害的基础之上。在这种态度之下，法律不过是社会政治制度的表象而已。与此不同，中国人习惯于对政治不闻不问，对个人权利绝不要求，这种不争的态度与西洋民主制度格格不入。中国的问题不是争权夺利而是太不争权夺利，完全没有权利意识。中西文化在这方面的态度极其不合，决定中国不能发展民主。

其二，中国人崇尚谦德，尊敬他人，佩服他人，缺乏西洋人的竞争精神。西洋人好动，选举时政治家到处演讲，发表文章，不断表现自己。这是他们的可爱之处。中国人则喜静，推崇谦德。如中国推行选举，众人必有尊敬之心，佩服之心，而相率敬请于其人之门而愿受教益。被选举人则避谢不敢当，辞之不可，或且逃之。这种犹抑歉然若不足的崇尚谦谦君子的精神怎么可能发展出西方的选举之制呢？怎么可能发展出西洋的民主制度呢？

其三，中国人性善论发达，信任人，对人真诚无二，尊尚贤智，西洋人则以性恶为依据，人与人之间不存在信任。欧洲人的政治制度以性恶论为基础，人与人之间时时提防，所以政治上采取三权分立，主张制约与平衡，相互监督，推崇“有对精神”。正是在这种精神下，西洋人能够在政治上运转灵活，推陈出新，又能在个人权利上有所保障。中国讲求至诚无二之心，首先是信，彼此相互信任，相互尊重；其次是礼，崇敬对方，信托对方，有极高期望于对方人。这种情况在西方人那里是没有的，他们的精神要粗些，彼此之间不信任，而中国人讲求礼，唯敬无二，崇尚“无对精神”。

其四，中国的态度不在欲望的满足，而在积极追求人生之理（亦是人生的价值意义），西洋民主政治是欲望本位的政治，在于保障人权，拥护个人的欲望。西洋人将人生放在欲望上，生活就是欲望的满足。西洋人受基督教的影响，强调罪的观念，人生即是一个赎罪的过程。出于对中世纪追求未来天国的反对而要求现世幸福，近代以来来了一个政教分离，从而发展出民主政治来。中国的人生价值在于理，从不轻易抛弃人生向上的追求，认为人生与人生道理不能分家，中国的政教是不能分离的。[①]

正确看待中国社会的性质，对其有一个准确的感觉和描述，是一门高深的学问，极见悟性与学力。梁漱溟根据自己的体认和观察，认识到中国是一个伦理社会，与西方的阶级社会完全不同。这个伦理社会有着自己非常独特的精神特质，并不适合西方民主制度的发展。如果不充分尊重中国社会的特质，盲目推行民主，一定会造成极大的不适应，政治永无清明之希望，中国也永无前途之可言。梁漱溟的这些论述在当时多被视为食古不化，成为被讥讽的对象，但今天重温起来，却给人振聋发聩之感。不妨设想一下，如果在数十年前，中国真的大规模广泛推行西方的民主制度的话，会是一个什么样子？一定是天下大乱，永无宁日。从这个意义上说，历史无疑已经证明了梁漱溟的正确，证明他是一个胜出者，无愧为 20 世纪中国政治的先知。当然梁漱溟的看法也有可以再推进之处。他对社会的观察多偏重于文化和精神方面，缺少历史的观点，没有能够看到民主其实是一种基于经济和文化而形成的独特的生活方式。经济和文化是可以改变的，民主也是可以改变的。虽然经济和文化的改变不能一蹴而就，民主的引进和开出，是一件极为艰苦工作，需要一个极为漫长的过程，但随着社会的发展，人们在经济上有了独立的地位之后，有了独立的人权之后，一定会提出自己的要求，维护自己的权益。在民主思想已成为政治常识的情况下更是如此。近代以来，中国社

---

① 参见梁漱溟《我们政治上的第一个不通的路》，《梁漱溟全集》第五卷，山东人民出版社 2005 年版，第 133—173 页。

会在经济制度和政治制度方面都已经发生了翻天覆地的变化，已不再是先前那个典型的伦理社会，不可能再固守着自己先前的传统一成不变了。

二

牟宗三与梁漱溟的致思方向有同也有异。一方面，牟宗三对中国政治传统同样有深入的分析，认为中国传统政治走的是道德一途，核心是“仁者德治”。中国传统政治这一特点，自然有其所长，即使将来中国政治进行改革，有了新的变化，也一定不能丢掉自己传统中好的东西。在这一点上，牟宗三与梁漱溟的立场非常接近。另一方面，牟宗三与梁漱溟又有所不同。梁漱溟认为，中国传统政治有自己的特点，在这个基础上没有办法发展民主。牟宗三则认为，中国传统政治将希望完全寄托在圣君贤相上，未能开出“对列之局”，一旦矛盾无法化解，最后只能想革命的办法。革命虽能解决一时的问题，但革命成功之后，好上一阵，随着新皇上的能力下降，达不到圣君贤相的程度，又会重新引发民众的不满，招致新的革命。中国数千年的政治历史，就是这样一治一乱，不断循环。要从根本上解决这些问题，一个有效的办法就是通过坎陷，开出民主，迎头赶上。

根据我的分析，坎陷概念有三个最基本的含义，即“让开一步”“下降凝聚”“摄智归仁”。所谓“让开一步”是说道德要来一个自我否定，暂时退让一下，不再发展自己，而是发展自己之外的内容。由于特殊的时代背景，我们的文化从一开始就偏重于道德，道德意识特别强烈。这是我们的强项和优势。但这种强项和优势的形成，不自觉之间也影响了其他方面的发展，其中最为重要的就是科学和民主。在儒学第三期的发展过程中，要开出科学和民主，当然就不能再刻意发展我们的强项和优势，而必须让这种强项和优势暂时休息一下，让开身来。坎陷开出科学和民主必须“让开一步”最根本的意义即在于此。所谓“下降凝聚”是说开出科学和民主必须向下发展。在牟宗三看来，中国文化虽然科学民主没有得到好的发展，但并不低于西方，其层面甚至远在西方文化之上。牟宗三之所以有这种看法，是因为道德一定高于认知，这是一个基本原则。既然我们的强势在道德，而道德又高于认知，要发展科学民主，当然就必须向下走，而不能再向上走。后来，牟宗三进一步借用康德思想和大乘起信论来阐发这一思想。在他看来，一心可以开二门，一是真如之门，二是现相之门。真如之门与道德相关，讲的是智的直觉，现相之门与认知相连，讲的是逻辑推理。因为实践理性高于理论理性，所以在“一心开二门”的思想格局中，真如之门在上，现相之门在下。要发展科学和民主，必须由真如之门向下走，来一个向下的大开大合。所谓“摄智归仁”是说开出科学和民主整个过程不能离开道德的指导。牟宗三特别强调，通过坎陷开出科学和民主只是问题的一个方面，与此同时千万不要忘记了，整个工作必须在道德的指导下展开，必须坚守道德理想主义不放。科学和民主属于“智”的范畴，道德属于“仁”的范畴。科学和民主不能离开道德的引导，必须纳入道德的框架下进行，这就叫做“摄智归仁”。“摄智归仁”是坎陷论不可或缺的组成部分。[①]

坎陷论有着重要的理论意义。在牟宗三看来，中国文化近代以来之所以落在了西方后面，关键就在科学和民主之有

① 参见杨泽波：《坎陷概念的三个基本要素》，《华东师范大学学报》2011年第5期。

与无：西方有科学和民主所以强大，中国无科学和民主所以弱小。在新的情况下，面对西方文化的挑战，我们必须想办法开出科学和民主，补上这一课，这是我们面临的最大的历史课题。有意思的是，面对这一历史重任，牟宗三没有像当时其他学者那样将主要精力放在寻找科学与民主在中国文化中的“种子”上面，似乎只要把这些种子发掘出来，加以培养，就可以长出科学与民主了。与此相反，他强调，科学和民主并不是我们所有的东西，我们要开出科学和民主，不能直通，只必须事先绕一个弯，走曲通的道路。这种曲通的道路就叫“坎陷”。要做到坎陷，必须“让开一步”，从自己的长项上退出身来，必须“下降凝聚”，来一个向下的大开大合。不管牟宗三坎陷论有多少缺陷和不足，仅就其没有把中国文化完全归并于西方文化的体系之下，没有把主要精神放在寻找中国文化中科学和民主“种子”之上，其贡献就是不可小视的。

更为可贵的是，牟宗三强调，我们一方面要开出科学和民主，另一方面又必须保留我们自己的优长。坎陷必当向下发展，但这种向下发展不是无限度的，必须有一种向上的道德力量加以提升，因此必须“摄智归仁”。“摄智归仁”是非常了不起的思想。科学和民主当然有其价值，没有科学和民主，现代化便不可能真正实现。但无论科学还是民主，都不是最高的东西。较科学和民主更重要的是道德。没有道德的指导，科学既可能为人类造福，也完全可以为人类添害；没有道德的指导，单纯的民主可能会走向“泛政治主义”，同样会出问题。这里特别重要的是民主问题。儒家将政治的希望过多寄托在道德方面确有自身的缺陷，但也有很强的合理性，不能因为要开出民主，就将儒家重德的思想传统完全弃之不顾了。一段时间以来，一些人以为只有民主有价值，值得提倡，政治必须与道德分离开来。内圣外王老调“可以休矣”，内圣外王是“已陈刍狗”，成了最时髦的话语。牟宗三不是这样，他建构坎陷论一方面自然是希望能够以这种方式开出民主，跟上形势的发展，另一方面又强调必须在这个过程中保持儒家政治传统的优势。外王是要开的，但内圣也不能丢。不丢掉内圣就是不丢掉儒家的政治传统，不丢掉道德理想主义。这是“摄智归仁”最值得关注的部分。也许只有从这个视角才能真正看清牟宗三创立坎陷论的历史意义。

但是坎陷论也有其不足。牟宗三在建构坎陷论的过程中，只看到发展民主必须“让开一步”“下降凝聚”，由仁的系统，变为智的系统，没有将精力更多地放在经济的层面，从而给人一个错误印象，好像只要发展道德之下的认知层面，就足以完成开出民主的任务似的。很早就有学者对此提出过质疑。他们指出，儒家伦理基本上是一个以义务为中心的伦理系统，重义务而轻权利，重集体而轻个体，强调上下尊卑的等级及隶属社会关系。这种精神与民主所假定的以个人为中心，以权利为基础的伦理观格格不入。如果要真正将民主植根于中国文化之上，必须有一个彻底的观念更新的过程。“因此，在这方面的工作方向是清楚不过的，就是积极发展一套可以取代忽略个人权利与自由的儒家伦理的伦理典范来。而这套伦理典范的其中的一个核心的组成部分，必须是一套吸纳了儒家以仁为中心的哲学的权利与自由理论。任何缺乏这个成分的伦理观，似乎也会将民主的文化接枝工程，一再成为无意义的口头禅而已！”①

---

① 叶保强：《当代新儒家与民主观念的建构》，刘述先等：《当代新儒学论文集·外王篇》，台湾文津出版社 1991 年版，第 89—90 页。李荣添亦有类似的看法，见上书第 233—234 页。后来颜炳罡也提出了同样的问题，指出：“我们也注意到牟先生对中国政治的探讨有其长处，亦有其不足。他对中国未出现民主政治的分析是政治的和文化的，然而一十分重要的分析——经济的分析为他有意避开了。”（颜炳罡：《整合与重铸——当代大儒牟宗三先生思想研究》，台湾学生书局 1995 年版，第 233 页）

更为重要的是，牟宗三虽然对民主制度的负面因素也有批评，甚至有民主"卑之无甚高论"[①]的说法，认为我们历史上没有这些东西是"超过的不能，不是不及的不能"[②]。但到了晚年，他的思想重点似乎有所转移，不再强调民主政治的负面因素，而是对民主制度抱着积极的赞扬。在《中国文化大动脉的现实关心问题》的讲演中，牟宗三将人类政治历史的发展概括为三个阶段："初是贵族政治，再是君主专制，终是民主政治。只有这三个形态，再没有其他别的了。就政治形态来说，民主政治是最后的（final）形态。""假定在人类集体生活中还需要政治，这种宪政民主式的政治形态便是最后的（final）形态了：如果说我们根本不需要政治，那自然另当别论。"[③]按照这种划分，中国下一步若要有所发展，必须走民主的道路，因为民主制度是人类政治的"最后形态"。这种说法颇有点福山历史终结论的味道。

三

将梁漱溟和牟宗三相关的思想放在一起比较，以我个人的标准来衡量，牟宗三的立场似乎不如梁漱溟高远，态度也不如梁漱溟坚决。

尽管坎陷论始终包含"摄智归仁"的内容，由这个内容逻辑地可以引出我们的理想应是建立一种既不同中国传

---

① 牟宗三：《政道与治道》，新版序，《牟宗三先生全集》第10卷，联经出版社1970年版，第31页。

② 牟宗三：《政道与治道》，《牟宗三先生全集》第10卷，联经出版社1970年版，第57页。

③ 牟宗三：《时代与感觉》，《牟宗三先生全集》第23卷，联经出版社1970年版，第408页。

统政治，又与西方现行民主制度有异的更为合理的制度这样的结论，但至少牟宗三晚年并没有将思想的重点放在这里。牟宗三建构坎陷论的时候，反复重申坎陷开出民主必须借鉴中国传统政治的优点，泛道德主义不正确，泛政治主义同样不可取，但细细分析其相关论述又不难发现，他对西方的民主制度似乎缺乏深刻的反思。在其后期的一些文字中，这一缺陷得到进一步的扩大。我之所以特别关注这个问题，是因为如果把我们的任务只规定为开出民主，认定民主制度是人类政治文明的“最后形态”，那么“摄智归仁”的内容如何体现呢？如果“摄智归仁”的内容无法体现，那么这种新开出的民主与西方现行的民主又有什么不同的呢？如果新开出的民主与西方现行的民主没有区别，那么如何谈得上继承儒家道德理想主义的传统呢？这些问题不解决，将民主视为人类政治文明的“最后形态”，不仅降低了儒学的高度，而且在一定程度上从“外王三书”坎陷开出民主一定要“摄智归仁”的立场游离了出来。这一现象应该引起我们的足够重视，也是我对坎陷论最不满意的地方，认为是其最不应该有的一个短板。

当然，我们看问题需要有历史的眼光，不能苛责于前人。牟宗三有其特定的时代背景。从后期的许多讲演可以看得非常清楚，他当时的精力主要集中在台湾与大陆政治局势的对比方面。比如在《文化建设的道路——现时代文化建设的意义》的讲演中，他这样说道：“有段时期我们考虑到以往二千年没有现代化的问题，现代才有，这二者的分别究竟何在呢？我曾以两个字来表示。就社会、政治、经济等等各部分的工作而言，若采取对列 co-ordination 的原则就是现代化，若采取隶属 sub-ordination 的原则就是非现代化。近代的精神是 co-ordination，非近代的精神是 sub-ordination，差别就在于此。co-ordination 是理性的，sub-ordination 是非理性的。”[①]“大陆上共产党统治之下没有私，也没有公，没有个人的生活、没有教养，一切都套在人民公社中……正好是 sub-ordination，而不是 co-ordination。”[②]正是在这种强烈的对比中，牟宗三对台湾民主建设寄予了很高的希望。在《中国文化大动脉中的现实关心问题》的讲演中又说：“中华民国这个政治形态，在孙中山先生的理想中，就是一个 consitutional democracy，即是一个应以宪法为基础的民主政治。这就叫做‘民主建国’。辛亥革命的政治意义即在此。孙中山先生的政治理想，对以往中国二千多年的君主专制来说，是一种划时代的突破性‘进步’。”[③]“这个问题的唯一解决之道，就是‘民主建国’，就是依 consitutional democracy 的方式来建设国家。这是我们现时代中国人自己的事情，不能梦想几千年前的尧、舜，也不能交托给未来不可知的‘大圣人’。”[④]这些材料充分说明，对大陆政治局势的不满，很自然地使牟宗三将希望寄托在台湾的民主制度方面。这种情况虽然是可以理解的，但从另一个方面看，也影响了他对民主政治本身的深入观察乃至理性批判，或多或少淡忘了他早年反复强调的坎陷必须“摄智归仁”的主张。在近些年来台湾政治的发展过程中，儒学很少能够发挥实际的作用，这或

---

① 牟宗三：《时代与感觉》，《牟宗三先生全集》第 23 卷，联经出版社 1970 年版，第 390 页。

② 牟宗三：《时代与感觉》，《牟宗三先生全集》第 23 卷，联经出版社 1970 年版，第 391 页。

③ 牟宗三：《时代与感觉》，《牟宗三先生全集》第 23 卷，联经出版社 1970 年版，第 408 页。

④ 牟宗三：《时代与感觉》，《牟宗三先生全集》第 23 卷，联经出版社 1970 年版，第 412 页。

许是一个内在的原因。[①]

当然，现在情况已经发生了根本性的变化。我们今天重新研究坎陷论，不应再将思想的重点放在这里，而应当特别注意对西方民主政治加以反省，将隐含在坎陷论中“摄智归仁”的重要内容凸显出来，让人们充分认识其意义，发挥其作用。由此说来，在新的历史条件下，我们讲坎陷必须同时在三条战线上作战。第一，必须坚持“让开一步”，不再固守“仁者德治”的政治模式，从道德层面退出身来，对过去的传统进行一个大的变革。第二，必须“下降凝聚”，不仅大力发展认知的层面，重视制度建设，不再将政治的希望完全寄托在道德上，而且进一步扩大视野，大力重视经济问题，重视恶在历史发展中的作用。第三，必须坚持在“让开一步”“下降凝聚”的同时，努力“摄智归仁”。这一点在当前情况下尤为重要。只有这样我们才能保持中国政治传统之所长，才能保持儒家的道德传统，打破西方近代以来将道德与政治分离的做法，将民主置于道德的制约之下；而不是像一些短视者那样，一味向西方看齐，唯西方马首是瞻；最终形成一种既不同于传统中的中国政治，又与现行的西方民主政治有原则差异的独特政治模式。尽管这种独特的模式我们现在还没有完全找到，但这种努力一定不能放弃，这个方向始终要坚持。这是经过诠释后的坎陷论告诉我们最重要的道理。这样的视野才是全面的，足够的，才能达到预期目的。果真如此，中华文明复兴一定大有希望，那将是国家之幸，民族之幸，文化之幸。

---

① 这个看法是我于2010年10月在“东亚经典与文化学术研讨会”上听到的。黄俊杰在发言时指出，台湾地区近些年来民主有了很大的发展，但在这个过程中，儒学并没有发挥多少实际的作用。这个说法让我有些吃惊，同时也深感遗憾，即刻想到大陆今后的发展怎样才能有效避免这种局面。

理论界近些年的一些新进展，带给我们些许新的希望。随着中国国力的日渐强盛，重新认识中国政治传统的特点，反省 20 世纪以来盲目追求西方民主做法的失当，已成为不少学者的共同努力方向。这方面蒋庆无疑走在了前列。蒋庆一段时间以来对学界过分强调心性儒学的倾向十分敏感，持有批评态度，认为这种做法没有抓住儒学的本质。在他看来，从根本上说儒学是一种政治之学，从而大力提倡政治儒学，引起很大的反响。在研究过程中，蒋庆花了很大气力分析儒家政治传统的合理因素。他认为，中国传统政治是一种王道政治，有着自身正当性，分别表现在“天”“地”“人”三个方面。“天”代表超越神圣的正当性，“地”代表历史文化的正当性，“人”代表人心民意的正当性。在新的历史条件下，这些正当性不能弃之不顾，必须保留下来，继续发挥作用。为此他还设计了三院制的方案，以通儒院代表超越神圣的正当性，庶民院代表人心民意的正当性，国体院代表历史延续的正当性。[①] 白彤东的进路略有不同。白彤东在美国留学时间较长，系统研究过西方政治理论，对西方民主制度的缺失有一定的体会。他认为，罗尔斯《政治自由主义》中所列举的民主社会的五个事实尚不全面，还需要补充第六个(组)事实。这一组事实主要包括三项内容：第一，人类有滑向私利的倾向，而一人一票鼓励了这个倾向的发展。第二，公民中总有人对政治事务采取冷漠的态度，不愿意参加投票。第三，绝大多数现代社会都太大了，不论政府付出多少努力，多数公民都很难充分了解相关政治事务和政治人员的内情。这就意味着，罗尔斯所理解的自由民

① 蒋庆：《生命信仰与王道政治：儒家文化的现代价值》，贵州人民出版社 2004 年版，第 156—170 页。

主制度，或审慎思考与讨论的民主制度，要求绝大多数的公民都以平等的、一人一票的方式参与政治，在现实上是不可能的。为了弥补这一不足，白彤东在儒家智慧中寻找资源，“试图抵制当代民主社会里过度民粹化的倾向，并在民主制与精英制之间找到一条中庸之道”①。贝淡宁则从一个西方人的视角，对这个问题进行了新的探索。贝淡宁早年研究伦理学，赞同社群主义，对西方的自由主义有所批评。这一立场直接影响到他对在东亚国家建立民主制度的看法。他认为，“要想在东亚塑造民主，就不能依赖那种抽象而且非历史（unhistorical）的普遍主义，西方的自由民主主义者就经常在这个问题上栽跟头。相反，东亚的民主只能从内部建成，经由东亚人民自身在日常道德与政治争论中使用的特定事例与论争策略加以实现。”②当然，这并不意味着完全排斥民主，理想的情况是找到一个既保留东亚政治传统，又吸取民主制度合理因素的办法。经过不断探索，他找到了一个折衷的办法：这就是一个新的两院制，即包括一个通过民主选出来的下议院，以及一个由竞争性考试为基础选出来的代表所组成的上议院。在尝试了多种方案之后，他最终听从妻子宋冰的建议，“将这种上议院称为‘贤士院’”③，并对其进行了颇为详细的规定。蒋庆、白彤东、贝淡宁从各个不同方向所做的研究令人欣喜。不管这些具体结论是否过于理想化，有多少不够完善和有待讨论的地方，但至少有一点是看得非常清楚的：当今之世，再像五四之后那样，指望全盘引进西方民主模式以解决中国自己问题的做法，

---

① 白彤东：《旧邦新命——古今中西参照下的古典儒家政治哲学》，北京大学出版社 2009 年版，第 65 页。

② 贝淡宁：《东方遭遇西方》，三联书店 2011 年版，第 12 页。

③ 贝淡宁：《东方遭遇西方》，三联书店 2011 年版，第 164 页。

已是明日黄花，没有了任何价值。经过一个世纪的痛苦消化，人们不应再以那种陈旧的方式思考问题了，这一页已经彻底翻过去了。时隔半个世纪之后，我们今天重新探讨这个问题，其意义正在这里。如果牟宗三九泉有知，看到后人能够这样理解他的坎陷论，这样重视后来连他自己也或多或少有所放松、至少没有强力坚持的开出民主必须"摄智归仁"的思想，相信一定会由衷认同的。

（作者系复旦大学哲学学院教授）

章太炎“粹然成为儒宗”辨

——兼论1906年之后章氏思想底色的一贯性

○蔡志栋

通常认为晚年的章太炎“粹然成为儒宗”，但是我认为其思想底色还是真如哲学。章太炎由于看到了佛法（真如哲学的最直接形态）的双刃剑作用，也即在历史和伦理学问题上的紧张；同时对儒学的看法发生了改观；再加上现实的日益紧迫的刺激；所以他最终采取了以儒学的方式表出真如哲学思想，少提、乃至不提以佛法的方式表出真如思想。本研究不仅告诉我们儒学在近代的命运有一个从消极到积极的变化过程，而且也提示我们，不为表面现象所迷惑，具体地分析思想家的风貌将开出思想史研究的新天地。

在关于章太炎思想的研究中，人们往往把他的思想经历分为三个阶段：第一阶段，从出生（1868年）到1904年基本上是一个唯物主义者。1904年到1906年在西狱里完成了真如哲学体系的理论准备。第二阶段，从1906年到1922年是一个唯心主义者；其后人们往往认为章氏思想上存在着一个“渐入颓唐”的重大转折，具体表现在1922年与柳诒徵的信中对早年非孔的忏悔中[1]。对于这个观点的形成影响最大的莫过

[1] 参谢樱宁：《章太炎与王阳明——兼论章太炎思想的两个世界》，《章太炎年谱摭遗》中国社会科学出版社1987年版。

于鲁迅的相关文章了。1936年，临终前的鲁迅在其最后的文字《关于太炎先生二三事》中认为，晚年的章太炎“用自己所手造的和别人所帮造的墙，和时代隔绝了”，“粹然成为儒宗”。[①]源于鲁迅的巨大影响，加上事实上章氏也表现出了对于儒学的亲近，并且在描述自己的人生经历时说：“自揣平生学术，始则转俗成真，终则回真向俗。”[②]于是鲁迅的这一判断几乎成了对章氏晚年的盖棺定论。学者们当然也有争议，但争议的焦点不在鲁迅判断的正确性，而在如何看待章氏晚年的转向。在“改良—革命”的话语范式下，有的学者把章太炎的这种转折定性为从革命退为保守。随着文化保守主义话语范式的兴起，章氏的这种转折则被看作对于传统文化的珍视。不过，研究者们似乎大都忽略了对于鲁迅判定本身的审视乃至置疑。事实上，笔者以为从章氏思想的格局来说，鲁迅的判定是值得商榷的：晚年章氏的思想之根还是真如本体论体系。同时，笔者希望对章氏晚年思想的转折给出自己的解释，从而从一个角度展示儒学的近代命运。

章氏思想的格局及其在晚年的延续性

所谓鲁迅关于章氏晚年“粹然成为儒宗”的说法是值得商榷的，不是指晚年的章太炎之亲近儒却没有那么纯粹、那么占据主导地位（“宗”），如果争论是发生在这个层面上的，那仅仅是文字之争，意义不大。而是说，晚年章氏不仅仅密切关注着

---

① 《关于太炎先生二三事》，《鲁迅全集》第6卷，人民文学出版社2005年版，第565、567页。

② 章太炎著，虞云国标点整理：《菿汉三言》辽宁教育出版社2000年版，第61页。

社会现实的动静，而且，从其思想的内在格局来说，还是真俗一体，求是与致用兼存。也就是说，晚年[①]章氏虽然将自己的人生经历概括为“始则转俗成真，终则回真向俗”，但是，这更多的是极而言之的说法，其思想的内在格局并未发生变化，发生变化的是这个格局的此起彼伏。真—俗、求是—致用在章氏的思想中就像一副跷跷板的两端，虽然在不同条件下它会颠来倒去，但始终是一副跷跷板，不能强行割裂；又像冰山一角与冰山在海水中的部分，永远是一个整体，差别在于在不同条件下章氏或者强调冰山一角或者关注隐藏的部分，可是不能因此而否定未被强调的部分的存在。[②] 晚年章氏的“粹然成为儒宗”的后面还是一个真如本体论体系。

什么叫真或者俗？学界对此莫衷一是。[③] 笔者以为章氏之“真”就是他主要立足于唯识学[④]、《大乘起信论》、诸子学（主要是庄子思想）和西方哲学（主要是康德思想）而建立起来的真如本体论。所谓真如本体论，简而言之就是认为世界的本体是真如，真如由于不能自我认识，所以同时就是无明。然后变现出阿赖耶识。阿赖耶识之中包含着世间万物的种子，产

① 严格地说，章太炎对自己思想历程的概括为“始则转俗成真，终则回真向俗”发生在1914—1916年被袁世凯软禁其间，还不是1922年之后。但这个描述具有相当的普适性。参《菿汉三言》章太炎著，虞云国标点整理，辽宁教育出版社2000年版。

② 至于为什么会发生这个变化则是本文其余部分试图探讨的内容。

③ 参谢樱宁：《章太炎与王阳明——兼论太炎思想的两个世界》，载《章太炎年谱摭遗》中国社会科学出版社1987年版。

④ 通常对于章氏哲学体系的思想资源中的唯识学强调得比较多，但是，唯识学本身也分唯识今学和古学，这种观点比较笼统，没有指出章氏得主要思想资源究竟是那种唯识学。在这样的问题意识的指导下，进一步的研究发现实际上我们必须重视中国化佛教的典型文本《大乘起信论》。在与蓝公武关于“俱分进化论”的辩论中，章氏明确推荐蓝公武至少要阅读《大乘起信论》，表明了他思想中的某些倾向。另方面，如果我们忽略了中国化佛教的如来藏（真如）系统（《大乘起信论》是一典型文本），那么，章氏本体论思想的某些纠葛我们便难以理解。

生末那识(意根)、意识、眼识、耳识、鼻识、身识、舌识,最终产生整个世界。

当然,这个真不是真如的简称,而是说章氏极其关注建立一个形上学的体系。无论这个体系构筑得是否成功,[①]一旦章氏修修改改地试图把它建立起来,它就成了章氏展开思想、行动的一个支柱。所谓俗,也就是说章氏立足于他的形上学体系对现实、学术等所作的渗透。有的学者将俗理解为章氏倒向儒学,[②]这点并不成为问题,值得探讨的是作为俗的解说之一种的儒学是否有着某种形上("真")的基础。真与俗从另一个方面看也就是求是与致用。当然,一旦我们用后者来代替真与俗,真俗的涵义也将发生一定的变化。关于真俗、也就是章氏努力有意识的构建一个形上学的体系的开始时间,至少要从章氏由于"《苏报》案"入狱的 1904 年开始。为了打发狱中漫长无聊的时间,内在的也要为自己的思想困境寻找一个出路,章氏开始大规模地、投入地阅读佛典,并在出狱后的东京时期,构建起真如哲学体系。也就是至少在时间上并不将章氏入狱前的学术思想活动算在内。求是—致用的范式则将章氏整个人生都包括在内。另外,无疑,在没有构建真如哲学体系之前,章氏便在学术上力图求真,这就是求是的一面;并将学术活动和政治活动联系起来,体现出致用的维度。

本文并不打算全面的描述真—俗(为了方便起见,本文用真—俗包括了真和俗以及求是和致用)、刻画章氏的真如本体论,这是另一篇文章的任务。本文的关键在于说明为什么晚

---

① 姜义华:《章太炎思想研究》,上海人民出版社 1985 年版,第六章《一场夭折了得哲学革命》。

② 谢樱宁在《章太炎与王阳明——兼论太炎思想的两个世界》里便提到了学者中的这种观点,载《章太炎年谱摭遗》中国社会科学出版社 1987 年版。

年章氏思想的底色还是真；同时说明，这种底色之真何以在俗的层面上需要发生从佛学向儒学的转变。

晚岁的章氏见国事不可为，于是退而开办章氏国学讲习会教授学术。在其对诸子的讲演中，他对于孔子、颜回、子思、荀子、孟子、董仲舒、杨子等的诠释中还是以佛学为基本元素加以展开。[①] 他以为孔子所讲的"毋意毋必毋固毋我"，"意"指的是唯识学中八识之一的意根（末那）。章氏主张世界的根本是阿赖耶识[②]，阿赖耶识不分彼我，意根却执之为"我"，想要断除我见，必然去除意根。意根的作用是恒审思量，这也就是必，毋必指的是不要恒审思量。固就是意根的念念执着。毋固就是不要执着，不要把阿赖耶识认为是我。无恒审思量，无念念执着，就断除我见了。孔子的弟子颜回说"克己"，章氏认为克己也就是断除我见的意思。从唯识学的角度说，只有阿赖耶识是真实的。章氏认为，颜回跟随孔子学道，一开始以为道是具体的某物，逐渐认识到本来无一物。这样，"四毋说"和"克己"说断除了人我和法我二执。阿赖耶识本身没有善恶，意根执着阿赖耶识以为我便生四烦恼：我见、我痴、我爱、我慢。孟子看见了人性当中的我爱，于是认为人性是善的；荀子看见了人性当中的我慢，也就是好胜心，一语不合拔刀相向，于是认为人性是恶的；杨子看见了人性中我爱和我慢杂陈，所以认为人性是有善有恶；董仲舒认为人性像谷，谷中有米，米外有糠，实际上也是看到了人性是善恶（我爱和我慢）交织的。章氏认为孟子和

---

① 参《章太炎讲国学》张昭军编，东方出版社 2007 年版，第 295—300 页。

② 由于章氏在此处只是极简单的展开自己的真如体系，所以某些概念的使用没有经过细致的辨析。事实上阿赖耶识与真如、如来藏究竟是一是异，在不同的学派处的答案是不同的。章氏的理解则有一定的复杂性。对此，笔者在《一场夭折了的哲学革命》（载《学术月刊》2010 年第 7 期）中加以展开。

荀子都只看到了人性中的某个方面，实际上并不全面。

1935年8月27日，章氏在江苏吴县举行的孔子诞辰纪念会上作了演说，其中认为，孔子值得尊重的地方不仅仅在于“以孔子之道为修身之大本”，“实则犹不止于此，”[①]“毋意毋必毋固毋我”就是孔子的高深之处。显而易见是在用真如哲学体系诠释孔子。

以上简略的概述充分地说明了即便在晚年，表面上章氏倒向了儒学，但是，成为其思想底色的依旧是有着章氏特色的真如本体论。事实上，章氏用佛学的意根执着阿赖耶识为我所以产生四烦恼的思路来诠释秦汉儒家的人性论，这种观点早在章氏于1910年刊行的《国故论衡》的《辨性》上下篇[②]中就已经充分呈现了。这表明章氏真—俗思想格局从东京时期到晚年的延续性。需要说明的是，章氏的真如本体论虽然大量采用了佛学，尤其是唯识学的术语，但其思想实质已不是佛学，所以，他并不说自己是在佛与其他思想之间转折，而是在真与俗之间回荡。这种措辞是需要注意的。随着章氏思想的发展，他逐渐的发现了从出狱当初(1906年)为其推崇的佛学的不足；他转而用另外一种眼光来审视曾为其一再贬损的儒学；现实的具体环境又成为他将真如哲学体系作为理论底色、少提乃至不提这一体系的原因。

佛法的双刃剑作用

真如本体论是用佛学术语建构起来的一个哲学体系，它的

---

① 《在孔子诞辰纪念会上的演说》，《章太炎讲演集》马勇编，河北人民出版社2004年版，第250页。

② 章太炎：《国故论衡》上海古籍出版社2003年版，第134—147页。

构成无疑吸收了古今中外大量的思想资源。章氏在立足于佛学建构体系后不久，就决定舍弃佛学的外壳，而将佛学的精神转移到老庄甚至孔颜之儒身上。这种转折之所以发生，原因在于“孔子、老庄所讲的究竟不如佛的不切人事。”[①]实际上是有见于佛法的双刃剑作用。这构成了章氏晚年逐渐转向儒学的一大理由。

想当初刚到东京，章氏试图用宗教发起信心，培养国民的道德，对于佛法寄寓甚厚。然而，问题的另一方面是，佛法很快便显现出对于历史理想追求的销蚀作用。也就是说，对于现代性追求的现代道德建设和进步历史哲学两者，佛法既有积极作用又有消极作用，而这两种作用并非可以既立足佛学又巧妙的避免后者而发扬前者，两者都奠基于佛法的内在逻辑之上。鉴于学界对于章氏以宗教（也即佛法）培养道德的观点的研究已经比较多，[②]笔者将重点放在章氏对于佛法之双刃剑作用的认识及其内在困境之上。

章太炎之所以在民报时期大力提倡佛学，目的在于用佛学培养道德，所谓“用宗教发起信心，增进国民的道德”，[③]“欲兴民德，舍佛法其谁归？”[④]佛学之所以能够培养道德，恰恰源于它以真如、阿赖耶识为本根的哲学构造。由于世间一切都是假有，只有真如、阿赖耶识是真实的，所以可以无我、无畏、平等、不追求名利，等等：“非说无生，则不能去畏死心；非破我

① 《研究中国文学的途径》，《章太炎讲演集》马勇编，河北人民出版社2004年版，第78页。还可参看：“若用佛法去应世务，规划总有不周。”（《论佛法与宗教、哲学以及现实之间的关系》，《章太炎讲演集》第38页）

② 比如章念驰：《章太炎与佛教的关系及其佛学特色》，载《学术季刊》1994年第3期。在关于章太炎的研究专著中也大部分都涉及这个问题。

③ 《东京留学生欢迎会演说辞》，《章太炎讲演集》马勇编，河北人民出版社2004年版，第3页。

④ 《答梦庵》，《章太炎书信集》马勇编，河北人民出版社2003年版，第230页。

所，则不能去拜金心；非谈平等，则不能去奴隶心；非示众生皆佛，则不能去退屈心；非举三轮清净，则不能去德色心。”[①]可是既然世界是虚幻的，实际上是真如、阿赖耶识之变现，那么，从本体论的角度我们便可以发现谈论历史进步论之不可能。这个论证是从本体论角度出发，也是章太炎采取佛学立场之后所面临的一大问题。所以章氏最终走向无政府、无聚落、无人类、无众生、无世界的“五无论”，既是他面对现代文明弊端无力解决的勉强出路（但是，如果出路是无世界，那还算什么出路呢?），也是其佛法逻辑的必然引申。这就暴露出章氏思想中以佛法作为理论支撑，提倡现代道德建设（章氏称之为“革命道德”）和现代道德之服务对象、也就是进步的历史哲学之间的紧张。想近现代中国历史上梁启超等改良派、章太炎等革命派，以及随后的五四诸人、中国共产党人等之所以提倡现代道德建设，目的之一无疑在于以此培养为进步的历史哲学服务的人。对此章太炎也有明确意识。革命派之所以革命，在历史观上是因为他们相信革命是历史的公理，革命之后可以建立一个更美好的国家。章太炎的着眼点在于进行革命的人的道德如何培养？章氏认为《民报》所主张的各种主义不能自己化为现实，必须由人来实行。“待人而行，则怯懦者不足践此主义，浮华者不足践此主义，诈伪者不足践此主义。以勇猛无畏治怯懦心，以头陀净行治浮华心，以唯我独尊治猥贱心，以力戒诳语治诈伪心。”[②]但是，我们在逻辑上可以发现佛法作为理论支撑对于革命的手段（现代道德）和目的（进步的

---

① 《建立宗教论》，《章太炎全集》(4)，上海人民出版社 1985 年版，第 418 页。

② 《答梦庵》，《章太炎书信集》马勇编，河北人民出版社 2003 年版，第 231 页。

历史哲学)所具有的尴尬的双刃剑作用:用宗教确立的现代道德所服务的却是一个虚幻的世界。可是,如果世界是虚幻的,人何必为其而奋斗呢?

尴尬同时表现在章氏著名的论点“俱分进化论”中。正是立足于唯识学的人性论和认识论,章太炎否定了单线进化观的完美目的论。章太炎认为并非像世人所不加思索的接受的那样,历史的进化必然发展到一个至善醇美之区。事实上知识是直线进化的,善恶、苦乐却是齐头并进,这也就是章氏著名的“俱分进化论”。“俱分进化论”的成立除了建基于章氏大量描述的现代文明的种种弊端,其理论的核心就是唯识学的人性论。[①] 章太炎认为,世界的本根是阿赖耶识,它类似于“我”但不能执着为“我”。阿赖耶识这个名称的产生恰恰也是由于佛教大德担心人们执着之为“我”,所以改换了名称。阿赖耶识的意思就是生,不能用善恶来衡量。但是第七识末那识(意根)执着阿赖耶识为“我”,于是产生了我见我痴我爱我慢四大烦恼。我爱是审善,我慢是审恶。它们内在于阿赖耶识的种子之中,发展为现行之后又反过来熏种子。无疑,即便我们承认种子是纯善的,现行却必然是复杂的;唯识学的种子和现行互熏的观点使得善恶永远是彼此相连,难以分割。何况对于审恶章太炎认为实际上没有任何办法去除,除了“使慢与慢相尽,则审恶足以解”。[②] 其机制实际上是在多个我慢(也就是好胜心)的相互对抗、争胜过程中,有朝一日如大梦惊醒般醒悟原来整个世界是假有,“我”是末那识执着于阿赖耶识

① 参《俱分进化论》,《章太炎全集》(4),上海人民出版社1985年版,第386—394页。

② 《辨性》上,章太炎:《国故论衡》上海古籍出版社2003年版,第141页。

而产生："彼大士者，见我之相胜，以知我之本无。"[①]那么，连世界也没有了，何来善恶之分呢？所谓"最上者言无我性。亲证其无我性，即审善审恶亦犹幻化，而况其伪乎！"[②]显然，立足于唯识学的人性论，章太炎有力地破除了单线进化观的完美目的论，但是，试问现代道德建设的直接目的不正是在于尽量地消除恶增加善吗？章太炎却发现这个目的对于审恶与审善来说难以实现，一旦实现，就连世界也不存在了。我们努力消除审恶的目的恰恰在于使得进步成为可能，最终却发现作为历史根基的现实因此而告消失。

立足于真如哲学而来的理论困境很令章太炎头疼。所以，当他感慨佛学之"不切于人事"，言语虽简练，其中蕴涵的理论意味恐怕不是三言两语所能道尽，也不是采取某种让步能够化解，因为这在根本上是由真如哲学本身的理论特点所决定的。再加上章太炎发现在现实中佛法并未成为培养现代道德的资源，世人多打着佛法的旗号行腐败之实。理论和现实的刺激使得章氏悄悄的从佛学的立场转向了儒学，甚至发出了"兼儒释"[③]的声音。章太炎说："纯佛法不足以维风教。雷次宗、周续之皆兼儒释，故风操可观；杨亿、赵抃、赵贞吉皆兼儒释，故谋国忠而诚节著。"[④]

需要指出的是，章太炎对于佛法的双刃剑作用恐怕是有明确认识的。一定程度上他的真—俗的思想格局化解了这种

---

① 《辨性》上，章太炎：《国故论衡》上海古籍出版社 2003 年版，第 141 页。

② 《辨性》上，章太炎：《国故论衡》上海古籍出版社 2003 年版，第 141 页。"伪"指的是经验的善恶，所谓伪善伪恶，不是虚伪的意思。

③ 章太炎著，虞云国标点整理：《菿汉三言》辽宁教育出版社 2000 年版，第 89 页。

④ 章太炎著，虞云国标点整理：《菿汉三言》辽宁教育出版社 2000 年版，第 89 页。

紧张。在《排满平议》里，章太炎明确表示与其提倡无政府主义，不如主张无生主义："试欲普渡众生，令一切平等自由者，言无政府主义不如言无生主义也。转而向下为中国应急之方，言无政府主义不如言民族主义也。"[①]无生主义者，也就是无政府、无聚落、无人类、无众生、无世界的"五无论"。但是，无生主义并非是一个当下即求的目的，它必须通过民族主义而达到。窃以为对于民族主义我们应作广义的理解。它并非单指章太炎早期比较狭隘的排满民族主义，也不是单指逐渐发展成的现代民族主义，涉及历史、文化、政治等多方面的维度，要求建立一个有着自己独特历史底蕴、具有自身文化特色的现代民族国家，而且包括了"俗"的层面的所有内容。从民族主义走向无生主义，无非是说立足于现实走向理想境界。和当时大部分人所主张的大同社会是理想境界不同，章太炎的理想境界与佛法的涅槃、常乐我净紧密联系，实际上是一个寂灭的世界。章太炎无疑也意识到根据唯识学的本体论发展下去，必然推论出一个无生的世界，可是，虽然他讲"俱分进化论"，但也不是主张完全的泯除进化，而是主张双线进化。在思想的夹缝中现实世界如何摆放始终是一个问题。或许是《齐物论》的"不齐而齐"以及《周易》的"殊途同归"给了他一个启发：最终的统一化的无生主义境界可以由不同的道路（民族主义）达到。[②] 目前的当务之急是

① 《排满平议》，《章太炎全集》(4)，上海人民出版社1985年版，第262页。

② 窃以为，"殊途同归"正是章太炎《齐物论释》中为其极其欣赏的"不齐而齐"的多重含义之一。它认为"齐"指的是最终的境界无生主义，它与阿赖耶识之初生状态并无本质的不同。但阿赖耶识讲的是始，无生主义讲的是终。阿赖耶识之于无生主义境界，正如中国传统哲学常讲的本根（本体）与境界的差别。两者可以是一样的，但言说的层次不同。"而"字相当于趋向的意思。它的意思是说，形态种种不同的世间万物（不齐）最终必然趋向统一的齐的状态，这也就是无生主义境界。无疑，这种讲法和《周易》的"殊途同归"有着异曲同工之妙。也恰恰是章太炎"从民族主义到无生主义"主张背后的哲学预设。笔者将在博士论文中对此予以充分的阐释。

先讲好民族主义。虽然这似乎是一件主要落实于“俗”的层面的事情，但是其指向当然是无生主义。如此，章太炎不必放弃真如的本体论体系，而是通过真—俗的思想格局化解了佛法的双刃剑困境。这使得他的“五无论”等通常被看做虚无主义的观点具有了另外的意味，也就是在章太炎身上渺茫的虚无性和强烈的现实性恐怕是纠缠在一起的。可是这么一来我们也发现章太炎的重点必然的转向比较“俗”的儒学。

对儒学看法的改观以及现实的刺激

立足于真—俗的思想格局章太炎能够在真如哲学体系的基础上对任何现实、思想学术作出解释。诚如上文显示，章太炎便以唯识学的阿赖耶识、末那识之执着成功的诠释了孔子的“四毋”。同时，有见于佛法的“不切人事”和双刃剑作用章太炎已经想出了一条“从民族主义到无生主义”的出路，一定意义上也就是将佛法对于现代道德建设和进步历史哲学共时性的困境转化成历时性的解决之道。但是，如果没有对儒学的态度的改观以及现实的刺激，恐怕章氏也未必会将民族主义和儒学紧密联系起来。

早年章太炎之反对儒学原因无疑有多种。最值得探讨的有两个：基于古文经学对于以康有为为代表的今文经学的反对；以及儒学对于道德的损害。

章太炎一度倾向于维新、改良，“与尊清者游”，甚至写作了《訄书》（初刻本）作为其理论根据。但是即便此时，他也未必完全同意康有为以今文经学方式写作的《孔子改制考》，并写了若干批判意见准备发表。考虑到康有为主张改良已属不易，而且其时正遭满清当局迫害，为避免在客观上与满清沦为一丘之貉，章太炎听取了朋友的意见不发表自己的批判性见解。然而，随着康有为顽固不化，继续主张保皇，对革命当采取攻击态度，并将儒学定为孔教，急遽转向革命的章太炎也将康有为作为最大的论敌。在学术上章氏便将康氏的今文经学作为批判的目标，同时也不满于孔教说。随着革命形势的迅速发展，康有为沦为“死狗”，在舆论上不再有很大的号召力，再加上五四新文化运动时期对于传统儒学的全盘否定，章太炎思想中的古文经学的因素逐渐发挥了作用，他一跃而成为鼓吹儒学甚力者之一。也正是其越来越严重的儒学味道，作为新文化大将的鲁迅也难免要称之为“粹然成为儒宗”了。但是，从经学的角度看，章氏对儒学的批判更多的是出于政治意图的门户之争，也涉及儒学是否为孔教的问题，锋芒所及，未免将儒学也一并否定。用章氏自己的话说就是：“鄙人少年本治朴学，亦唯专信古文经典，与长素辈为道背驰，其后深恶长素孔教之说，遂至激而诋孔。中年以后，古文经典笃信如故，至诋孔则绝口不谈，亦由平情斟论，深知孔子之道，非长素辈所能附会也。”[①]发表于 1922 年的这封《与柳翼谋》信件也往往被看做章太炎晚年转向儒学的一个标志。

章氏早年之批评儒学除了源于与康有为的争论，还有见于儒家最大的问题就在于“以富贵利禄为心”。[②] 章太炎认为孔子实际上分为两个侧面：删定历史之孔子和从事教育的孔子。前者删定《春秋》等六经，后者发表《论语》《孝经》；前者流为经师，讲究求是，后者流为儒家，注重致用。一旦致用，就要考虑自己主张是否被统治者采用，就要追求功名利禄，总是讲

---

① 《与柳翼谋》，《章太炎书信集》马勇编，河北人民出版社 2003 年版，第 741 页。

② 《国学讲习会略说》，《章太炎讲国学》张昭军编，东方出版社 2007 年版，第 40 页。

“沽之哉！沽之哉！”不沽（即不售），则吾道穷矣。一个“沽”字，追求富贵利禄之心跃然纸上。所以，“用儒家之道德，故艰苦卓厉者绝无，而冒没奔竞者皆是”。[①] 章太炎认为，儒家的道德不仅仅在历史上造成了严重的后果，而且直接导致了维新之役、庚子之役（指唐才常起义）的失败。[②]

晚年的章太炎逐渐醒悟到批康有为不能连孔子一起批，同时也看到用佛法培养国民道德之路的走不通，何况素来尊重历史的章氏也将孔子的一个侧面定位为历史学家，所谓“有商定历史之孔子，则删定《六经》是也”。[③] 正是从历史和道德两个角度章太炎给予了儒学崇高地位。

章太炎对于历史从来十分重视，在晚年的讲学中更是将历史作为了讲解的重点。[④] 章太炎同意章学诚“六经皆史”的观点，并且将孔子作为删定《六经》也就是创作历史的一个重要人物。在这个意义上，章太炎对于历史的尊崇其实也就是对以孔子为代表的儒家的尊重。章氏认为历史是一个民族的国性之所在。虽然在表现形式上它可能记录了帝王将相的事迹，但不能因此而完全称之为帝王将相的家谱，事实上无疑历史还记载了别的内容。章氏认为，国家或许是可灭的，但是，只要有历史存在，国性就不亡，这个国家依然可以复国、昌盛；相反，没有历史的国家便丧失了国性，一旦亡国，复兴便难。关于历史的记录虽然可以有商榷、考证之处，可是不能受了时

---

① 《国学讲习会略说》，《章太炎讲国学》张昭军编，东方出版社 2007 年版，第 41 页。

② 参《革命道德说》，《章太炎全集》(4)，上海人民出版社 1985 年版。

③ 《国学讲习会略说》，《章太炎讲国学》张昭军编，东方出版社 2007 年版，第 39 页。此话虽然说于 1906 年，不过孔子作为历史学家的一面一直存在于章氏观点之中，它成了儒学在章太炎那里改换地位的一个潜在因素。

④ 在《章太炎讲演集》（马勇编，河北人民出版社，2004 年版）里面收录了大量的章太炎晚年讲历史的讲演可以参看。

髦的科学主义的影响无故怀疑，否则便易动摇国性的根本。有见于历史的重要，在教育上国人当重视历史，改进教育方式。多阅读历史，熟悉自家的过去与底子，便会增长对于自己的国家的感情。显然，对于历史重要性的强调既是章太炎一贯观点的继续，也是在新文化科学主义兴起的背景下对于人文主义的坚守。而这一切在一定意义上都可以看做是对作为历史学家的儒家的肯定。

在另外一方面，正如上文所引"兼儒释"的主张所显示的，虽然晚年章太炎还是认为儒家存在着"柔，少振作""骄吝"等问题，[①]他还是逐渐发现了儒家对于现代道德建设的功用。章太炎认为儒学的功用主要是修己治人，治人与历史相关，修己与道德相关。修己之大端主要包括两项："行己有耻"和"见利思义，见危授命"。[②] 章太炎认为讲气节貌似傲慢、迂阔，但恰恰关乎一个国家、朝代的存亡。儒家的这些不仅仅表现在历史上的具体人物身上，成为了历史的借鉴，而且在理论上集中在了《儒行》《论语》等篇章中。章氏认为，"《儒行》所说十五儒，大抵艰苦卓绝，奋力慷慨"，其所主张的"任侠"的人格对于当时的民族救亡的历史使命十分相宜。如果我们联系上文所引的民报时期章氏以佛法培养道德的主张，便可轻易发现同样是讲培养艰苦卓绝的道德品质，章氏将资源从佛法置换成了儒学。目标未变，手段已变。其中的曲折，令人深思。

正是在对《儒行》为代表的儒家思想的强调之中，我们发现了现实的刺激对于章太炎的巨大影响。晚年章太炎面临着

---

① 《儒家之利病》，《章太炎讲演集》马勇编，河北人民出版社 2004 年版，第 192—193 页。

② 《章氏国学讲习会讲演记录》，《章太炎讲国学》张昭军编，东方出版社 2007 年版，第 306 页。

现实政治环境和思想文化环境的双重挤压。身为一个典型的民族主义者章氏对于日本帝国主义一步一步进逼的侵略态势坚决予以反对,可是,一介匹夫力在何处? 1922 年之前的种种从政经历已使之深感国事之无可为。他除了在舆论上呼吁抗日,表示对抗日的支持之外,就是在讲学中有意识的从传统经典中发掘抗日的精神资源。事实上,正如章太炎多次提及的,像《儒行》等篇章含义包含多层:既主张高隐,又主张任侠。但是,在当下日益危急的现实环境中,高隐这一层不必讲,而要着重推崇任侠。因为“任侠一层,与民族存亡非常相关!”[①]扩大的看,当章太炎以佛法诠释儒学,实在有两重意蕴:一则保存了佛法的高妙,事实上孔子已被章氏佛学化了;二则凸显了儒学的现实功能。诠释或许是过度的,意味则深长。

在思想文化环境上,五四新文化运动对传统文化的各个方面展开了批判,重点所在,尤为伦理道德。的确,章太炎也主张伦理道德要讲具体化,不能不分时间地点的一致化,这也与他民族主义的立场相合。但是,章氏对道德的连续性的强调远远多于断裂性。他对儒学经典《大学》的重视的目的之一也在针对新文化运动所主张的科学主义及其对道德领域的渗透。《大学》讲“格物致知”“正心诚意”。章氏认为“格物致知”接近科学,“正心诚意”则指向道德。正如“格物致知”不能导致“正心诚意”,科学也不能产生道德。章氏认为,以前讨论“格物致知”与“正心诚意”的关系更多的是理论探讨,现在人们借着科学的力量试图尽革旧道德,产生新道德,这是“谈科

---

① 《〈儒行〉要旨》,《章太炎讲演集》马勇编,河北人民出版社 2004 年版。

学而不以其道”，[①]无异于“洪水猛兽”。无疑，章太炎通过对《大学》的诠释表达的正是对当时大肆扩张的科学主义的批评。

结　论

在中国近现代思想史的研究中存在着一个怪现象：回顾康有为、严复、章太炎等这些晚清民初思想大家的思想发展历程，研究者们总是感叹为什么早年走在时代前列的他们在晚年却被时代所抛弃，甚至在某种意义上拉了时代的后腿。康有为在辛亥革命之后依旧组织“保皇会”，严复成为袁世凯“帝制自为”的“筹安会六君子”之一，似乎都佐证了学者们的这一印象和论断。至于晚年章太炎更是如此。学者们并不对这些表面的事实本身作深入的探讨和分析，而是研究这些思想大家这么做的苦衷和意义。可是，有时候表面的事实未必就是历史的真相；在未弄清他们是否果然落后、退步之前讨论他们落后、退步的意义似乎有点本末倒置。具体情况需要具体分析，对于康有为、严复的情况笔者由于缺乏深入研究不敢给予过多的判断，但至少就章太炎而言，以上论述表明，虽然晚年的章氏的确转向了儒学，但其思想的底色依旧是辛亥革命之前所创立的真如哲学。他并没有像鲁迅所说的那样“粹然成为儒宗”，而是借助儒学来弥补真如哲学这一辛亥革命的理论准备所内涵的不足和紧张。章氏表面上倒向儒学，似乎走上了退步之路，实际上是在对辛亥革命进行理论的补课（至于这种补课的成功与否则是另外一回事）。本文的意图不仅仅在

---

① 参《〈大学〉大义》，《章太炎讲演集》马勇编，河北人民出版社2004年版。

于重新刻画晚年章太炎的思想风貌，而是试图以章氏为个案，具体的说明实际上对于中国近代史上的思想家的思想变迁我们需要给予具体的分析，而不能仅凭表面的印象贴上某种标签。如此，我们或许能够发现思想史研究的新天地。

（作者系上海师范大学哲学系副教授）

严复儒学观新论

○汤　颖　蔡志栋

被誉为中国自由主义第一人的严复与儒家思想发生着复杂的纠葛。在认识论上，他重新衡定了孟子—陆王一系的观点，严厉反对陆王的“师心自用”，但又从实证主义的角度肯定了孟子“万物皆备于我”的观点；他批评后世儒家在认识对象上的文辞化，主张“学于自然”，并结合古今优秀传统，提出了现代的科学方法论。在政治哲学上，他将“恕道”与政治自由相联系，指出二者形似而神异；他深刻地批评了儒家的仁政说，认为是对民众政治主体性的严重戕害；但他混淆了政治权利与道德素养，显示了儒家传统的深刻影响。在道德哲学上，严复重申“忠恕之道”，并且将之上升为国际交往原则以及国家富强的道路之一；他仍然肯定着儒家“修齐治平”的理想；肯定儒学中仁义、忠信、廉耻的道德条目在现代社会中的意义；在义利之辨、理欲之辨、群己之辨等方面，严复显示了与儒家思想之间的连续性和断裂性。这些皆从一个角度彰显了儒学的近代命运。

严复幼年接受中国传统教育，少年时期留学欧洲而接触西方思想。以往学界普遍认为严复的思想在早期主张改革，晚期主张保守。这种观点值得商榷。严复的思想中素来包含着古今中西的纠葛，而他的儒学观也当在此背景下进行重新审视，从而可以以严复为个案展现儒学在近代的命运。本文从认识论、政治哲学、道德哲学三个方面对此略作讨论。

一

在认识论上，严复往往被看作是实证主义在中国的早期传人。这是不错的。但同时我们也应该看到，一方面，严复对于实证主义发生了“融入与溢出”[①]的现象；另一方面，严复又以新的认识论标准[②]对传统儒家的认识论展开了新的衡量与评判。

第一，严复重新衡定了孟子—陆王一系在认识论上的观点。

学界早就看到严复严厉批评从孟子开始，直至陆王心学集其大成的“师心以自用”的传统。这方面研究成果甚多。但实际上严复并未完全否定孟子。

由于实证主义认为外物本体实不可知，可知的止于现象，接受了这个观点的严复一定意义上也同意孟子“万物皆备于我”之说。他说：“复按：观于此言，而以与特嘉尔所谓积意成我，意恒住故我恒住诸语合而思之，则知孟子所谓‘万物皆备于我’一言，此为之的解。何则？我而外无物也；非无物也，虽有而无异于无也。然知其备于我矣，乃从此而黜即物穷理之说，又不可也。盖我虽意主，而物为意因，不即因而言果，则其

---

① 高瑞泉主编：《中国近代社会思潮》，华东师范大学出版社 1996 年版，第 133 页。

② 这个新的认识论标准并不全然为实证主义的，而是实证主义与中国传统思想的结合，简而言之，他没有完全接受实证主义“拒斥形上学”的旗帜，而是肯定道、本体也是存在的。

意必不诚。此庄周所以云心止于符，而英儒贝根亦标以心亲物之义也。”[①]可见，从实证主义的角度看，严复一定程度上是认同孟子的“万物皆备于我”说的。这里的“物”指的是现象。但是，他反对由此而否定客观世界的存在，只是坚持客观世界和我们对它的认识之间存在着鸿沟。

严复之所以反对陆王心学之“师心自用”，原因在于陆王心学是更加纯粹的主观唯心主义：“夫陆王心学，质而言之，则直师心自用而已。自以为不出户可以知天下，而天下事与其所谓知者，果相合否？不径庭否？不复问也。自以为闭门造车，出而合辙，而门外之辙与其所造之车，果相合否？不龃龉否？又不察也。向壁虚造，顺非而泽，持之似有故，言之若成理。其甚也，如骊山博士说瓜，不问瓜之有无，议论先行蜂起，秦皇坑之，未为过也。”

严复认为，陆王不仅仅是孟子的延续，如果只是这样，在实证主义的框架内或许还可以得到一定程度的辩护，原因见上；问题在于，陆王走得比孟子更远，他们完全拒斥了科学方法论。孟子还是承认一定的方法论。比如，严复认为“察往事而以知来者，如孟子求故之说可也。”严复之所以肯定孟子的“求故之说”，主要是因为其内涵的和现代方法论相合的维度。他认为，“孟子求故之说”即“然察往事而以知来者”，[②]从方法论的角度看，就是归纳和演绎的结合。“察往事”即归纳，“知来者”即演绎。陆王则完全摒弃方法论的探索，视之为支离破碎。严复指出：“盖陆氏于孟子，独取良知不学、万物皆备之言，而妄言性求故、既竭目力之事，唯其自视太高，所以强物

① 严复：《穆勒名学》按语，《严复集》(四)，中华书局 1986 年版，第 1037 页。
② 严复：《救亡决论》，《严复集》(一)，中华书局 1986 年版。

就我。"①

显然,在此严复对孟子的观点值得注意。一方面他认为孟子一定程度上是陆王的思想渊源,也有主观唯心主义的痕迹;另一方面又认为孟子思想中包含了"言性求故、既竭目力之事"的内容,换而言之,严复以为孟子也有格致的思想。

第二,严复批评后世儒家在认识对象上的文辞化,主张"学于自然",并结合古今优秀传统,提出了科学方法论。

所谓文辞化也就是以"言词文字"为研究对象,和现代的以自然为研究对象的走向迥然相异。严复指出:"盖吾国所谓学,自晚周秦汉以来,大经不离言词文字而已。求其仰观俯察,近取诸身,远取诸物,如西人所谓学于自然者,不多遘也,夫言词文字者,古人之言词文字也,乃专以是为学、故极其弊,为支离,为逐末,既拘于墟而束于教矣。"②

严复认为,正确的做法是面向外在世界直接发问,"读无字之书"。他说:"吾人为学穷理,志求登峰造极,第一要知读无字之书。培根言:'凡其事其物为两间之所有者,其理即为学者之所宜穷,所以无大小,无贵贱,无秽净,知穷其理,皆资妙道。'此佛所谓墙壁瓦砾,皆说无上乘法也。"③"惟善为学者不然……乃学于自然。自然何?内之身心,外之事变,精察微验,而所得或超于向者言词文字外也。则思想日精,而人群相为生养之乐利,乃由吾之新知而益备焉。"④

显然,当严复说到面对"内之身心,外之事变"之自然"精

① 严复:《救亡决论》,《严复集》(一),中华书局 1986 年版,第 44 页。

② 严复:《〈阳明先生集要三种〉序》,《严复集》(二),中华书局 1986 年版,第 237 页。

③ 严复:《西学门径功用》,《严复集》(一),中华书局 1986 年版,第 93 页。

④ 严复:《〈阳明先生集要三种〉序》,《严复集》(二),中华书局 1986 年版,第 238 页。

察微验”时，他已经关注到现代的科学方法论。在不同的地方，严复对科学方法论进行了多重的表述。值得注意的是，这些方法论的内在环节既有对儒家批评的方面，又吸取了儒家优秀传统的成分，不可一概而论。

在较早的《西学门径功用》中他认为科学方法论具有三个维度：考订、贯通和试验。“大抵学以穷理，常分三际。一曰考订，聚列同类事物而各著其实，二曰贯通，类异观同，道通为一。考订或谓之观察，或谓之演验。观察演验，二者皆考订之事而异名者。盖即物穷理有非人力所能变换者，如日星之行，风俗代变之类；有可以人力驾驭移易者如炉火树畜之类是也。考订既详，乃会通之以求其所以然之理，于是大法公例生焉，此大《易》所谓圣人有以见天下之会通以行其典礼，此之典礼，即西人之大法公例也。中西古学，其中穷理之家，其事或善或否，大致仅此两层。故所得之大法公例，往往多误，于是近世格致家乃救之以第三层，谓之试验。试验愈周，理愈靠实矣，此其大要也。”这段话很重要，略作解释。“考订或谓之观察，或谓之演验。”[①]也就是说，在广义上，“考订”不仅是科学方法的第一步观察，而且也包含了科学方法的最后一步：实践。不过此实践并非试验，而是真实的落实于生产斗争和社会斗争之中。“贯通”则类似于归纳。最后还要加上现代的“试验”环节。值得注意的是，严复认为早在《易》[②]那里，追求“公例”已然成了一个公理。

在《西学门径功用》中，严复还认为西方科学之所以昌明，因为西人在方法论上结合了归纳法和演绎法。严复说：“又若

---

① 严复：《西学门径功用》，《严复集》(一)，中华书局1986年版，第93页。

② 关于《易》的归属，有的学者如陈鼓应认为是道家的经典，但一般会认为它是儒家的经典。

问西人后出新理，何以如此之多，亦即此而是也。而于格物穷理之用，其涂术不过二端。一曰内导；一曰外导。此二者不是学人所独用，乃人人自有生之初所同用者，用之，而后智识日辟者也。内导者，合异事而观其同，而得其公例。……须知格致所用之术，质而言之，不过如此。”①

在归纳法和演绎法之外，“印证”这个环节也是很重要的。严复说：“然而西学格致，……一理之明，一法之立，必验之物物事事而皆然，而后定之为不易。其所验也贵多，故博大；其收效也必恒，故悠久；其究极也，必道通为一，左右逢源，故高明。方其治之也，成见必不可居，饰词必不可用，不敢丝毫主张，不得稍行武断，必勤必耐，必公必虚，而后有以造其至精之域，践其至实之途。迨夫施之民生日用之间，则据理行术，操必然之券，责未然之效，先天不违，如土委地而已矣。”也就是说，真理是经过考验的：“一理之明，一法之立，必验之物物事事而皆然，而后定之为不易。”真理之间也是融贯的：“其究极也，必道通为一，左右逢源，故高明。”②

在此严复显然受到了实证主义科学观的影响，需要指出的是，当严复说：“方其治之也，成见必不可居，饰词必不可用，不敢丝毫主张，不得稍行武断，必勤必耐，必公必虚，而后有以造其至精之域，践其至实之途。”一定程度上我们看到了荀子“虚壹而静”说的身影，不得不提。③ 荀子说：

人何以知道？曰：心。心何以知？曰：虚壹而静。

① 严复：《西学门径功用》，《严复集》（一），中华书局 1986 年版，第 94 页。

② 严复：《救亡决论》，《严复集》（一），中华书局 1986 年版，第 45 页。

③ 略微遗憾的是，虽然严复认为孟子也有“求故之说”，但是，他并没有就这点展开充分的论述。

心未尝不臧也，然而有所谓虚；心未尝不满也，然而有所谓一；心未尝不动也，然而有所谓静。人生而有知，知而有志，志也者，臧也；然而有所谓虚，不以所已臧害所将受，谓之虚。心生而有知，知而有异，异也者，同时兼知之；同时兼知之，两也；然而有所谓一，不以夫一害此一谓之壹。心，卧则梦，偷则自行，使之则谋。故心未尝不动也，然而有所谓静，不以梦剧乱知谓之静。未得道而求道者，谓之虚壹而静，作之，则将须道之，虚则人；将事道者之壹则尽，将思道者。静则察。知道察，知道行，体道者也。虚壹而静，谓之大清明。万物莫形而不见，莫见而不论，莫论而失位。坐于室而见四海，处于今而论久远，疏观万物而知其情，参稽治乱而通其度，经纬天地而材官万物，制割大理而宇宙里矣。恢恢广广，孰知其极！睪睪广广，孰知其德！涫涫纷纷，孰知其形！明参日月，大满八极，夫是之谓大人。夫恶有蔽矣哉！（《荀子·解蔽》）

但毋庸置疑，严复和荀子不同之处在于，严复已经身处现代性的境遇之中，也在某种程度上经受了现代知识论（实证主义）的洗礼。

在其后的思索中，严复逐渐将以上思想统一起来。他认为科学方法的环节是："方其始也，必为其察验，继乃有其内籀外籀之功，而其终乃为其印证，此不易之涂术也。"[①]内籀即归纳，外籀即演绎。换而言之，科学方法分为四步：察验，归纳和演绎，印证。这或许是严复最后的结论。

---

① 严复：《论今日教育应以物理科学为当务之急》，《严复集》（二），中华书局1986年版，第280页。

从科学方法论的四步法出发，严复对中西古代的认识论机制均有所批评。他认为无论是中国还是西方，古典方法论都忽略了试验这一环节。严复认为，其实中国的《周易》之中已经包含了“察验”、“会通”等方法论环节，但它显然缺乏试验这最终的环节。这是中西古人都有的弊病：“中西古学，其中穷理之家，其事或善或否，大致仅此两层（指考订和会通——引者）。故所得之大法公例，往往多误，于是近世格致家乃救之以第三层，谓之试验。试验愈周，理愈靠实矣，此其大要也。”“会通”本质上主要是归纳，“考订”则指向了观察和不大明确的实践（所谓“演验”[①]），“试验”既是演绎，又是为人有意识控制的实践。从方法论的角度看，严复其实也就是在主张要将归纳、演绎以及实践结合起来才能获得真理。这个方法论是对古今中西方法论的某种扬弃和综合。

二

严复被誉为中国第一代自由主义者，他在政治哲学上颇有阐发，从另一个角度显示了他与儒家之间的复杂关系。

第一，自由：中西之同异。

严复认为，所谓自由，“必以他人之自繇为界。”[②]他反复表明，这种意义上的自由和中国传统中的“恕”和“絜矩之道”具有高度的相似之处。在《论世变之亟》一文中，严复以毫不迟疑的口吻揭示肯定了这点。他说：“夫自由一言，真中国历古圣贤之所深畏，而从未尝立以为教者也。彼西人之言曰：唯天

---

① 严复：《西学门径功用》，《严复集》（一），中华书局1986年版，第93页。

② 严复：《〈群己权界论〉译凡例》，《严复集》（一），中华书局1986年版，第132页。

生民，各具赋界，得自由者乃为全受。故人人各得自由，国国各得自由，第务令毋相侵损而已。侵人自由者，斯为逆天理，贼人道。其杀人伤人及盗蚀人财物，皆侵人自由之极致也。故侵人自由，虽国君不能，而其刑禁章条，要皆为此设耳。中国理道与西法自由最相似者，曰恕，曰絜矩。”①在《群己权界论》的“译凡例”中，严复不厌其烦地再次表达这层意思。他说：“故曰人得自繇，而必以他人之自繇为界，此则《大学》絜矩之道，君子所恃以平天下者矣。”②

但与此同时，严复又清晰认识到，“恕”和“挈矩之道”和自由之间只是相似，而不是毫无差别的相同。他说：“中国理道与西法自由最相似者，曰恕，曰絜矩。然谓之相似则可，谓之真同则大不可也。何则？中国恕与絜矩，专以待人及物而言。而西人自由，则于及物之中，而实寓所以存我者也。”③

这段话值得深入琢磨。在某种程度上，不妨说这种差异实际上就是道德哲学和政治哲学的差异。所谓“恕”，就是“己所不欲，勿施于人”（《论语·卫灵公》）；所谓“絜矩之道”，语出《大学》，主张在待人接物的过程中，以近取譬，将心比心。其含义和“忠恕之道”其实是一致的。这两者主要是伦理学的原则。因此，虽然其中显然也存在“我”，但是，此我乃道德的“我”，而不是政治的“我”。正是在这个意义上，严复不承认它们对政治的“我”有所言说；从而，西人自由才以“实寓所以存我者也”④和它们相区别。否则，我们就很难理解。不仅因为

① 严复：《论世变之亟》，《严复集》（一），中华书局1986年版，第2—3页。

② 严复：《〈群己权界论〉译凡例》，《严复集》（一），中华书局1986年版，第132页。

③ 严复：《论世变之亟》，《严复集》（一），中华书局1986年版，第2—3页。

④ 严复：《论世变之亟》，《严复集》（一），中华书局1986年版，第2—3页。

在“恕”和“挈矩之道”之中显然存在我，而且，实行恕和挈矩之道的过程虽然也是“我”的扩充，但这种扩充，一方面是对小我的舍弃：在这个意义上，我不再存在；另一方面，小我得以在他人、家、国、天下的格局中获得更加丰满的存在。也就是说，“恕”和“挈矩之道”也是存我的。然而，道德哲学视域和政治哲学视域的区分为我们理解严复的这句话提供了一把钥匙。

必须承认严复的这段话十分费解，以上只是某种尝试性理解。而梁漱溟对中西社会本质的刻画或许可以从另一个角度帮助我们理解。梁漱溟认为，西方社会以权利为本位，而中国社会都是义务论者：“在中国几乎看不见有自己，在西洋恰是自己本位，或自我中心。”[①]这不正是严复所说的西方的自由观念是存己的，中国的恕道是待人及物的吗？梁漱溟随后举了一个中西方请客的例子，对此作了更加生动的说明：“如西洋人宴客，自己坐在正中，客人反在他的两旁。尊贵的客人，近在左右手；其他客人便愈去愈远。宴后如或拍影，数十百人皆为自己作陪衬，亦复如是。中国则客来必请上座，自己在下面相陪，宴席之间，贵客高居上座离主人最远；其近在左右手者，不过是末座陪宾了。寻其意味，我则尊敬对方，谦卑自处；西洋则自我中心，示其亲昵。——这完全是两种精神。”[②]这给了我们丰富的启发。

第二，严复严厉地批评了“仁政”思想。

作为中国第一代自由主义者，严复高度肯定民众的政治

① 梁漱溟：《中国文化要义》，《梁漱溟全集》(3)，山东人民出版社 2005 年版，第 92 页。

② 梁漱溟：《中国文化要义》，《梁漱溟全集》(3)，山东人民出版社 2005 年版，第 92—93 页。

主体性，得出了否定帝王、乃至否定仁政的结论。[①] 严复说："自由云者，不过云由我做主，为所欲为云尔。其字，与受管为反对，不与受虐为反对。虐政自有恶果，然但云破坏自由，实与美、法仁政[②]无稍区别。虐政、仁政皆政也。吾既受政矣，则吾不得自由甚明，故自由与受管为反对。受管者，受政府之管也，故自由与政府为反对。"[③]严复在此透露的一个意思值得高度重视：仁政之下个体很可能没有自由。[④]

严复以百年前的南美洲为例来说明这点。他说："至政府号慈仁，而国民则不自由之证，请举百年前之南美洲。当时西班牙新通其地未久，殖民之国，为耶稣会天主教士所管辖，此在孟德斯鸠《法意》尝论及之。其地名巴拉奎，其政府为政，无一不本于慈祥惠爱，真所谓民之父母矣。然其于民也，作君作师，取其身心而并束之，云为动作，无所往而许自由，即至日用常行，皆为立至纤至悉之法度。吾闻其国，虽男女饮食之事，他国所必任其民自主者，而教会政府，既自任以先觉先知之责，惟恐其民不慎容止，而陷于邪，乃为悉立章程，而有摇铃撞钟之号令，琐细幽隐，一切整齐。夫政府之于民也，如保赤子如此，此以中国法家之言律之，可谓不溺天职者矣。顾使今有行其法于英、法、德、奥间者，其必为民之所深恶痛绝无疑也。且就令其政为民所容纳，将其效果，徒使人民不得自奋天能，

---

① 当然，严复的思想是复杂而矛盾的。有时他又肯定了帝王存在的必要性，有的学者比如萧功秦甚至认为严复是一个新权威主义者。这点下文会分析。

② 本部分内容在学术会议上宣读的时候，有学者指出这里可能存在标点错误。因为按照这里的标点，作者的意图似乎在说美国和法国是有仁政的。这真是从何谈起？正确的标点应该是"美法、仁政"。

③ 严复：《政治讲义》，《严复集》（五），中华书局 1986 年版，第 1287 页。

④ 无疑，当严复说"自由与受管为反对"时，他对自由的诠释有点极端化，因为在以他人之自由为界的自由中，法律为自由做出了规定和划界，但法律在广义上也是一种管制。但让我们暂时撇开这些问题。

终为弱国。总之,若谓自由之义,乃与暴虐不仁反对,则巴拉奎政府,宜称自由。脱其不然,则与前俄之蒙兀政府二者合而证之,知民之自由与否,与政府之仁暴,乃绝然两事者矣。”①

这段的意蕴十分丰富。我们显然看出仁政之下民众的政治主体性受到戕害这一事实。同时,虽然南美洲的遭遇缘于其宗教的背景,似乎和中国传统社会中宗教甚弱没有多大关联;然而,严复已经认识到中国传统社会中存在相似的因素,“如保赤子”的字眼便是来源于传统;更加明确的是,严复指出,从中国法家的角度看,政府实行仁政的做法“可谓不溺天职者矣”。也就是说,严复在这段话中至少隐含了这样一层意思:把民众当孩童一样管理的做法,即便是出于善意,也是一种对政治主体性的伤害。这个见识实在是深刻。

对于仁政可能包含的弊病当代西方政治哲学思想家萨托利也有所认识。仁政的特色在于一方面剥夺民众的政治权利,另一方面,对民众的民生高度重视,并由此获得政治合法性。萨托利指出,仅仅依靠民享(民生)并不能证明一个政府是民主政府。他说:在林肯关于民主的三个因素中,“只有第三个因素‘government for the people’(民享)是不含糊的,‘民享’明确地是指为了他们的好处,他们的利益,他们的福祉。但过去有许多政权从不自称民主制度,却宣布自己是‘民享’的政府。”②

当然,其实当严复指出自由与否和仁政恶政无关时,从另一个角度看,也是在为恶政辩护,因为其言外之意可以是恶政之下也有自由。但就其此处对仁政的批评而言,矛头最终所

① 严复:《政治讲义》,《严复集》(五),中华书局1986年版,第1283页。
② [美]萨托利著,冯克利译:《民主新论》,东方出版社1998年版,第38页。

向，往往涉及帝王。正是在这个意义上，我们认为严复对民众政治主体性的强调包含了否定帝王的倾向。但我们同时要指出的是，这种倾向又被严复自己扼杀了。之所以如此，恐怕也是缘于传统的影响，这点下文一并讨论。

第三，言论自由：德性还是权利？

之所以特意提出言论自由来加以讨论，一个考虑是言论自由显示了严复的政治思想和认识论思想之间的联系，因为言论自由从某种角度看是思想自由的外在表现；另一个考虑是因为在严复所译的《群己权界论》中，言论自由是原作者密尔（Mill）反复三致意的一个核心主题。事实上，严复在《群己权界论》的“译凡例”中对此也加以了点破：“西国言论最难自繇者，莫若宗教。”[①]他认为，正是有鉴于此，密尔反复讨论宗教对言论自由的束缚作用。

严复认为中国虽宗教的束缚不及西方强大，但是，中国的纲常名教有如西方的宗教。值得注意的是，严复马上笔锋一转，认为在中国坚硬的纲常名教之中，依然存在着特立独行之士，发挥着言论自由的功能。他说：“事关纲常名教，其言论不容自繇，殆过西国之宗教。观明季李贽、桑悦、葛寅亮诸人，至今称名教罪人，可以见矣。虽然，吾观韩退之《伯夷颂》，美其特立独行，虽天下非之不顾。王介甫亦谓圣贤必不徇流俗，此亦可谓自繇之至者矣。至朱晦翁谓虽孔子之言，亦须明白讨个是非，则尤为卓荦俊伟之言。谁谓吾学界中，无言论自繇乎？”意思十分清楚。

然而，严复对中国传统社会中的言论自由的理解必须受

---

① 严复：《〈群己权界论〉译凡例》，《严复集》（一），中华书局1986年版，第134页。

到两点限制，对此有必要加以提出。

其一，严复将言论自由和认识论紧密的联系起来，此尤其体现在紧随其后的那句话中："须知言论自繇，只是平实地说实话求真理，一不为古人所欺，二不为权势所屈而已，使理真事实，虽出之仇敌，不可废也；使理谬事诬，虽以君父，不可从也，此之谓自繇。"①问题在于，严复同时认为中国传统的认识论主要的不足在于"师心以自用"，这和西方现代的面向自然展开研究的进路具有本质的区别。也就是说，即便我们承认中国传统社会中也有言论自由，如果我们联系严复的认识论思想，这种言论自由的成色也要打个折扣。

其二，严复错误地把西方社会中作为政治哲学议题的言论自由看成了个体的道德修养问题。对此，袁伟时先生早已认识到。他说：严复"把现代社会的自由等同于圣贤的'特立独行'……强调的不是公民的权利而是圣贤或君子的自我修养。"②这个批评是正确的。

正是第二点，显示严复在引进现代自由的同时，受到了儒家传统的另一重根深蒂固的影响，对此，姑且称之为道德理想主义的情节。这个情节，一方面使得严复在言论自由的问题上将政治权利和道德素养混淆起来，另一方面，又使他在严厉批评仁政的同时，某种程度上又对专制心怀好感。他说："制无美恶，期于适时；变无迟速，要在当可。即如专制，其为政家诟厉久矣。然亦问专此制者为何等人？其所以专之者，心乎国与民乎？抑心

① 严复：《〈群己权界论〉译凡例》，《严复集》(一)，中华书局1986年版，第134页。

② 袁伟时：《严复思想遗产三问》，《中国现代思想散论》，广东教育出版社1998年版，第225页。

乎己与子孙乎?”[1]也就是说,严复认为,如果专制帝王的本心是善良的,是为国家和人民考虑的,那么就可以允许存在;反之,就应该予以消灭。这种观点显然冲淡了他对仁政的深刻批评,表明他重拾仁政的思想主张。显然,此间问题重重。

我们不能完全否定道德哲学和政治哲学之间的联系,然而,现代自由主义的一个要点就在于设计出一种制度,使得即便是恶人上台也无法逞其恶。显然,这种设计的前提是对人性的百般怀疑,对人性的幽暗的洞察。不能说严复没有看到人性的复杂。但是,在此他无疑过于天真了。专制帝王一旦上台,如果缺乏制度规范,其心系国民还是心系子孙,那真是“人心惟危,道心惟微”。我们不妨说严复显示出的对于民众政治主体性的肯定,在道德理想主义的诱惑之下,被掐灭在了尚是星星之火的状态。[2]

三

在道德哲学上,严复吸收西方道德观的同时,也绝非全然抛弃儒家道德。他在许多场合几乎一字未改地沿用了传统的道德条目。在《论教育与国家之关系》的演讲中,严复明确提出在道德问题上,“不如一切守旧者,以为行己与人之大法,五

---

① 严复:《宪法大义》,《严复集》(二),中华书局 1986 年版,第 240 页。

② 如果我们放眼中国 20 世纪的思想史,就会发现,历史的理路主要是沿着道德理想主义的方向前进;相反,对人性的怀疑,对各种形式的、哪怕是实行仁政的帝王的怀疑,绝非多见。好在我们的研究也表明,对于仁政的反思在梁启超那里也已经开始了,其后陈独秀、毛泽东以及中国化马克思主义的学术研究中,都对仁政表示了某种质疑。这种断断续续的思想火花是值得珍视的。参蔡志栋:《仁政之病》,《学术界》2014 年版,第 12 期。

伦之中，孔孟所言，无一可背。”[①]表明了他的道德思想与儒家之间的某种连续性。

首先，严复重申“忠恕之道”，并且将之上升为国际交往原则以及国家富强的道路之一。

严复认为，“恕道”与“絜矩之道”这两者是无上的道德规范，应该得到无条件的遵守。他将这种道德条目上升为公理的高度，强烈谴责德国强占胶州而英人附和称许的行径，指斥西人行“横逆之事”，违背絜矩、自由之公理原则，他说：“凡横逆之事，不欲人之加诸我也，吾亦毋以施于人。此道也，何道也？人与人以此相待，谓之公理；国与国以此相交，谓之公法；其议论人国之事，持此意判曲直、别是非，谓之公论。”[②]“不欲人之加诸我也，吾亦毋以施于人”就是儒家之“恕道”。值得注意的是，在马克思所说的“世界历史”尚未开始之前，“恕道”主要是人与人之间交往的原则。而严复面临的是一个列强环伺的世界，中国不再是世界的中心，此时，严复认为世界各国之间的交往原则仍然应该是儒家的道德规范，这种做法不仅可以看做他对儒家道德的继承，而且显然也包含着对儒家道德创造性运用。“忠恕之道”已然成了某种国际交往原则。

如果将这种坚持和发扬和以下两个因素联系起来，那么可以更加看出严复与儒家道德之间的特殊关系：

第一个因素是，严复一再表示他酷嗜庄子。他在认识论上提出的“意验相符”就是对庄子“心止于符”的应用，在政治哲学上提出自由就是庄子的“在宥”，这都表明了他与道家之

---

① 严复：《论教育与国家之关系》，《严复集》（一），中华书局1986年版，第168页。

② 严复：《驳英〈泰晤士报〉论德据胶澳事》，《严复集》（一），中华书局1986年版，第55页。

间的紧密联系。但是,在道德哲学上,在儒道之间他更多的认同儒家。意味深长。

第二个因素是,与他同时代的章太炎严厉批评将“忠恕之道”设置为国与国之间交往的原则,因为在这个原则下,霸道是存在扩张空间的。章太炎恰恰主张以庄子的“不齐而齐”作为国际交往原则,[①]与严复形成了两种不同的风格。

在严复那里,“恕道”和“絜矩之道”不仅是人与人之间、国与国之间交往的准则,而且也是国家富强的基本途径。他认为,若是将这两条儒家道德条目坚持力行,那么我们能够实现自由,再进而循序渐进地实现国家的富强。他说:“是故富强者,不外利民之政也,而必自民之自利始;能自利自能自由始;能自由自能自治始,能自治者,必其能恕,能用絜矩之道者也。”[②]无疑,“恕道”、“絜矩之道”成为富强的起点。这个观点十分有意思。富强无疑是一个现代的价值,在传统儒家那里,富强如果不是被否定的,至少也不是高度肯定的价值。但是,严复一方面将西方的富强观念引进来,另一方面,除去发展科学技术,改革政治体制之外,在道德原则上,他认为传统儒家的“忠恕之道”也是可以实现富强的目的的。

其次,严复仍然肯定着儒家“修齐治平”的理想。

“富强”是一个现代的概念,在传统儒家那里,“修齐治平”具有更高的价值。严复对《大学》中所说的修齐治平甚是推崇,他认为斯宾塞的社会学所要阐发的主旨就是修齐治平,只是《大学》中引而不发,没有详细解说:“其(指斯宾塞之社会学)节目支条,与吾《大学》所谓诚正修齐治平之事有不期而合

---

① 具体论证参蔡志栋:《章太炎后期哲学思想研究》,上海社科院出版社2013年版,第115—121页。

② 严复:《原强》,《严复集》(一),中华书局1986年版,第14页。

者，第《大学》引而未发，语而不详。”[①]而斯宾塞所写的书则将“修齐治平”的原理推至穷极，持理论事必定以科学作为基础而追寻真理公例。以所得之理推行至军事、政法、文教（兵刑礼乐之事）等各个方面，国家便能得到治理。他说：“群学治，而后能修齐治平，用以持世保民以日进于郅馨香之极盛也。”[②]《大学》中所说的“修齐治平”的思想对于国家安定富强有极其重要的推动力量。

再次，严复肯定儒学中仁义、忠信、廉耻的道德条目在现代社会中仍然具有不可否定的意义。

严复认为，在任何时代，民众都需要聚合为一个群体，这些道德条目仍然是坚固的联结纽带，否则就会群种散灭：“但使有群，则莫不有其相为生养、相为保持之事。既有其相生养、相保持之事矣。则仁义、忠信、公平、廉耻之实，必行于其间。否则其群立散。”[③]严复在晚年书信中更是劝导留洋之辈不要极力抹杀中国旧有的教化文明：“然甚愿其勿沾太重之洋气，而将中国旧有教化文明概行抹杀也。不佞垂老，亲见支那七年之民国与欧罗巴四年亘古唯有之血战，觉彼族三百年之进化，只做到‘利己杀人，寡廉鲜耻’八个字。回观孔孟之道，真量同天地，泽被寰宇。”[④]显然还是在肯定儒家的廉耻、仁义等观念。可见，这些道德条目在严复看来是天下万事不变之道，是民众与国家不可须臾舍弃的。

另外，在此值得注意的是，虽然众所周知严复是肯定进化

① 严复：《原强》，《严复集》（一），中华书局 1986 年版，第 6 页。

② 严复：《原强》，《严复集》（一），中华书局 1986 年版，第 7 页。

③ 严复：《拟上皇帝书》，《严复集》（一），中华书局 1986 年版，第 63 页。

④ 严复：《与熊纯如书（七十五）》，《严复集》（三），中华书局 1986 年版，第 692 页。

论的，但这里他一定程度上也看到了在科学技术进化的同时，人类的道德并未进化，甚至反而倒退了。这种知识进化与道德退化之间的紧张一定程度上成为他继承儒家道德观念的背景。从某种角度看，儒家关于道德以三代为盛的观念似乎也在严复的思维深处发挥影响。

以上主要从道德规范的角度展现严复对儒家道德的肯定，下文则从义利之辨、理欲之辩和群己之辩的角度进一步呈现其道德思维中与儒家密切相关之处。

从义利之辨的角度看，一般认为，儒家传统伦理的主流是贵义轻利，但严格地说，这是宋明儒学走向极端之后的形态；就孔子的观点而言，他并未完全拒绝利，而是主张以合适的手段来追求之。这种对合适的手段的肯定，某种意义上也就是“义”。从这个角度看，至少在孔子那里，儒家主张的是义利统一。这种观点也为严复所继承。他指出，民众之所以为仁甚难，一个原因在于“分义利为二”。他也指出，这种二分法也是儒家传统中所包含的：“孟子曰：‘亦有仁义而已矣，何必曰利？’董生曰：‘正谊不谋利，明道不计功。’泰东西之旧教，莫不分义利为二涂。此其用意至美，然而于化于道皆浅，几率天下祸仁义矣。”[①]意思很清楚：单纯追求义的结果恰恰走向了其反面。从这个角度看，严复对儒家的某些传统是持批评态度的。但必须指出的是，儒家本身也不是铁板一块。对孟子、董仲舒[②]

---

① 严复：《〈原富〉按语十一》，《严复集》（四），中华书局1986年版，第858页。

② 孔子并没有否定利，但主张要以仁义之道去追求。孟子主张舍生取义，似乎严格排斥利，但严格地说，他所谓的义，是广义的利。董仲舒也有这个特点。章太炎指出，董仲舒不可能不追求国家层面的利益，因此其所说的“正其谊不谋其利”不能完全成立。参蔡志栋：《章太炎后期哲学思想研究》，上海社科院出版社2013年版，第243页。但在此我们尊重严复的对孟子、董仲舒的看法，以之为思想史研究的对象。

的批评并不意味着对儒家本身的全盘舍弃。事实上，正如上文所提及的，严复对“仁义”这个道德规范的一再强调，甚至使用“仁义”这个词语本身就从某个角度表明他对儒学的坚守。只是，不可否认，他也试图给“仁义”注入新的内涵。在此，“仁义”是包含了利的。严复说：“自天演学兴，而后非谊不利，非道无功之理，洞若观火。”“庶几义利合，民乐从善，而治化之进不远欤！”

严复反对单纯追求义利之中任何一极的做法：“尝谓天下有浅夫，有昏子，而无真小人。何则？小人之见，不出乎利。然使其规长久真实之利，则不与君子同术焉，固不可矣。人品之下，至于穿窬极矣。朝攫金而夕败露，取后此凡所可得应享之利而易之，此而为利，则何者为害耶？故天演之道，不以浅夫昏子之利为利矣，亦不以谿刻自敦滥施妄与者之义为义，以其无所利也。”[①]在此，严复一方面反对的是短暂、虚假之利，另一方面对空头的义也不以为然。需要再三强调的是，这与其说是对儒家传统的背离，不如说是对儒家传统中某些极端而可笑的思想的拒绝：严复回归的恰恰是原始儒家（以孔子为代表）义利统一的浑厚之境。

从理欲之辩的角度看，严复肯定了欲望的合理性。他受到西方功利主义的影响，认为趋乐避苦是人之天性，不可避免：“有叩于复者曰，人道以苦乐为究竟乎？以善恶为究竟乎？应之曰：以苦乐为究竟，而善恶则以苦乐之广狭为分。”[②]追求快乐幸福避免受苦是人的最终目标。同时，严复认为人类作为一种生物，自求生存和食色之欲等等的生理欲望是不可避

① 严复：《〈原富〉按语十一》，《严复集》（四），中华书局1986年版，第859页。

② 严复：《天演论》，《严复集》（五），中华书局1986年版，第1359页。

免的，社会也恰恰是以此为基础而建立而发展起来："饮食男女，凡斯人之大欲，即群道之四维。缺一不行，群道乃废。"[①]这句话是亚当·斯密所言，严复引而述之，肯定了人拥有七情六欲的正当性。对此，冯契先生曾加以指出："严复真心诚意地认为，个人求生存，求感性快乐，求满足欲望，是'群道'的基础。"[②]就此而言，严复的理欲观与宋明理学的极致（典型的表述是"存天理灭人欲"）距离颇远。

但是严复所说的人欲不是不加节制的恣意纵欲，而是合理的欲望，近乎荀子所说的"节欲"。他说："欧洲之所谓教，中国之所谓礼，礼之立也由人，亦曰必如是而后上下安，人物生遂，得最大幸福焉耳。……圣人制礼者也，贤者乐礼者也，二者皆知其所以然而弗畔。虽然，弗畔矣，然亦可以为其达节。"[③]所谓"礼之立也由人"，可以解释为礼仪制度的订立是为了规范人欲的。合理的满足欲望（"达节"）也即意味着遵守合理的法则，限制自身不恰当的欲望。

严复以中国历史上理欲之辨中男女之欲这一颇大的问题为例来加以说明。他说："今夫中国之大防，莫重于男女矣。顾揣古人所以制为此礼之意，亦岂徒拂其慕悦之情，而以刻苦自厉为得理欤？则亦曰，夫妇者，生民之原也。夫使无别，将字乳之劳莫谁任也。且其效于女子最不利，惟其保之，欲其无陷于不利也，故其为礼，于女子尤严，此诚非无所为而设者矣。"意思是，在男女关系上制定礼仪规范的一个目的显然是

① 严复：《译斯氏〈计学〉例言》，《严复集》（一），中华书局1986年版，第100—101页。

② 冯契：《中国近代哲学的革命进程》，华东师范大学出版社1997年版，第179—180页。

③ 严复：《〈法意〉按语》，《严复集》（四），中华书局1986年版，第1017页。

为了配合男女之欲（“慕悦之情”），不过，严复同时指出，礼仪制度也不是为了方便男女纵欲，其间还包含着确立男女各自的职责、保护女性的目的。欲不可纵的意图包含其中。至于后世“己则不义，而责事己者以贞”已经夹杂了男性的私欲，不再是礼的本意。

值得注意的是，在此，严复将理欲之辨转为了礼欲之辨。礼即理的制度化。严复进一步强调礼欲之间的统一。这种统一表现为人的欲望在增长变化的同时礼也应该与之俱进。他认为“礼（法）”应该是进化的：“此君子之所以时中，而礼法不累于进化。……止于愚不肖不然，或束于礼，而失其所以为和；或畔于礼，而丧气所以为安。”[①]就是说，严复认为，我们既不应拘束于礼法而丧失合理的人欲，也不应罔顾礼法而恣意纵欲，而应该做到礼（理）欲相“和”。这里值得注意的是，严复认为儒家（圣人、贤者）制定的礼仪制度是能够有效规范欲望的，从而一定程度上肯定了原始儒家的价值，是对原始儒家（比如荀子）的回归。但是，另一方面，原始儒家较多的认为礼仪制度一旦确立便具有了无上的合法性，难以更改。严复与时推移的观点是对儒家这种观点的更新。

从群己之辩的角度看，一方面，严复受到古典自由主义的影响，高度肯定个人主义，[②]另一方面，他又认识到当国家受到列强侵略之时，只有人人聚集为一个整体齐心协力，才有可能加以抵御。严复说：“特观吾国今处之形，则小己自由，尚非所急，而所以祛异族之侵横，求有立于天地之间，斯真刻不容缓

---

① 严复：《〈法意〉按语》，《严复集》（四），中华书局 1986 年版，第 1017 页。

② 胡伟希先生甚至认为个人主义是严复政治思想的逻辑起点。参胡伟希、高瑞泉等：《十字街头与塔——中国近代自由主义思潮研究》，上海人民出版社 1991 年版，第 90—95 页。

之事。故所急者，乃国群自由，非小己自由也。”[1]所以国家面临危难的时候，个人的利益、权利有必要有所舍弃，目的是为了群体之存活。严复说：“世之公例有三焉：一曰民未成丁，功食为反比例；二曰民已成丁，功食为正比例；而其三曰，群己并称，己轻群重。用是三者，群立种强；反是三者，群散种灭。”[2]在个人与群体相权衡的时候，个人有必要适当的牺牲而保存群体之存在。严复又以印度野象为例，象群中有专司察敌巡逻之象，此象是以保证象群之安危为本职，一旦遇到敌仇，此象先为抵御而死，警醒象群逃离。故严复有言“是知舍一己以为其群，岁在飞走之伦，有如是者矣。至于人当何如？”[3]先要维护群体之存在，而后才能有个人之权利的可能。严复更是将群体与个人融合在一起，群体之利益即是个人之利益，“使其幡然变计，先国而后身，先群而后己，则一身虽不必利，犹可以及其子孙。况夫处富强之国，其身之未必不利也哉，特一转移之间耳！”严复将个人消融在群体之中，认为求群体之利便是求个人之利。这其中无疑又有着儒家思想的影响。

问题的复杂性在于，严复实际上并未完全否定个人的价值。他认为个体之成色本质上决定了群体的素质。严复以砖瓦作喻来说明这个道理：“不观于圬者之为墙乎？与之意成之砖，坚而廉，平而正，火候得而大小若一，则无待泥水灰粘之用，不旋踵而数仞之墙成矣。由是以捍风雨，卫室家，虽资之

---

① 严复：《〈法意〉按语》，《严复集》（四），中华书局1986年版，第981页。

② 严复：《论胶州章镇高元让地事》，《严复集》（一），中华书局1986年版，第57页。

③ 严复：《论胶州章镇高元让地事》，《严复集》（一），中华书局1986年版，第57页。

数百年可也。使其为砖也，嵚　缺，小大不均，则虽遇至巧之工，亦仅能版之筑之，成一粪土之墙而已矣。”[①]这种思想的来源，一方面是自由主义，另一方面则是传统儒家的影响。儒家“为己之学”的传统明确指出在为群体服务之前，首先需要做的是把自己培养成才，在这个阶段，学习不是为了欲求名声，而是真正把自己塑造成人。同时也应该指出，儒家认为，培养自己的最好方式就在日用常行中，这就意味着群体维度的引入。换而言之，群体和个体之间形成了良性的互动。从以上引文中可见，严复群体和个体皆不误的态度深得儒学的精髓。

总体上看，儒家道德观贯穿严复思想始终。曾经学界的主流观点是认为严复的思想呈现全盘西化的特征，而现在一些学者则主张严复的思想是一贯前后的，不存在所谓的“早期全盘西化，中期中西折衷，晚期反动复古”的三个时期的断裂，确有所见。严复对儒学的迎与拒从一个侧面彰显了儒家的近代命运，也给我们留下了无尽的思索。

（汤　颖系上海师范大学哲学系硕士研究生
蔡志栋系上海师范大学哲学系副教授）

① 严复：《原强修订稿》，《严复集》（一），中华书局1986年版，第18页。

启蒙伦理场域中的国民想象

——兼论陈独秀对儒家伦理的批判与超越

○付长珍

在五四新文化运动的独特语境中，国民话语不止是一个政治术语、一套历史论述，而是一个社会、政治、道德纷争赖以展开的场域，一个话语冲突、权力与支配的文化空间，一个政治与社会的实践过程。由“家国”到“国家”的社会政治结构性变迁，使国民话语不断被聚焦、被放大、被追问：何谓“国民”？如何构建健全的国民形象？以陈独秀为代表的五四知识分子在深刻反思和批判儒家伦理传统的基础上，以革命的进化论和启蒙思潮为底色，用爱国、自由、平等、民主、人权、法治等观念要素，勾画了一幅现代公民的精神图像。他们希望从改造个体出发，由个体塑造走向群体更新再到整个社会的变迁，具有很强的现实启蒙意义。这种对国民话语的阐释与实践，又难免精英主义的启蒙困境，最终被卷入了历史的巨变沧桑。

“国民”话语是近代以来中国启蒙思潮演进的主题。民族主义意识的觉醒和建立现代民族国家的诉求是国民话语不断得以重构的重要思想前提。如何在现代民族国家的框架内，培育具有现代民主意识的新国民凝结了数代中国知识精英的共同追求与探索。由“家国”(天下)到“国家”的社会政治结构性变迁，使国民话语不断被聚焦、被放大、被追问：何谓国民，何谓好的国民，如何构建健全的国民形象？为建立强有力的现代民族国家，随着“群”、“社会”、“民族”等范畴的引入，个体必须通过国家这个新的政治文化共同体来确证自身的存在。[①]哈里森认为，传统中国人的自我形象是通过文化主义而不是民族主义得以界定的，前者基于一份对共同历史遗产以及共同信念的认可，而后者则建立在民族国家观念的基础上。[②]由此，国民人格的建构由如何成为天地间一个大写的人，转变为如何成为现代民族国家的合格成员？对国民话语的反省与阐释，既关涉中国现代性困境中的民族文化认同，也关涉汪晖的著名发问：全球化时代，我们如何做“中国人”？

从某种意义上说，一部中国近现代史就是对国民性进行检讨和改造的历史。五四一代知识分子肩负着救亡图存与思想启蒙的双重使命，既是追求个性解放的启蒙者，又是抵御外敌侵略的爱国者。徘徊挣扎于人权与主权的双重挑战中，陈独秀实现了从民族主义者到自由主义者的艰难蜕变。作为“五四运动的总司令”的陈独秀，在批判反思儒家伦理和国民性问题的基础上，提出了重构现代新国民的多重维度，拓展了国民话语的理论内涵，开启了中国国民性论争的新篇章。

---

① 徐复观指出：西方近代的“国”的观念，主要是政治性的，是政治力量集中的表现，所以，由国所发出的力量是坚硬强烈的。而中国之所谓国，乃是由氏姓之国进而为家族所连结而成之“国”，是以社会性为主的，是广大的家族社会的共同纽带。而从政治的观点看，中国人的国家观念最为薄弱，甚至说它是“一盘散沙”。但从社会性的观点来看，则中国人的国家观念，最为坚韧，有无限的持久力量。徐复观：《中国人对国家问题的心态》，《徐复观文集》第一卷，湖北人民出版社 2002 年版，第 168—169 页。

② 参见哈里森：《近代中国的民族主义》（*Modern Chinese Nationalism*），纽约市亨特学院现代亚洲研究所 1969 年版，第 2 页。

国民概念的理论建构

众所周知，许多描述中国现代思想的关键词都属于翻译词，且多从日语转译而来。“国民”一词亦不例外。“作为一个指涉特定价值与意义的现代政治概念，当前常用的‘国民’一语，却是十九世纪末、二十世纪初，中国知识分子自日本的汉字新词中辗转假借而成的政治术语。”在新文化运动的独特语境中，国民亦不止是一个政治术语，一套历史论述，而是一个社会、政治、道德纷争赖以展开的场域，一个话语冲突、权力与支配的文化空间，一个政治与社会的实践过程。总之，国民是一个语义含混的复杂概念，具有多重面相与形构。

中国古代虽然很早就有“国民”一词①，但近代意义上的国民却甚为晚成，诚如梁启超所说“中国人不知有国民也，数千年来通行之语，只有以国家二字并称者，未闻有以国民二字并称者”②。甲午战争后，空前深重的民族危机和优胜劣败的残酷现实，强烈地刺激着中国人国民意识的觉醒，“昔者不自知其为国，今见败于他国，乃始自知其为国也”③。对于20世纪初的中国来说，“有国民乎，无国民乎，此二十世纪之一大问题也。中国而有国民也，则二十世纪之中国，将气凌欧美，雄长地球，固可翘足而待也。中国而无国民也，则二十世纪之中国，将为牛为马为奴为隶，所谓万劫不复者也。故得之则存，

---

① 《左传·昭公十三年》中，即有“先神命之，国民信之”的说法。

② 梁启超：《饮冰室合集·文集之四》，中华书局1989年版，第56页。

③ 梁启超.：《饮冰室合集·文集之三》，中华书局1989年版，第67页。

舍之则亡。存亡之机间不容发，国民之不可少也如是。”[①]20世纪初知识界对国家、种族的认同已经超越了对王朝、君主的归属，“开通民智”、“塑造国民”已经成为众多知识分子的共同心声。

“国民程度不逮”问题，遂成为舆论界长期争论的一个中心话题。陈独秀洞察到中国国民意识的薄弱，1914年在文章中称：今吾国之患，非独在政府。国民之智力，犹面面观之，能否建设国家于二十世纪，夫非浮夸自大，诚不能无所怀疑。要想达到社会政治革命的成功，就必须首先重新塑造国民意识，使之与社会政治革命所达成的新制度相适应。这也是陈独秀、胡适和鲁迅等五四精英人物比较普遍的想法，他们将一代人的努力方向引导到思想文化启蒙和国民性批判上来。

在陈独秀看来，真正要救国，唯有再造国民，再造国民应从造就一代“敢于自觉勇于奋斗之新青年”开始。五四启蒙者选择青年作为启蒙的首要对象，将青年国民视之为国民中强有力的部分。陈独秀在《青年杂志》发刊词中写道：“予所欲涕泣陈词者，惟属望于新鲜活泼之青年，有以自觉而奋斗耳。自觉者何？自觉其新鲜活泼之价值与责任，而自视不可卑也。”在《吾人最后之觉悟》一文中称：“此觉悟维何？请为我青年国民珍重陈之。”从青年之精神解放入手而改造国民性的启蒙主义，构成了陈独秀重塑理想新国民的重要前提和基本语境。

1. 国民之自觉心

所谓自觉，就是一种自我反思、自我觉醒的能力。通过思

① 《说国民》，张枬、王忍之主编：《辛亥革命前十年时论选集》第一卷，三联书店1960年版，第74页。

想和文化启蒙，来增强国人的自觉意识，是五四时代知识分子一场集体共鸣式的政治觉醒。“唯有自觉，性灵于是乎广远，人道于是乎隆施，人间之意识于是乎启发，人类之光荣乃显焉。无自觉者必无国家，有之亦犹丧源之水，其涸固旦暮间耳。”[①]国民对于政治上的自觉，兴国不在国家，而在国民之自觉。

在陈独秀看来，爱国心是情感的产物，而自觉心是理智的产物。“爱国者何？爱其为保障吾人权利谋益吾人幸福之团体也。自觉者何？觉其国家之目的与情势也。是故不知国家之目的而爱之则罔，不知国家之情势而爱之则殆，罔与殆，其蔽一也。”[②]只有把自觉心与爱国心结合起来，才是真正的爱国，才是现代的自觉的爱国主义。

对于陈独秀一代的五四启蒙知识分子来说，爱国主义必须符合启蒙的基本价值，其民族主义更多的是一种基于启蒙价值的公民民族主义或公民爱国主义[③]。他们以民主主义诠

① 旒其：《兴国精神之史曜》，张枬、王忍之编：《辛亥革命前十年间时论选集》卷三，三联书店1978年版，第298页。

② 《爱国心与自觉心》，《甲寅杂志》第一卷第四号，1914年11月10日。1915年8月，李大钊发表题为《厌世心与自觉心》的文章，对陈独秀的《爱国心与自觉心》一文作了评论，认为陈文厌世之心嫌其太多，自觉之义嫌其太少，并进而对自觉的含义作了发挥。他认为：“自觉之义，即在改进立国之精神，求一可爱之国家而爱之，不宜因其国家之不足爱，遂致断念于国家而不爱。更不宜以吾民从未享有可爱之国家，遂乃自暴自弃，以挤于无国之民，自居为无建可爱之国之能力者也。”因此，“吾民今日之责，一面宜自觉近世国家之真意义，而改进其本质，使之确足福民而不损民，民之于国，斯为甘心之爱，不为违情之爱。一面宜自觉近世公民之新精神，勿谓所逢情势，绝无可为，乐利之境，陈于吾前，苟有为者，当能立致。惟奋其精诚之所至以求之，慎勿灰冷自放也。”《李大钊文集》上册，人民出版社1984年版，第146、149页。

③ 张灏：《重访五四——论五四思想的两歧性》以中国当时的国势环境而论，几乎每一个知识分子都多多少少是一个爱国主义者。即令陈独秀，当时深感爱国主义的情绪有干扰中国人的思想自觉和启蒙，也不得不承认他在原则上赞成爱国主义。可是，民族主义有别于爱国主义，前者是指以民族国家为终极社群与终极关怀的思想与情绪。就此而言，我们很难说，五四的思想空气是受民族主义的全面笼罩。因为，刻意超越民族意识的世界主义，也是五四新思潮的一个特色。

释民族主义，以自由民主的政治原则为民族国家认同的基础，民族国家作为文化共同体的意义被不同程度地弱化或消解。

2. 政治与伦理的双重觉悟

陈独秀提出要提高国民的基本品性，争取有一国国民之资格，进而造就国民的觉悟，从政治的觉悟到伦理的觉悟，这些构成了陈独秀改造国民性的一整套目标层次说。陈独秀在《吾人最后之觉悟》中，对促使国民觉悟这一启蒙的直接目标，做了全面、明确的阐述。

"自西洋文明输入吾国，最初促吾人之觉悟者为学术，相形见绌，举国所知矣；其次为政治，年来政象所证明已有不可守缺抱残之势。继今以往，国人所怀疑莫决者，当为伦理问题。此而不能觉悟，则前之所谓觉悟者，非彻底之觉悟，盖犹在惝恍迷离之境。吾敢断言曰：伦理的觉悟，为吾人最后觉悟之最后觉悟。"①

陈独秀通过对中国现代化在挫败中艰难行进历程的反省，提出国民觉悟由学术而政治，再到伦理渐次演进的过程，揭示了中国现代性启蒙的历史逻辑。陈独秀的"伦理的觉悟论"之启蒙主义是通过剖析文化根源而展开的。高力克认为，陈独秀的启蒙主义，表征着晚清以来变革思想由政治而文化的激进化。通过对中国现代化过程的反思，陈独秀认识到，文明是整体的，对于富强的西方现代文明之树来说，船坚炮利是其枝叶，宪政制度是其树干，而价值观念才是其根基。没有多数国民之价值观念的转变，共和制度就成了无本之木。以道德革新之"伦理的觉悟"为"彻底的觉悟""最后觉悟之最后觉

① 陈独秀：《吾人最后之觉悟》，《青年杂志》第一卷第六号。

悟”，表明了陈独秀之注重思想改造的唯文化论取向。[①] 傅斯年进一步将此发展为“四觉悟说”：“中国人从发明世界以后，这觉悟是一串的：第一层是国力的觉悟；第二层是政治的觉悟；现在是文化的觉悟，将来是社会的觉悟。”[②]傅斯年将关注的重心放在了社会的觉悟上，认为只有以社会的培养促进政治，才算有彻底的觉悟了。陈独秀敏锐地洞察到，近代文明的核心乃在于风俗教化，在于自由平等的核心价值理念。“无论古今东西，只要是教化之国，皆可谓文明。但近世文明却为欧洲所独有，即西洋文明。”[③]所谓伦理的觉悟，正是一种呼唤新的文明形态的自觉，通过政治、文化的启蒙，让国民意识到除了器物、制度层面的改造之外，真正关乎民族复兴的是文明深层的价值与伦理。

通过对西方民主主义理论的深入思考和探索，陈独秀意识到民主政治不能停留在一个外在的架构上，否则很容易蜕变为走向独裁复辟的工具，要实现国民在意识形态领域的合法性支持，必须经过一场彻底的思想启蒙运动，以实现国民意识的改造。从理想之民到现实之民的关注的转变，引发了公民意识的酝酿和新一轮国民性探讨的涌动。

现代国民的精神图像

陈独秀对现代理想新国民模式的探索，与他对传统国民

---

① 高力克：《新文化运动之纲领——论陈独秀的〈吾人最后之觉悟〉》，《天津社会科学》2009 年第 4 期。

② 傅斯年：《时代与曙光与危机》，载《傅斯年全集》第一卷，湖南教育出版社 2003 年版，第 349—350 页。

③ 陈独秀：《法兰西人与近世文明》，《青年杂志》创刊号。

劣根性的深刻剖析和无情鞭策紧密相连，构成了“一体两面”的格局。面对日益严重的民族危机，陈独秀苦苦求索着中国衰败的根源和出路，“我越思越想，悲从中来，我们中国何以不如外国，要被外国欺负，此中必有缘故。”[①]1901—1902 年，陈独秀连续两次东渡日本，在那里接触到西方的政治社会学说，认识到“凡是一国的兴亡，都是随着国民性的好歹转移。”陈独秀在《东西民族根本思想之差异》和《我之爱国主义》等文章中，将国民性问题的讨论推向了一个新的语境，国民性被放大为中国传统文化的同义语。

中国何以不发达，“则以吾国民性固有绝大之数弱点在焉”。陈独秀据此提出了“伦理革命”的呼吁，他断言：“继今以往，国人所怀疑莫决者，当为伦理问题。”“中国的国民缺乏自我意识，必须通过启蒙教育唤醒他们。”[②]陈独秀参照近代西方国家和市民社会中具有独立人格、自由意识和民主精神的现代人特质，建构了一种以个人主义为本位的新国民。

1. 国民独立自主之人格

要造成新的国家，必须有新的国民。要造成新的国民，必须对长期缠绕国人的奴性民进行改造，使之以个人的自觉承担身为国民的责任。“吾尝观中国之民，未尝不喟然而太息也，不论上下，不论贵贱，其不为奴隶者盖鲜。试观所谓士、所谓农、所谓工、所谓商、所谓官吏，有如吾所谓国民者乎”，“故卒举一国之人而无一不为奴隶，即举一国之人而无一可为国民。”[③]围绕

---

① 《说国家》，1904 年 6 月 14 日，《安徽俗话报》第五期，署名：三爱。任建树主编：《陈独秀著作选编》第一卷，上海人民出版社 2009 年版，第 44 页。

② 见蔡元培为《国民》杂志所作的序言，《国民》1919 年第 1 期，第 1 页。

③ 未署名《说国民》，国民报第 2 期，1901 年 6 月，《时论》第一卷上册，第 74、77 页。

如何除去“奴隶根性”和造就理想的国民之关系，启蒙思想家进行了深入的思考和讨论，成为一种时代性的潮流。

麦孟华在其著名的《说奴隶》[①]一文中对中国国民的奴隶性格做了精辟阐述。[②] 与麦氏着重揭露精神之奴隶的本质不同，梁启超在《中国积弱溯源论》(1901 年 3—5 月)中更为立体地呈现了奴性意识和卑劣丑态。陈独秀侧重从封建伦理的忠孝节义对奴隶性进行批判。“忠孝节义，奴隶之道德也。”[③]陈独秀在《敬告青年》中提出要“打到奴隶主义，争取自主自由之人格”，人都有平等的自由自主权利，丧失了自由权利的人就沦为奴隶。“解放云者，脱离夫奴隶之羁绊，以完其自主自由之人格之谓也。我有手足，自谋温饱；我有口舌，自陈好恶；我有心思，自崇所信；绝不认他人之越俎，亦不应主我而奴他人：盖自认为独立自主之人格以上，一切操行，一切权利，一切信仰，唯有听命各自固有之智能，断无盲从隶属他人之理。”[④]陈独秀揭示出自由的本质就是保全自主之权利和独立人格，用自己的自由意志支配行动，以使中国人从臣民转变为公民，从近代统治者的奴隶变为近代意义上独立自主之人。

2. 自由平等之权利

自维新运动始，西方的自由理念一直是拨动中国知识分子的思想引擎。“自由者，天下之公理，人生之要具，无往而不适者。”梁启超指出“不自由毋宁死”，斯语也，实十八世纪中，欧美诸国民，所以立国之本源也。

---

① 《清议报》1901 年，第 69 期。

② 参见张锡勤：《麦孟华思想简论》，《求是学刊》2004 年第 1 期。

③ 《偶像破坏论》，《新青年》第五卷第二号，1918 年 8 月 15 日。《陈独秀著作选编》，第一卷，上海人民出版社 2009 年版，第 422—423 页。

④ 陈独秀：《敬告青年》，《青年杂志》第一卷第一号，1915 年 9 月 15 日。

陈独秀将“主张公理，反对强权”作为《每周评论》的办刊宗旨，在发刊词中，强调“凡合乎平等自由的，就是公理；倚仗自家强力，侵害他人平等自由的，就是强权”。据此，他高度评价美国总统威尔逊为世界上第一个好人，并将其演说归纳为两个主义：第一，不许各国拿强权来侵害他国的平等自由；第二，不许各国政府拿强权来侵害百姓的平等自由。[①] “公理”成为五四思想家极为推重的核心概念，是启蒙运动的普适原则。公理不仅是公民民族主义的基础，而且是连接自由主义、公民民族主义和世界主义的纽带。在宪政危机和民族危机并存的历史语境中，五四公民民族主义以“公民国家”连接自由主义与启蒙主义，在启蒙价值“公理”框架中处理自我与国族的认同问题，这一内争“人权”和外争“主权” 的“公理”，成为启蒙知识分子处理内政和外交问题的普世原则。[②]

陈独秀极为推崇西方的“人权”理念，“西洋所谓法治国者，其最大精神，乃在法律面前，人人平等，绝无尊卑贵贱之殊”。[③] 平等乃是民主政治的前提，是西方立国之基础。中国要实现民主政治，只有铲除国民心中驻扎的“礼治”等级观念，才能确立国民人权平等之地位。“因为民主共和的国家组织社会制度伦理观念，和君主专制的国家组织社会制度伦理观念全然相反——一个是重在平等精神，一个是重在尊卑阶级”，两者不可调和。[④]

---

① 陈独秀：《每周评论》第一号，1918 年 12 月 22 日。署名为只眼。

② 高力克：《新文化运动之纲领——论陈独秀的〈吾人最后之觉悟〉》，《天津社会科学》2009 年第 4 期。

③ 陈独秀：《宪法与孔教》，《新青年》第二卷第三号，1916 年 11 月 1 日。

④ 《旧思想与国体问题——在北京神州学会讲演》，《新青年》第三卷第三号，1917 年 5 月 1 日。

3. 个人主义之本位

陈独秀在《东西民族根本思想之差异》一文中，盛赞西方个人主义。个人主义是西方民族的根本精神。西洋民族，自古以来都是彻头彻尾的个人主义之民族，一切伦理、道德、政治、法律、社会向往、国家诉求，都是拥护个人之自由权利与幸福。“个人之自由权利，载诸宪章，国法不得而剥夺之。”国家利益、社会利益名义上与个人主义相冲突，实际上是以巩固个人利益为本因的。而东洋民族乃宗法社会，以家族为本位，而个人无权利，一家之人，听命家长。宗法制度乃是损坏个人独立人格、窒碍个人自由、剥夺平等权利、戕贼个人生产力的罪魁祸首。因此，“欲转善因，是在以个人本位主义，易家族本位主义”。[①] 通过发动伦理革命，倡导以契约性的公民伦理更替身份性的家族伦理，以消除传统的伦理异化而实现人的个性解放。

陈独秀激进昂扬、力抗社会的外倾精神和豪杰情怀，既受到日本启蒙先哲福泽谕吉的影响，又有对德国尼采、意大利的马志尼的推崇，他的立论中心还是西方的个人本位主义，尤其是来自法国的“惟民主义”人权思想。陈独秀关心的是社会能否保证个人才智的正常发挥，能否保障个人的自由与独立。“国家利益，社会利益，各与个人主义利益相冲突，实以巩固个人利益为本因也。”[②]他希望从改造个体出发，由个体塑造走向群体更新再到整个社会的变迁，具有很强的现实启蒙意义。但是陈独秀将现代民族国家的建构仅仅寄托在人的自我改造上，其结果难免精英主义的启蒙困境。

---

① 陈独秀：《东西民族根本思想之差异》，《青年杂志》第一卷第四号，1915年12月15日。

② 《陈独秀文章选编》上册，三联书店1984年版，第239页。

伦理革命与国民再造

如果说在梁启超那里，更多强调的是个人对国家民族的责任与义务，在开启民心、启迪民智的过程中强调了“利群”的思想力量，而对“国民性改造”结果的失望，使陈独秀告别了思想文化启蒙，转而倾向于“国民运动”的中介作用，促使他最终走向革命道路。

陈独秀已将民族主义思想压到了最低，倾心于民主的个人主义建设。在《新青年》创刊号上，他发誓要抛弃党派运动，转而从事国民运动。“吾国年来政象，惟有党派运动，而无国民运动也。……凡一党一派之所主张，而不出于多数国民之运动，其事每不易成就，即成就矣，而亦无与于国民根本之进步。吾国之维新也，复古也，共和也，帝政也，皆政府党与在野党之所主张抗斗，而国民若观对岸之火，熟视而无所容心；其结果也，不过党派之胜负，于国民根本之进步，必无与焉。”[①]因此，中国应该由党派运动进而为国民运动，从而在实践中培养国民的自觉意识，建立真正的民主政治。

陈独秀认为，要实现人的现代化，完成国民从“臣民”到“国民”的角色转换[②]，必须发展国民教育，提升国民素质。现代教育是实现人的现代化的根本途径，主要内容包括：“第一，

---

① 《一九一六年》，《青年杂志》第一卷第五号，1916年1月15日。《陈独秀文章选编》上册，三联书店1984年版，第199—200页。

② 关于臣民与国民的区分，法国启蒙思想家狄德罗说：“在严格的意义上来理解臣民这个词，而在最广泛的意义上来理解公民这个词，并且考虑到后者仅仅与法律相联系，前者则与一个君主相联系。这两种人同样服从命令，但是后者是服从一个道德实体的命令，前者是服从一个肉体的命令。公民这个名称既不适用于屈服地活着的人也不适用于孤立地活着的人”。北京大学哲学系外国哲学教研室编译：《十八世纪法国哲学》，商务印书馆1963年版，第423页。

当了解人生之真相；第二，当了解国家之意义；第三，当了解个人与社会经济之关系；第四，当了解未来责任之艰巨”①。教育应当德智体并重，“德意志及日本虽以军国主义闻于天下，然其国之隆盛，盖不独在兵强，其国民教育方针，德智力三者未尝偏废。”②“现今欧美各国之教育，罔不智德力三者并重而不偏倚，此其共通之原理也。”以此，他尖锐批判了中国传统教育的落后和不切实际，认为对体育教育的长期忽视是造成国人身体羸弱的重要因素。“我中国的教育，自古以来，专门讲德育，智育也还稍稍讲究，惟有体育一门，从来没人提倡（射御虽是体育，但也没人说明），以至全国人斯文委弱，奄奄无生气，这也是国促种弱的一个原因。”③国人若精神上失去了抵抗力，便无人格可言，身体上缺少抵抗力，便沦为行尸走肉。“余每见吾国曾受教育之青年，手无缚鸡之力，心无一夫之雄；白面纤腰，妩媚若处子；畏寒怯热，柔弱若病夫；以如此心身薄弱之国民，将何以任重而致远乎？”④抵抗力之薄弱，是造成吾国衰亡的最深最大之病根。因此，必须增强国人的抵抗力，使个人在改造社会中获得自新的能力，陈独秀提出了一系列教育方针，更新了国民教育的理念与方法。

首先是变理想主义为现实主义，是拯救贫弱民国教育的第一方针。其二以人民为主人，以执政为公仆的惟民主义；其三职业主义，欧美各国的教育，都注重职业。“东方教育所重

---

① 《新教育是什么?》，《新青年》第八卷第六号，1921年4月1日。

② 《今日之教育方针》，《青年杂志》第一卷第二号，1915年10月15日。《陈独秀文章选编》上册，三联书店1984年版，第170—171页。

③ 《王阳明先生训梦大意的解释（一）》，1904年11月21日。《安徽俗话报》第十六期，第95页。

④ 《今日之教育方针》，《青年杂志》第一卷第二号，1915年10月15日。《陈独秀文章选编》上册，三联书店1984年版，第174页。

的是神圣而无用的幻想；西洋教育重在直观自然界的现象，训练日常生活的技能，我们中国教育，若真要取法西洋，应该弃神而重人，弃神圣的经典与幻想而重自然科学的知识和日常生活的技能。”[①]在陈独秀看来，大力发展教育既是培养国人人格尊严，促进国民身心健康的主要途径，也是实现民族独立富强的必由之路。在《中国式的无政府主义》一文中，陈指出："我敢大胆宣言：非从政治上，教育上，施行严格的干涉主义，我中华民族底腐败堕落将永无救治之一日；因此我们唯一的希望，只有希望全国中有良心，有知识，有能力的人合作起来，早日造成一个名称其实的‘开明专制’之局面，好将我们从人类普遍资格之水平线以下救到水平线以上。”陈独秀再度重复了严复、梁启超由“开民智”的启蒙而走向“开明专制”的思想历程。

结　　语

陈独秀在深刻反思和批判儒家伦理传统的基础上，以革命的进化论和启蒙思潮为底色，用爱国、独立、自由、平等、民主、人权、教育、法治等观念要素，勾画了一幅现代公民的精神图像，即“自主的而非奴隶的；进步的而非保守的；进取的而非退隐的；世界的而非锁国的；实利的而非虚文的；科学的而非想象的”。但这种由精英通过思想启蒙来培育公民的理路，不免是一厢情愿的美丽神话。如张灏所指出的：一方面我们的社会需要群体的凝合，另一方面，需要个人的解放；一方面我

---

① 《近代西洋教育——在天津南开学校演讲》，《新青年》第三卷第五号，1917年7月1日。《陈独秀文章选编》上册，三联书店1984年版，第359页。

们的国家需要对外提高防范和警觉，强调群体的自我意识，另一方面文化发展需要破除畛域，增强群体对外的开放性和涵融性，谁能否认这些不同方面的要求，在现代中国现实环境中，是一种两难困境？[1]

这场由国民观念的论述所引发的新文化变革运动及其赖以存在的历史语境与思想脉络，一起触发了近代以来个体解放与精神发育的潜能。但个人的自由与权利，始终屈从于群体的权利与自由之下，国民其实兼具两个不同的身体，作为个体的身体和作为集体的身体，而作为集体的国民身体总是优先于作为个体的国民身体。虽然国民与国家之间相互成就，但在对国民的一片颂扬声中，实质上是对国家神话的膜拜。国家作为国民之整体，具有国民赋予的政治正当性与道德权威，对个体享有支配与控制权。正如法国思想家托克维尔所言："国民作为整体，拥有一切主权权利；每个公民作为个人，却被禁锢在最狭隘的依附地位中；对前者，要求具有自由人民的阅历和品德；对后者，则要求具有忠顺仆役的品质。"[2]由此，国家以其超越性的价值信仰与情感力量，将知识精英建构国民话语的理论与实践卷入了历史的巨变沧桑。

（作者系华东师范大学哲学系教授）

① 张灏：《重访五四——论五四精神的两歧性》，《开放时代》1999年三、四月号，总第127期。

② 托克维尔：《旧制度与大革命》，冯棠译，商务印书馆1992年版，第202页。

破旧与立新
——李大钊的道德革命之路

○黄　勇

反对旧道德，提倡新道德成为五四新文化运动的重心。对封建伦理文化的批判成为他们道德革命的共同出发。而这一批判正是为了从更高更深的层面寻找设计新的伦理文化和社会道德理想的途径。但由于各自的价值观念的取向的不同，导致他们不同的设计线路和理想模式，也导致五四新文化运动阵营的分化。一部分停滞在以资产阶级道德批判封建纲常伦理阶段；另一部分不断改变批判的武器，李大钊就是其中的典范。李大钊的道德革命之路是一个动态的发展过程，本文揭示李大钊对孔门伦理的多层批判，通过中西伦理文化的比较，从而提出"劳工神圣"的新伦理。李大钊的新伦理观直接滋润了瞿秋白、毛泽东等中国共产党早期领袖人物的伦理思想，更为社会主义的道德建设提供了价值导向。

李大钊的道德革命之路经历了两个阶段：新文化运动初期，他连续发表了《宪法与思想自由》（1916 年 12 月）、《孔子与宪法》（1917 年 1 月）、《自然的伦理观与孔子》（1917 年 2 月）等文章，以进化论和资产阶级民主思想为武器，突出了道德的时代性，揭示孔门伦理束缚了人的个性、泯灭了人的理性，论证孔门伦理与宪法和现代社会生活之要求是格格不入的；指出孔门伦理与封建专制制度的内在联系，强调孔门伦理在现代的国家和社会生活中将被淘汰的必然，促发人们认识到封建伦理的落后性和社会危害性。但并未揭橥孔门伦理的封建阶级本质和社会根源。

自五四新文化运动后期开始，李大钊认为有必要“用一番严密的思考去研究这道德问题”，从根本上打倒“孔子主义”，他先后写了《我的马克思主义观》（1919 年 5 月）、《物质变动与道德变动》（1919 年 11 月）、《由经济上解释中国近代思想变动的原因》（1920 年 1 月）等重要论文[①]，以马克思主义的唯物史观为指导，深刻揭露了孔门伦理的阶级本质，指出封建社会长期赖以存在的农业经济组织和专制制度必将崩溃颓废和“劳工神圣”的新伦理将建立的历史必然性，从而把五四时期的道德革命推入一个新阶段，即由资产阶级道德与封建伦理的较量转向无产阶级的新伦理与封建伦理的斗争。

孔门伦理的多层批判

1. 孔门伦理的封建性

李大钊早期接受了进化论，尤其是发展观点，认为道德是宇宙中自然现象的一种，它应随着人类社会的渐次进化而变动，意识到道德是发展变化的而不是千古不变的。他用进化论批判中国封建伦理道德时，主要针对历代君主专制政治制度下的孔子，认为孔子生于专制之社会、专制之时代，因而孔子根据当时的社会要求和政治制度，创立了以仁为主要内容

---

① 《李大钊选集》，人民出版社，1959 年 5 月版；《李大钊文集（上下）》，人民出版社，1984 年版；《李大钊全集（1—5）》2006 年 3 月版。本文的引文主要源于《李大钊文集》。

的道德价值体系，这种伦理道德“确是以代表其社会其时代之道德”、“确是以代表专制社会之道德”。这种道德是为专制政治服务的，成为封建社会历代专制政治的思想基础，“确是为专制君主所利用资以为护符”。因而孔子生于封建社会而建立的道德是封建时代的道德。这种封建时代的道德与现代生活和宪法是水火不相容的，因为“宪法者为思想之自由而设，非为皇帝、圣人之权威而设也；为生人之幸福天赐而设，非为偶像之位置而设也”，将孔子之道输入宪法之中，实际上“以数千年之残骸枯骨入于现代国民之血气精神所结晶之宪法，则宪法将为陈腐死人之宪法”，成为萌芽专制之宪法。

李大钊认为孔子学说之精神已不适于今日之时代精神。通过对孔子之道的揭露，他认为“古今社会不同，古今之道德之自异”。道德是时代的产物，现代民主政治和社会生活要有一种新的道德，孔门伦理不能适应现时代的要求，随着社会的发展迟早必归于消灭。

李大钊用进化论为武器抨击孔门伦理，揭示了道德是时代的产物，说明孔门伦理既不符合自然进化的原则，又阻碍了新道德和民主政治的产生和施行，因而他明确表示对孔门伦理“冒毁圣非法之名，亦所不恤也”。

李大钊用进化原则批判孔门伦理，提示封建伦理与封建专制政治的内在联系，指出了道德的时代性。这是五四新文化运动时期道德革命的共同认识。陈独秀对孔门伦理的批判的理论依据也是进化论，他认为宇宙间无论是物质还是精神，每时每刻都在发展变化，伦理道德也概莫能外。“孔子生于封建时代，所提倡之道德，封建时代之道德也，所重示之礼教，即生活状态，封建时代之礼教，封建时代之生活状态也。”他认定随时代的发展，社会的变迁，封建道德已成为腐败的东西，必然要被历史所抛弃，被资产阶级道德所取代。

无论是李大钊，还是陈独秀，这时期批判封建道德的理论武器都是资产阶级的进化论，所宣传的新道德都是资产阶级的道德观。因而在这一阶段的道德革命的对象和运用的武器以及所得出的结论基本上是一致的。从此意义上而言，它是近代道德革命的延伸，不同的是批判的力度强弱而已。

2. 孔门伦理的阶级性

新文化运动时期的道德革命在反对封建旧道德、提倡资产阶级新道德的新斗争中，起了思想催醒作用，指出了孔门伦理的封建时代性，然而并未揭示也不可能揭示孔门伦理的阶级性和社会根源，道德革命必须继续且深入，而促使五四时期道德革命转向的是李大钊。他在成为中国早期的马克思主义者后，用唯物史观为理论武器，分析孔门伦理之所以在中国存在的缘故，揭示了孔门伦理的阶级性。

他把中国人所谓纲常名教观概括为“孔子主义”，把封建伦理道德称为“孔门伦理”。李大钊认为孔门伦理是权力与义务相分裂的畸形道德，在处理伦理关系时的道德要求是单向型的，即臣、子、妻、女子个性的泯灭和权利的丧失，君、父、夫、男人拥有绝对的权力，“总观孔门的伦理道德，于君臣关系，只用一个忠字，使臣的一方完全牺牲于君；于父子关系，只用一个孝字，使子的一方完全牺牲于父；于夫妇关系，只用几个顺、从、贞节的名辞，使妻的一方完全牺牲于夫，女子的一方完全牺牲于男子”，被统治者只有道德义务没有道德权利，只有服从没有独立，只有尊卑没有平等，只有奴性没有个性。孔门伦理损害了个体独立自主之人格，遏止了人的个性发展。

孔门伦理实际上是统治者的道德，“看那两千多年来支配中国人精神的孔门伦理，所谓纲常，所谓名教，所谓道德，那一样不是损害下以奉尊长？那一样不是牺牲被统治者的个性以事治者？那一样不是本着大家制度下子弟对于亲长的精神？”所说的治者与被治者就是经济利益对立的阶级，“具体讲来，地主、资本家是有生产手段的阶级，工人、农夫是没有生产手段的阶级”，孔门伦理就是反映封建地主阶级经济利益的道德要求。他指出“孔派的学说对于劳工阶级总是把他们放在被统治者的地位，作为治者阶级的牺牲”。这种牺牲不仅在经济利益上，而且表现在对劳动阶级的个性泯灭上，“被压服在下级地位的个性，都是为自居于上级地位者所束缚、踏践、屈抑、凌虐，下级的个性完全供上级的牺牲。”孔门伦理具有强烈的阶级性，不仅存在贱视劳工的心理，而且是“吃人”的道德。

李大钊运用马克思主义，揭示了“自太古土地共有制崩坏以来，凡过去历史、社会的经济构造，都建设在阶级对立之上”的事实，指出孔门伦理的阶级性，同时也说明了道德具有强烈的阶级性，正如恩格斯说的“社会直到现在还是在阶级对立中运动的，所以道德始终是阶级的道德”。李大钊运用马克思主义的阶级分析方法，揭示“劳动的阶级”与“治者阶级”的对立，说明孔门伦理是“治者阶级”的意识形态，因而劳动阶级要取得解放，必须废除孔门伦理，建立“劳工神圣的新伦理”，最终实现废弃阶级的“大同道德”。李大钊运用唯物史观对孔门道德阶级性所进行的分析以及提出的建立无产阶级道德，是当时道德革命论者没有做到也不可能做到的。孔门伦理的阶级性的揭示，使他认识到不能停滞于以资产阶级道德观来批判封建伦理，而要以无产阶级道德来批判直到取代孔门伦理，这样他自觉地把五四时期道德革命引入一个全新的阶段。

3. 孔门伦理的社会根源

五四运动前期，李大钊用进化论为思想武器揭示孔门伦理被淘汰的必然。孔门伦理为何不能适应于今日社会，为何必然被淘汰？这用进化论是难以说明的。这也是近代道德革命没有解决的难题。深入探讨孔门伦理的社会根源，揭示出孔门伦理赖以存在的社会基础，成为五四时期资产阶级道德革命和无产阶级道德革命的分界。李大钊最早接受了马克思主义，运用唯物史观对封建旧道德社会根源进行揭露和批判，鲜明地体现了五四时期道德革命的质的变化，实现了近代道德革命的根本性转变。

李大钊转变为马克思主义者以后，指出道德是精神的一种，道德的基础就是社会的经济组织，分析道德必须和社会的基础构造联系起来。他运用这一基本原理，揭示出孔门伦理赖以存在的社会根源，这就是"中国的大家族制度，就是中国的农业经济组织，就是中国二千年来社会的基础构造。一切政治、法度、伦理、道德、学术、思想、风俗、习惯、都建筑在大家族制度上作他的表层构造"。中国的农业经济组织，就是孔门伦理产生、运行二千余年的社会经济基础，这种经济基础在中国封建社会特别稳固和发达，"中国以农业立国，在东洋诸农业本位国中，占很重要的位置，所以大家族制度在中国特别发达"，这种特别发达的家族制度，就造成孔门伦理所以能支配中国人心有二千余年的原故。"因他是适应中国二千余年来未曾变动的农业经济组织反映出来的产物，因他是中国大家族制度上的表面构造，因为经济上有他的基础。"由于两千年来中国封建的经济基础没有改变，所以孔子灵前香火不断，孔子思想行久不衰。只要农业经济组织存在，孔门伦理就不会消亡，这种情况不仅从中国的历史状况可以充分反映，也可以从与中国有相似的农业国家获得印证。他说"不但中国，就是日本、高丽、越南等国，因为他们的农业经济组织和中国大体相似，也受了孔门伦理的影响不少。”李大钊把中国封建社会地主经济概括为“大家族制度”还欠准确，对农业经济基础分析也不够透彻，但从经济基础来分析孔门伦理支配中国社会思想二千多年，切中了要害，比同时代的其他思想家从思想本身分析思想的思维方式不知高明多少倍。

李大钊认为孔门伦理在中国产生、运行不仅有“农业经济组织”，而且有相应的社会政治基础即封建专制制度。李大钊指出“中国现在的社会，万恶之原，都在家族制度”，“中国一切的风俗、礼教、政治、伦理都以大家族制度为基础，而以孔子主义为其全结晶体”。孔门伦理基于农业经济组织反映了封建专制的道德要求，直接为维护封建专制统治服务。“从前的中国，可以说是没有国家，没有个人，只有家族的社会”，“原来中国的社会只是一群家族的集团，个人的个性、权利、自由束缚禁固在家族之中，断不许他有表现的机会”。在中国，专制政体是建构在宗法等级制及家族制度的社会基础上的，封建专制的惯性力量来自于以家族血缘关系为根基的宗法社会，在家族中，每个成员都置于一个高度系统化的等级名分框中，“以血缘为纽带的宗法制的存在，构成中国古代社会人际关系的天然形成。”“维系宗法关系，也就成了稳定人际关系、巩固社会等级秩序的重要途径。”李大钊指出中国的国情就是“要重视家族”，社会组织上的家族制度与政治上的君主专制制度相结合，“君主专制制度完全是父权中心的家族制度的发达体。”孔门伦理就是完全适应封建专制统治之需要的伦理。

李大钊揭示孔门伦理的经济基础和政治机制后，指出现在时代变了，“这个变动的原因，就是经济上有了变动”，不仅西洋的工业经济冲击了中国的经济，而且中国的经济发生了质的变化，民族资本主义经济有了长足的发展，那么依据他的

"经济上若发生变动，思想上也必然产生变动"的思想，他认为"首先崩颓粉碎的，就是大家族制度了"，"大家族制度既入了崩颓粉碎，孔子主义也不能不跟着崩颓粉碎了"。废除孔门伦理就成为时代的要求，而且"随着新经济势力输入的自由主义、个性主义，又复冲入家族的领土，他的崩颓破灭，也是不能逃避的运数。"因而中国的各种解放运动，既是废除封建专制的政治运动，又是打破孔门伦理的思想运动，尊孔复古不能改变今日的经济变化，也就无法挽救孔门伦理丧亡的历史命运。适应经济的新状态和社会的新要求的新伦理必然产生，"劳工神圣"的新伦理代替孔门伦理成为历史的必然。

对孔门伦理的分析与抨击，李大钊逐渐明朗了在政治革命与道德革命关系的思想路线：民主政治的建立离不开对封建伦理道德的批判，新的伦理必须以民主政治为前提。这同陈独秀等人的基本思路是不同的，即批判传统道德问题以解决民主问题，而不是通过民主建设以解决道德问题。林毓生称之为"借思想文化作为解决问题的途径"，这是"一种强调先进行思想和文化改革，然后才能实现社会和政治改革研究问题的基本设定。"

中西伦理的比较

在西方工商经济和西方文化不断输入的背景下，五四时期的道德革命的深入就触及到如何对待传统伦理文化这一核心问题。古今之争、新旧之激战，其实质就是如何对待传统伦理文化。因而在传统伦理文化的走向上产生两种截然不同的思想模式。一是传统主义，在五四时期表现为文化复古或守旧主义，代表人物是辜鸿铭、林琴南和杜亚泉。他们为了维护中国固有文化，拼命反对西方近代文化；一是反传统主义，五四新文化运动倡导者们认为传统文化是中国落伍的总根源，欲使中国独立富强，走向现代化，就必须反对传统伦理文化，学习西方资产阶级的近代文化。这两种思想模式的交锋在五四时期就表现为新旧思想激战。亦即中西文化之论争。

新文化运动者们通过中西文化比较，以西方近代文明为参照，进一步论证传统伦理文化的落后性。在对待中西文化的态度上，胡适认为中西文化只是古今之异；陈独秀主张中西文化是新旧之别；李大钊认为应对中西文化进行具体的分析和比较，才能明晓两种文化的缺憾及先进之处，不能简单地把中西文化孰优孰劣排个名次。因而他们对中西文化的不同价值取向，导致了他们在文化建设方向上的分野。胡适主张西化，陈独秀强调代替，李大钊在文化走向上既不同意国粹派的观点，也不赞成西化论或代替论的主张，强调“变人之文明为我之文明”，其中一个“变”字，清楚地反映出李大钊的文化走向的态度，即创造，不仅创造出一种新的文化和新的伦理，而且建设一个新的社会制度，由文化革命推入到社会革命。

1. 中西伦理文化的差异

中西文化是在不同文明条件和土壤中生长出来的两种价值体系，它们之间无疑有着巨大的历史差异性，要揭示这种差异性，只有对这两种文化进行比较研究。因而在五四时期，中西文化或东西思想的比较十分流行。

陈独秀于1915年12月发表《东西民族根本思想之差异》一文，把东西民族的思想差异归为三个方面：(1)西洋民族以战争为本位，东洋民族以安息为本位；(2)西洋民族以个人为本位，东洋民族以家庭为本位；(3)西洋民族以法治为本位，以实力为本位，而东洋民族以感情为本位，“以虚文为本位。”

胡适在《我们对西洋文明的态度》(1926年6月)和据此修改而成的《东西文化之比较》两篇文章中,从理智、道德、宗教方面进行了中西比较。就理智方面来说,西方文化是继续不断地寻求真理,东方文明是自暴自弃的不思不虑;就道德与宗教方面来说,(1)西方道德宗教的理智化和东方道德宗教的非理智化;(2)西方道德宗教的人化与东方道德宗教的非人化;因而他认为西方文化是基于西方人的"不知足"的观念,它是精神的文明,是真正理想主义的文明,决不是唯物的文明;东方文化的最大特点是知足和安守现状,它是真正唯物的文明。这种文明只可以遏抑而决不能满足人类精神上的要求。(3)西方道德宗教的社会化和东方道德宗教的非社会化。

李大钊对中西文化的比较,在时间上迟于陈独秀却早于胡适。他于1918年7月写了《东西文明根本之异点》一文,指出"东西阐明有根本不同之点,即东洋文明主静,西洋文明主动是也","吾人于东西文明,发见一绝异之特质,即动的与静的而已。东方文明之特质全为静的;西方文明之特质,全为动的"。由动与静的"绝异之特质"所决定,东西文化亦有多方面的区别,东方家族繁衍故行家族主义,西方社会家族简单故行个人主义;在婚姻方面,东方有一夫多妻之风,西方则行一夫一妻制;政治体制方面,东方向望英雄,其结果为专制政治,西方依重国民,其结果为民主政治;社会秩序上,东方人求治在使政象静止,维持现状,形成一种死秩序,西方人求治在使政象活泼,演成一种活秩序;反映到法律上,东方制定宪法多取刚性,赋以偶象之权威,期于一成不变,而西方制定宪法多取柔性,界以调和之余地。东西文化的诸种差异可以归结为:东方文化是自然的、安息的、消极的、依赖的、苟安的、因袭的、保守的、直觉的、空想的、艺术的、精神的、灵的、向天的、自然支配人间的；西方文化则是人为的、战争的、积极的、独立的、突进的、创造的、进步的、理智的、体验的、科学的、物质的、肉的、立地的、为人间征服自然的。这种差异造成对立的关系。这里李大钊对中西文化的差异分析与概括同陈独秀一样，不同的只是数量的多少而已，而无本质性的分别，也不能反映出李大钊分析的深刻。

李大钊的深刻在于对中西伦理文化即文化精神的透视上。李大钊认为“东西政俗之精神，本自不同。东方特质，则在自贬以奉人；西方特质，则在自存以相安”。“东人既以个性之生存为不甚重要，则事事一听之天命，是谓命定主义；西人既信人道能有进步，西人以满足自己为人生之本务；故东方之道德在个性灭却之维持，西方之道德在于个性解放之运动”。这里李大钊以自由为尺度，用自贬与自存、命定与创造、个性灭却与个性解放等对立价值取向，以对自由的抑扬毁誉为分野，揭示出中西文化精神的根本差异。同时李大钊认为“盖文明者，即人类本其民彝政治环境，而能战胜自然之度也。文明之人，务使其环境听命于我，不使其我奴隶于环境。至上创造，其次改造，其次顺应而已。”他把人对环境的主体地位，即人的自由作为文明进化的本质，把支配环境与顺应环境视为文明程度高下的根本标志，由此清楚而深刻地揭示了中西文化精神的优劣，这种文化精神的差异实以欧美文化为参照系而获得的。这种差异体现了文化的时代性。

中西文化精神的差异与优劣，使李大钊更深入地揭示出中国传统伦理文化根本缺乏自由精神及这种伦理文化的落后性和自身的缺陷。“就东洋文明而论，其所短约有数端：(1)厌世的人生面，不适于宇宙进化之理法；(2)惰性太重；

(3)不尊重个性之权威与势力;(4)阶级的精神视个人仅为较大单位中不完全之部分,部分之生存价值为单位所吞没;(5)对于妇人之轻侮;(6)同情心之缺乏;(7)神权之偏重;(8)专制主义之盛行。"传统伦理文化的缺陷反射到国民性上就是对自我的泯灭和理性的蔑却,"凡是皆以感情为主,不以理性为主",这是"国人第一弱点"。"国人第二弱点,在凡事好依腕力而争,不依法律而争。"言行任情随性而发,思想转换与行为调适往往一哄而起,一哄而收,变幻无常,实际上是缺乏独立性的表现。缺乏个性与自由的静的文化精神使民族精神日趋萎缩,因而"中国文明之疾病已达火热最高之度,中国民族之命运已趋奄奄垂死之期,此实无庸讳言。"中西文化的交锋,从实践层面上直射出中国传统伦理文化的落后性,"今日立于东洋文明之地位观之,吾人之静之文明、精神的生活,已处于屈败之势。"

李大钊、陈独秀通过中西文化或东西方思想的差异比较揭示出伦理文化的时代性,说明中国传统伦理文化的落后性与西方近代伦理文化的先进性,因而主张以新的代替旧的。陈独秀主为东西方民族在根本思想上是"水火不相容的"。在孔化与欧化之间"绝无调和而存的余地。吾人只得任取其一",主张以西方的民主与科学代替中国的专制与愚昧。李大钊认为应顺应时代的潮流,"竭力以受西洋文明之特点,以济吾文明之穷",才能使中华民族复活,在今日"动的世界"中求得生存和发展。李大钊的深刻与高明之处在于不仅强调文化的时代性,而且看到了文化现象背后的深层结构,克服了五四时期关于中国出路之争局限于东西文化之争而很少涉及经济发展水平的问题这样一个根本性的弱点。

“劳工神圣”的新伦理观

李大钊通过对孔门伦理的抨击，认识到为适应时代和社会生活的新要求，必须建立新的伦理道德。五四以后，他对新伦理提出了两个方面的总体性要求：一是适应现代的经济组织和社会的新要求，建立“劳工神圣”的新伦理；一是废弃以前的家族主义、国家主义的道德，确立共产主义道德理想，即个性解放与大同团结相统一的社会道德理想。这种新伦理既要反映时代的要求和劳工阶级的道德价值观，又代表人类社会道德发展方向。李大钊不仅论证了新伦理建立的历史必然性，而且对新伦理的本质内容和实现的根本途径作了具体的论证。“劳工神圣”新伦理的提出促进了五四时期道德革命的转向，也直接滋润了瞿秋白、毛泽东等中国共产党早期领袖人物的伦理思想。

1. 劳工阶级：新道德的主体

李大钊针对封建伦理高度泯灭人的个性的特征，指出它是一种非人的道德。资本主义社会，资本家利用占有的生产资料对工人进行双重压迫，造成工人的精神不自由、政治不平等，以及统治与屈服的关系，资产阶级的道德是私营的道德、占据的道德，其实质也是一种非人的道德。“劳工神圣”新伦理既否定封建道德泯灭个性的特质，又超越了资产阶级道德，它首先是“人的道德”，人是道德的主体，新道德的主体就是劳工阶级。

李大钊早期思想中蕴含着尊重民众和民众意愿的倾向，在圣人和群众的关系方面，他确立了“离于众庶，则无英雄”的正确认识。十月革命爆发后，他毫不犹豫地接受无产阶级思想，欢欣鼓舞地迎接这“新纪元的曙光”，热情颂扬十月革命是“世界劳工阶级的胜利”、“庶民的胜利”，认识到劳工阶级在社会革命和道德建设中的主体地位。因而他获取了一种新态度、一种新的价值观，提出了“劳工神圣”的口号。“劳工神圣”价值观念，表明了李大钊当时的阶级立场，他所要求建立的新伦理就是反映劳工阶级利益和要求的道德理想。

劳工阶级是新伦理的创造者和建设者，他们之所以能够创造新的伦理，因为他们从事生产劳动，不仅了解自然，而且明晓社会的本质及自身受压迫的原因，“至于人类社会的实质，他们也都了解。他们知道现在资本主义制度是使他们贫困的唯一原因，知道现在的法律是阶级的法律，政治是阶级的政治，社会是阶级的社会。他们对于社会实质的了解，恐怕比绅士阀的学者还要彻底，还要明白。”劳工阶级在劳动实践中既脱出神秘宗教的范围，又了解人类社会的本质，知道以往的道德都不是自己阶级利益的反映，因此他们不仅要创造一个崭新的社会主义，而且要建立且能建立反映自身利益要求的新伦理。李大利指出劳工阶级是未来社会主义的建设者，也是新伦理的创建者，只有他们才能创造、建设新的伦理道德。

新道德的主体是劳工阶级，而不是个人，也不是国家或社会。“劳工神圣”的新伦理和共产主义道德与封建家族主义、资产阶级国家主义道德在主体上有着根本区分。劳工阶级要真正成为新伦理的主体就必须通过社会革命取得主体地位，就应该为劳动阶级自身个性的发展和主体精神的弘扬创造社会条件；同时新伦理的建构和实践也有赖于劳工阶级主体意识的增强。李大钊由此提出应对劳工阶级进行教育，提高他们的素质和水平，提出了“把知识阶级与劳工阶级打成一片”的口号，知识阶级尤其是知识青年要深入农村、工矿，把现代的新文明，从根底输入到社会里面，提高劳工觉悟和认识，逐渐消除封建伦理的束缚和资产阶级道德的侵蚀，增强劳工阶级的道德责任感和社会使命感，“只要知识阶级加入了劳工团体，那劳工团体就有了光明”，新伦理的建立和实践就由可能转化为现实。

2. 个性解放与大同团结：新道德的本质内容

五四时期的道德革命促进了价值观的变革，集中体现为李大钊共产主义道德理想的确立。他根据马克思主义基本观点，认为近代有两个运动：一是个性解放，一是大同团结。“这个性解放的运动，同时伴着一个大同团结的运动。这两种运动，似乎是相反，实在是相成”。在他看来，个性解放运动和大同团结是统一的。个性自由与世界大同、人道主义与社会主义相结合，就是共产主义道德理想，也是“劳工神圣”新伦理的主要内容和本质特征，由此产生了他对“个性自由”等一系列道德理想的马克思主义的理解。

李大钊认为近代文明进步的历史趋向，可以归结为“解放”，解放的本质在于人的个性挣脱封建伦理和专制的束缚而获得自由发展的条件。个性解放就其内容而言是精神解放，“我们的解放运动第一声，就是‘精神解放’。”精神解放就是清除政治、礼教、风俗和资本主义社会制度所形成的人与人之间猜忌、仇恨的病态心理和悲哀、苦痛的变异情感，建立平等、协助、友爱的伦理关系和乐观向上的进取精神。劳工阶级要实现个性解放，既不能乞求统治者的恩赐，也不能央求人家网开三面，而要自己解放自己，“自觉他自己的权威，他自己在社会上的位置，取一种新态度”，这种新态度要求劳工阶级积极主动地投身于民族解放和社会行列，把民族的解放和振兴与自身的个性解放相结合，这样方能在解放的实践进程中确立个体的人生价值目标和行为的意义。

解放了的个性其主要任务就是充分发展自身的生命。他所主张的个性自由，不仅仅是单个人或部分人的自我发展，而是“为完成一切个性”。他强调个性发展要与民族自由相统一，这里他已认识到个体自由与群体自由的辩证关系，偏重或否定任何一方，就会造成专制主义，或极端的利己主义。这里我们可以寻觅到李大钊倡导的个性自由为何既没有导致像胡适主张的资产阶级个人主义，也没有流入狭隘的民族主义和无政府主义的绝对自由的深层原因。这是因为李大钊倡导的个性自由是建筑在马克思主义理论基础上的，他在基本价值取向上和马克思主义关于人的全面而自由发展的思想是相吻合的。它不仅指人生理想，而且蕴含着人的改造与社会的革命相结合的思想，它的现实化必须有经济和政治的自由作为保障，这就是说，个性自由只有在社会主义社会才能成为现实。

在中国近代化进程中，大同团结成为中国近代先进思想家们共同的社会理想。在洪秀全那里表现为农业社会主义，康有为那里表现为以近代生产为内容的资产阶级君主共和，孙中山那里表现为“人人平等”“以民为主”的三民主义共和国。李大钊的社会道德理想从早期的“青春中华”发展到中期的“少年中国”，最后转型到社会主义。他根据唯物史观和苏维埃的范例，结合中国的实际情况，一方面对社会政治经济模式作了总体设想，一方面对社会主义的伦理关系进行了一般性的勾勒。李大钊大同团结的社会主义理想的提出，既是对近代先进思想家的大同社会理想的承传和总结，又是科学社会主义中国化的开端。

李大钊认为社会主义在政治制度上应建立纯正的真实的

民主政治，他称之为“无产阶级的平民政治”或“无产阶级的民主政治”。“社会主义的目的即在破除统治与服属的关系”，民主政治的基本要求就是破除政治上的不平等，确立劳工阶级当家作主的的主体地位，“把政治上、经济上、社会上一切特权阶级，完全打破，使人民全体都是为社会国家作有益的工作的人”，变人的统治为物的管理，政治机关成为全体人民执行管理事务的工具，这样的政治才是民主政治。这种民主政治将通过革命与专政的方式替代中产阶级的少数人统治，尤其是在社会主义建立初期。随着阶级制度的消灭，民主政治的专政功能将发生一大变化，他的统治的意义，将以事物的管理代替人身的统治，因而民主政治的民主层面无论是广度还是深度将全面普及与深化，真正成为劳工阶级个性自由发展的政治保障。社会主义不仅要建立民主政治，更重要的是进行经济建设，因为“社会主义是要富的，而不是要穷的”，使劳工阶级过上一种很好的精神和物质的生活，社会主义经济组织首先要废除私有，打破一切奴役人和压迫人的经济特权，铲除国内掠夺阶级，建立公有制经济，集中资金、劳力与资源，实现生产的社会化。因而生产上的计划性和目的性，分配上的公正与合理就成为社会主义经济组织的在主要特征。这与当时革命知识分子群体中大多数人对社会主义理想的憧憬着眼于“按需分配”的经济平等，是截然不同的，也反映李大钊思想的深刻与高明。

李大钊主张在社会主义社会应该建立一种合理的社会伦理关系，这就是平等互助友爱的人际关系。它是建立在政治与经济的平等地位的基础上。在理想社会中应消除人际的猜忌、诽谤的心态，建立和睦友爱的关系，这是李大钊一生所渴求的。他坚信人类不是争斗地、掠夺地生存着，应该是互助、友爱地生活着，他以极大的热情在他的亲友、同事、学生、同志间践行这种友爱的精神。李大钊对理想社会的伦理关系的设想，显然受到托尔斯泰的博爱主义和克鲁泡特金互助论的感染，有人把它称为伦理社会主义或带有深厚的伦理主义杂质，却未体悟到李大钊所要建立的平等互助友爱的伦理关系，在内容上远远超越了他的思想渊源者，增添了新的内容和要求，而且明确指出，只有在社会主义才能实现真正平等互助友爱的伦理关系，同时也在历史的分析和现实的批判中，意识到合理的伦理关系对理想社会现实化进程的加速作用。这也是他进行道德革命的必然，因为道德革命的口号提出的着眼点，就是要建立一种合理的社会伦理关系。

个性解放与大同团结、人道主义与社会主义的统一体现了目的与手段、内在的精神价值与外在的功利价值的结合，李大钊通过对封建伦理的批判和资本主义道德的分析，认为社会主义体现了一种全新的个人与集体的关系，这与马克思关于个人与社会相互关系的三个历史阶段的理论是相一致的。李大钊提出的个性解放和大同团结相结合的共产主义道德理想，即"劳工神圣"的新伦理，既是中国近代道德发展的产物，又是马克思主义中国化的开端，它为中国先进分子进行道德建设和社会革命提供了价值导向。

3. 物质与精神的双重改造：新道德建设的根本途径

李大钊从道德革命的理论研究和实践进程中，提出了新伦理的建设与社会革命互为因果又互相促进的整体性变革思想。他认为新伦理的实现要进行物质与精神双重改造运动，主张"以人道主义改造人类精神，同时以社会主义改造经济组织。不改造经济组织，单求改造人类精神，必致没有效果。不改造人类精神，单求改造经济组织，也怕不能成功。"在道德建设的途径上他坚持物心两面的改造、灵肉一致的改造。

李大钊通过对道德本质的分析揭示了道德的基础就是社会的物质条件，认为改变旧道德、推行新道德必须从经济基础入手，否则“劳工神圣”的新伦理，只能空口谈论，无法现实化。基础改造就是“改造现代游惰本位、掠夺主义的经济制度”，推行勤工主义即社会主义，创造一种劳工神圣的经济基础，这样新伦理才有由理想转为现实的基础。李大钊把这种改良经济组织的方法称为“根本解决”，“经济问题的解决，是根本解决。经济问题一旦解决，什么政治问题、法律问题、家族制度问题、女子解放问题、工人解放问题，都可以解决。”新伦理的建立“必须有一个根本解决，才有把一个一个的具体问题都解决了的希望。”新伦理建立的第一步骤就是要进行社会革命，摧毁封建伦理的社会基础——农业经济组织和专制政治制度，推翻资产阶级道德的社会根基——资本主义私有制，建立社会主义的民主政治和公有经济，这样新伦理就有了坚固的社会基础。

针对“有些人误解了唯物史观，以为社会的只靠物质上自然的变动，勿须人类的活动，而坐待新境遇的到来”这种机械论倾向，李大认识到这种倾向的蔓延会使人放弃主体精神的发挥，因此新伦理建设的第二步骤就是消除封建伦理纲常对人们心灵的束缚和资本主义道德造成的畸形心理，“把那占据的冲动，变为创造的冲动；把残杀的生活，变为友爱的生活；把那侵夺的习惯，变为同劳的习惯；把那私营的心理，变为公善的心理。”精神的改造就是改造国民的劣根性，消除奴性和自私性，铸造主体性和公益意识，提高劳工阶级的思想觉悟和道德水准，把共产主义道德理想作为行为的价值目标。在中国这样落后的国度，新伦理的建设要求国人既有牺牲精神，又有革命精神，“拿出雄健的精神，高唱着进行的曲调，在悲壮的歌声中，走过这崎岖险阻的道路。”李大钊在这种积极奋进的人生价值观的引导下，投身于民族的振兴和人民的解放事业，以自己的革命实践和生命，为劳工阶级新伦理的实现树立了道德典范。

李大钊强调在新道德建设中，物质改造和精神改造相结合，一方面改变旧的经济关系和社会制度，建立新的经济组织和社会制度，为新伦理的现实化提供社会基础；一方面根除国民劣根性，培养劳工阶级主体精神，加速新伦理现实化的进程，在物质改造初期尤为重要。他对新伦理建设的社会根本途径的探索，蕴含着社会革命和道德革命相一致、社会道德理想的实现与理想人格的培养相结合的思想，对我们解决新时期商品经济发展与道德进步的关系问题具有方法论的意义。

（作者系文汇出版社高级编辑）

“儒学理性主义”精神传统的现代转型

——胡适、梁漱溟、冯契儒学观合论

○施炎平

本文立论是据于话语分析和文献梳理而揭示的儒学理性主义传统的历史存在和精神价值。着重在以胡适、梁漱溟、冯契为例，力图说明不同立场、不同观念、不同思路的儒学观，如何制约和影响了儒学理性主义在中国近代（现代）进程中的多元走向和诸种形态，以呈现传统儒学近代（现代）演变过程的丰富性、多彩性。

联系20世纪中国哲学演变的进程，“儒学理性主义”精神传统的承继和阐扬，是儒学近代命运中的转折点和闪光处。但按照“站在高级阶段回顾历史”的要求，我们还要善于区分儒学理性主义传统中的根源性因素与资源性价值，不仅看到现代新儒学的代表们以“返本开新”的姿态，推进儒学理性主义之根源性因素的梳理和重建，更要关注许多持马哲立场、甚至有西化倾向的学者也积极开展关于儒学理性精神传统的反思和总结，侧重探讨儒学理性主义的资源性价值及其现代转型。

据于这样的观念和思路，我认为20世纪中国的马、中、西三大思潮的代表，都没有回避如何对待儒家理性精神传统的遗产资源，而作出各自的回应。可以说，他们的儒学观虽各有不同，但在重建儒学理性精神传统的现代形态问题上仍有思想的交集。本文仅以胡适、梁漱溟、冯契为例，力图说明不同立场、不同观念、不同思路的儒学观，如何制约和影响了儒学理性主义在中国近代（现代）进程中的多元走向和诸种形态，以呈现传统儒学近代（现代）演变过程的丰富性、多彩性。

儒家“理性”：从话语观念到精神传统

尽管中国长期缺乏近代西方那样的理性概念，但早在汉代就有了理性一词的使用。《后汉书·党锢传序》在解释孔子“性相近，习相远”语时，称：“言嗜恶之本同，而迁善之途异也。夫刻意则行不肆，牵物则其志流。是以圣人导人理性，裁抑宕佚，慎其所与，节其所偏。虽情品万区，质文异数，至于陶物振俗，其道一也。”

旨在说明“圣人导人理性”，是发挥孔子“性近习远”之意，强调人们应注意刻削其意，约束自身行为，防止人心为物所累而导致志意消退。这样，人有理性，就在“慎其所与，节其所偏”，使人的主体要求与外在秩序相协调，思想行为应该有合“理”的根据。这不仅是中国“理性”的首例话语表述，而且开了儒家侧重于道德合理性意义上理解“理性”的先河，成为儒学理性主义精神传统的一个源头。

到了唐代，韩愈的《论语笔解》，更讲到：“天命之谓性。《易》者，理性之书也。先儒失其传，惟孟轲得仲尼之蕴。”（《为政》第二）把儒家的理性观念看成是由《周易》经孔子到孟子“一以贯之”的一种精神意蕴。

也许正是这样的理性理念，引起了西方人对儒家思想的精神价值的理解和认同。17 世纪的耶稣会士在翻译、介绍中国经典《中庸》时，就引入西方的理性观念，用“天赋予人的是理性”来解释“天命之谓性”，力图将西方的理性主义和儒家的理性精神相沟通。

18 世纪法国启蒙思想家伏尔泰就认为，孔子的思想原则是以“普遍的理性抑制人们的欲望”，还赋诗赞诵孔子“所言者惟理性。”

日本近代哲学家西周茂树则直接借用西方哲学史上的理性主义说法，来理解和诠释宋代儒学的精神特质，称：“宋儒和理性主义二者在说法上虽有不同，然也有酷似之处”，并由此断定：“理性就是理解道理的性能。”

从西方传教士，到近代西方的大思想家，再到东方哲学家，都有关于儒学理性观念的肯定和赞扬，似从一个重要侧面揭示了儒学理性主义传统的历史存在和精神价值。

五四新文化：以现代化视域看儒学精神传统

中国现代化进程的逻辑起点，应该是戊戌维新时期的启蒙思潮。五四新文化运动以来，许多思想家已提出“从文化上思考中国的现代化问题”，甚至有认为中国的现代化就是中国的文艺复兴。即如陈序经在三十年代时所说：“想着把中国的政治、经济、教育等改革，根本要从文化着手。”这是中国人觉醒、中华文化自觉的一个标志：当时的先进人士开始意识到，中国的现代化不是一个被动的单向性历史运动，而是既受欧风美雨的外来刺激，又有传统的现代转化的内生因素推动的双向互动过程。所以,所谓的全盘西化论,或复归中国文化本位论,并不是中国早期现代化思潮的主流。

梁启超的《新民说》是个典型代表。他称:“新之义有两:一曰淬历其所本有而新之;二曰采补其所本无而新之。”前一义讲的是提炼传统进而转化传统,后之义则主张采纳和吸收现代西方文明的资源。后来的《欧游心影录》更强调:“那西洋的文明来扩充我的文明,又拿我的文明去补救西洋的文明,叫他化合起来成一种新的文明。”同时也激发了梁启超进一步从中西文化的调和和融合的角度,去思考中国文化的未来发展。他看到,随着西方哲学、西方文化在中国的不断传播,西方思潮的价值意义正在于它和中国传统学理也有相通之处。梁启超曾断言:“最近提倡的实用哲学、创化哲学,都是要把理想纳到实际里头,图个心物调和。我想我们先秦学术,正是从这条路上发展出来,孔、老、墨三位大圣,虽然学派各殊,‘求理想与实用一致’,却是它们共同的归着点。”

胡适的观点非常有意思:五四时期他提出“研究学问,输入学理,整理国故,再造文明”,强调要“重新估定文化遗产的价值”,似乎是主张中西文化的融合的;同时又声称自己追求“一心一意的西化”或“全盘的西化”。但当时没有人把胡适归入“西化派”,而认为其是折中调和派。原因就在胡适一如人们用“取法乎上,仅得其中”的办法,来实现对传统文化惰性的“矫枉过正”。他这样解释他对中国本位文化观的批评:“中国旧文化的惰性实在大的可怕:我们正可以不必替‘中国本位’担忧,我们肯往前看的人,应该虚心接受这个科学工艺的世界文化和它背后的精神文明,让那个世界文化充分和我们的老文化自由接触,借它的朝气锐气来打掉一点我们的老文化的惰气和暮气,将来文化大变动的结晶品,当然是一个中国本位的文化，那是毫无可疑的。”

美国学者杰罗姆·格里德在所著《胡适与中国的文艺复兴》书中，曾评价处于思想巅峰状态的胡适，肯定他是“一位优秀的富有理性的人物。“这个评价是有根据的。在我看来，胡适所富有的“理性”，其渊源，除了他深受影响的西方实证主义、实验主义哲学以外，有选择地吸收中国理性精神的价值传统，也是个重要因素。

需要指出的是，胡适倡导“道德革命”，尖锐批判宗法专制和封建礼教，主要集中在孔家店、理学以理杀人、孝道、贞操观念等问题上。综观胡适的论著、文章，发现他很少甚至基本没有涉及对传统文化内涵之价值体系的批判和否定。事实上，胡适一直自我辩解，申称要将他五四时期批判礼教、打倒孔家店的言行与他尊重孔子、评价孔子相区别。诚如他 1929 年说到的：“新文化运动的一件大事业是思想的解放。我们当日批评孔孟、弹劾程朱、反对孔教、否认上帝，为的是要打倒一尊的门户，解放中国的思想，提倡怀疑的态度和批判的精神而已。”(《新文化运动与国民党》)与此同时，他公开申明：“我的思想变了，不疑古了，要信古了。”以致 1934 年，又发表《说儒》长文，称颂孔子为“应时而生的圣人”，“儒学中兴的领袖”，并具体阐述“儒”的思想演变和历史意义，不时透露出对儒学思想精神价值的眷恋。

这些主张，和胡适一贯把五四新文化运动理解为“中国的文艺复兴”是完全一致的。1933 年，他专文阐述中国文艺复兴的“目标和前途就是一个古老民族和古老文明的再生。”强调其宗旨在于用“新的现代历史批评和探索的方法来研究”自己民族的文化遗产，进而断言：“在这个意义上说，它也是一场人文主义运动。”

有意思的是，胡适讲中国的文艺复兴，在时间上往往前推至十一世纪的宋代。美籍华人学者唐德纲写《胡适口述自传》，就记载到胡适多次谈论要总结十一世纪以来800多年的"文艺复兴运动"，称颂宋儒发动的"伟大新儒学"，其关于道德与知识这两股思潮，最好的表达"便是程颐所说的'涵养须用敬，进学则在致知'。"以为这两句话是道破宋代理学的"真谛"，并指出前一句说的是提高道德的标准，后一句讲致思认知的途径方法，实际上是概括了儒学理性主义的精神内涵。难怪我们看胡适的《中国哲学史大纲》，看他的中古思想史研究，在对待儒学的态度上，很容易发现胡适批判的是儒学的独尊、权威化和专制倾向，力图揭示和呈现的是儒学内涵的人文意识、认知态度、致思方法和价值理念。

正是在这样的意义上，可以说胡适对中国哲学史研究的"明变"、"求因"和"评判"，对儒家思想遗产的价值重估，也应该包括他关于儒学理性精神传统的再思考和再评价，当然体现了胡适对儒学理性主义思想遗产的某种现代重建。

梁漱溟："儒家理性主义"的承继和重建

五四以后，为表达对所谓西化思潮的分殊和对峙，坚持文化保守主义立场，继续执着地追循儒家传统的"真精神"，重扬儒业大统的，梁漱溟是个典型代表。

梁漱溟的儒业重建，主要是通过承继和阐扬儒家的理性精神传统来实现的。从这样的意义上讲，梁漱溟当之无愧是现代新儒家"理性重建"事业的开创者。事实上，是梁漱溟明确提出："儒家假如亦有其主义的话，推想应当就是'理性至上主义'。"又认为"人莫不有理性"，"有见于理性之中国古人，其不能不兢兢勉励者在此。唯中国古人之有见于理性也,以为是'天之所予我者',人生之有意义价值在焉"。进而将这种理性至上主义断定为,二千年间中国人"在儒家领导之下养成的一种社会风尚,或民族精神",而"过去中国人的生存及其民族生命之开拓,胥赖于此。"

值得重视的是,梁漱溟不仅确认了儒家的精神传统在其理性主义,而且联系当时古今中西之争的背景,引入西方创化哲学、生命哲学的思想资源,重新解释儒家理性的概念内涵,推进儒家理性主义的近代转化。

首先,梁漱溟肯定了理性为人类的共同属性,并据此论证中、西文化之有差异性,但同时在精神价值层面上亦有内在相通性。

在许多人看来,《中国文化要义》主要讲中西文化之差异的。梁漱溟是以"集团生活的西方人"与"伦理本位的中国人"为中西社会之根本差别,又多次声称:"宗教问题实为中西文化的分水岭。"进而以"道德代宗教"为中国文化区别于西方的主要标志。但同时要看到,梁漱溟还提出理智与理性的区分,认为"理性、理智为心思作用之两面:知的一面曰理智,情的一面曰理性,二者本来密切相联不离。"并指出理性者"就从这里(指理智)不期而开出了无所私的感情",由此强调:"人类的特征在理性","故理性贵于一切。"

正是在"理性"这个基点上,梁漱溟找到了中西文化终究会在人性和生命意义的问题上的交集。请看梁漱溟所说:"因为中国人、西洋人同是人类,同具理性,所以,彼此之间到底说得通——我们的理他们承认,他们的理我们也承认。"可以说是梁漱溟把理性当作了沟通中国与西方文化精神价值的桥梁。

其次，据于对中西方理性的价值认同，梁漱溟重新总结和发挥儒家传统的理性观念，进而发展出一个儒家理性主义的近代形态。

在梁漱溟早期的文化哲学中，引入西方柏格森直觉主义哲学，与王学后学泰州学派的思想相沟通来解释理性，后来又吸收罗素为区别人之本能、理智而提出的“灵性”观念，联系人心的情意内涵，视理性是对人之伦理情谊的体认和践履，此即“理性者，要亦不外吾人平静通达的心理而已”。

事实上，从致思倾向和价值内涵上看，梁漱溟重新诠释的理性观念，只不过将西方近代哲学的价值理性思想，吸纳、充实进儒家传统道德论的框架，但毕竟，还是推动了儒家传统的理性主义，转化成近代色彩的道德理性主义。

第三，梁漱溟建构的道德理性主义，虽实现了儒学理性精神的近代转换，但本质上并没有摆脱“中体西用”的思维窠臼，主张的是儒学的复兴，而非儒学的更新或现代转型。正是在这样的意义上，梁漱溟才是现代新儒家“返本开新”说的真正先驱。

梁漱溟喜欢用理性与理智的区分来揭示中西理性的差别，并提出知与情、体与用的关系范畴来作论证。他在解释“知的一面曰理智，情的一面曰理性”时，特别强调：古代中国和近代西洋的学者，都各自发挥了这两方面的人类心思、心理的特长，结果造成了“西洋偏长于理智而短于理性，中国偏长于理性而短于理智。”又将这种短长归结为体用关系作论证，断言：“理性是生命本身，它是体；理智是维持生命的工具，它是用。”

第四，非常可贵的是，梁漱溟重建儒家理性主义，并不是单纯的理论建构和学理活动。他还十分重视“理性重建”在社会实践层面的推广和应用。他秉承“认识老中国，建设新中国”的宗旨，主张“从理性求组织”，又亲力亲为，积极参与和推进乡村建设运动，以重建现代“新礼俗”。

可以说，梁漱溟的“理性重建”，实际上是他面对中西文化的冲突、交融的时代课题，力图解决儒家传承的“道统”精神对现代生活的调整和适应，也表明他对于“中国走自己的路”所作的一种现代化设计，是现代新儒家思想特征的典型代表。

冯契：“儒家理性主义”的反思和改制

在对中国传统理性主义（主要是儒家的）考察探讨和反思总结方面，冯契是充分体现其中、西、马打通联结的进路和方法，据于辩证思考的批判总结，充分体现其综合创新的理论活动的成就和价值的。

关于儒学的总体评价，冯契往往采取一种严厉的审视性、批判性的态度。他断定：“在封建时代，西方的基督教和中国的儒学各占支配地位，它们的价值体系都是权威主义的，都成了独断的教条。”[①]但同时，他似乎又在回应梁漱溟的观点和说法，多次用专门的章节探讨“中国传统哲学的理性主义”。他更多的是引证先秦孔、孟、荀等诸子以及宋儒“强调用理性来节制情欲”，说明“中国从先秦起，哲学的主流一直是理性主义”，认为“古代哲学家讲直觉，虽有神秘主义倾向，但多数并不是反理性的。”

当然，冯契还坚持对中国传统理性主义的审视和批判，特

① 《人的自由与真善美》第五章，载《冯契文集》第三卷，第143页，华东师范大学出版社，1996年版。

别揭示正统派儒家的理性主义，到后来把以伦理为中心的实践理性绝对化，把情感、意志等非理性因素一概排斥，以致有宋代理学家鼓吹“存天理、灭人欲”，导致“以理杀人”，实际上就堕落为理性专制主义，这在中国历史上是造成很大危害的。不过，冯契毕竟是据于辩证思考，着重对儒家理性主义的演变进程作反思、总结，故又特地肯定明清之际的王夫之、黄宗羲、颜元、戴震等人批判总结了理学、心学的弊端，强调了理性与情意的统一，是恢复和阐发了儒学理性主义传统的积极因素的。所以，冯契得出结论：“不是讲理性一概都是好的，要全面地讲理性，重视理性与非理性的统一，这才是真正好的。”

在学术立场、致思倾向与学问风格上，冯契和梁漱溟显然是不同的，而在继承和反思总结儒家理性主义的思想资源方面，我发现两者之间还是有某种内在勾连。此外，从表面上看，冯契似乎更多继承了他老师金岳霖的观念主张，但我发现，恰恰在重要的理智与理性、科学与人文的关系问题上，冯契直指金岳霖思想上的弊端和不足，力陈要克服其内在的矛盾，并由此奠定其理论思考的新起点。

在冯契看来，金岳霖虽区分了知识论态度与元学的态度，试图用划分不同领域的办法来解决王国维留下的“可爱与可信”之间的矛盾，但这样做“是把知识和智慧截然割裂开来了，从而难以找到由知识到智慧的桥梁，也无法解决科学与人生脱节的问题。”

冯契对时代精神的把握，他的视野广度、辩证思维的能力和反思总结的水准，应该是超越了胡适和梁漱溟的，而他据于辩证思考和逻辑、历史统一的方法开展对儒学理性主义精神传统的反思总结，又是金岳霖和梁漱溟所不及，有新的创建的。

问题在于，冯契的学理创建不是通过对前人和时贤的单纯批判实现的，倒是他分析性地吸收和整合前人和时贤的思想成果基础上完成的。他联系五四以后科学与玄学论争的经验教训，又善于总结西方近代实证主义思潮和非理性主义思潮的对立，力图从科学与人文辩证统一的角度，克服理性与非理性的歧分，积极推进传统理性的现代转型。其中的关键在着力解决他设定的重大问题："怎样在理性的指导下使理性与非理性、意识和无意识统一起来?"或者换一种说法：如何在古今中西文化之争的背景下，通过西方理智与中国理性比较沟通的思考，"能达到一种新的哲理境界"，实现传统理性主义的现代重建。

综合起来看，冯契对理性观念的现代重建，主要有以下三方面的展开：

一是清晰梳理知性与理性的关系，促成理性对知性的包容。

从中西差异比较的角度看，西方人的理性偏于知性和理智，中国人则侧重于德性和德行讲理性。但冯契秉持广义认识论观念，认为不能局限于知识的理论，而要上升到"以道观之"的智慧层面，讨论"元学如何可能"。强调"元学就不仅要求理智上的了解，而且要求情感上的满足"，以此"解决科学主义与人文主义的对立"，真正在理清知性与理性关系的基础上，实现中西会通的理性观念的新阐述。

二是以"转识成智"的理念说明知识向智慧的转化，并引入理性直觉一说，充实为理性主义的精神内涵。

冯契先生常借用"转识成智"这一传统哲学术语来表示由知识到智慧的转化，但他首先是把唯识宗讲由迷而悟的转变，改造成逻辑思维辩证法所理解的飞跃过程。

冯契所说知识，广义的讲，“是与无知相对，把常识和科学都包括在内。”他又借鉴中国古代的“圣智”、佛家讲的“般若”及希腊人以哲学为“爱智”等含义，断定智慧是“指一种哲理，即关于宇宙人生根本原理的人生，关于性与天道的理论。”强调“知识重分析、抽象，智慧重综合，以把握整体。”这样，由知识到智慧的飞跃，就“给人以连续性的中断和顿然实现的感觉。”他引证中国哲学史上讲的“顿悟”作说明，但强调不能搞得玄之又玄，成为神秘主义的东西，由此引入“理性直觉”观念作说明。指出：“理性的直觉即领悟，在科学、艺术、德行等领域也都有，都是在理性的照耀下给人以豁然贯通之感的直觉。”这个过程“是感性与理性的统一，一下子把握到主客体的统一，”也“是理性的观照和具体亲切的体验的统一。”

其实，从中外哲学会通的意义上讲，冯契的“理性直觉”，和中国传统哲学讲的“渐进过程中断”的“顿悟”，和马克思主义哲学讲的感性认识向理性认识的“飞跃”，都是相通的。

三是创导理性和德性的兼容、理性和理想的联结。

早在20世纪50年代，冯契先生就提出了“化理论为方法，化理论为德性”的著名格言。他讲“化理论为德性”，就在强调理论不仅是武器和方法，而且本身具有内在价值，体现了人格，表现了个性。所以，建构成知识理性体系的理论，内在的包含有人格德性的精神价值。

后来的《智慧说三篇》，冯契先生就多次阐述了为何要将德性纳入理性观念的理解，尤其主张以“辩证的综合”来理解和把握“理性直觉”与“德性自证”的关系。在冯契看来，“理性的直觉与思辨的综合、德性的自证是不能分离的。”进而提出“为了锻炼、培养真诚的理性精神”需要如何做的问题。

为此，冯契又特别阐述了理性自明、意志自主和情感自得之"三者统一于自我",这样的自我,"便具有自证其德性的意识,即自由意志。"并据此断定:"自由的德性是知、意、情的全面发展,以达到真、善、美统一为其目标。"正是在这样的意义上,我认为冯契先生引德性来讲理性,不仅表达了传统理性精神的现代转型,而且开启了中国理性主义未来发展的理想形态的探讨。

(作者系华东师范大学哲学系教授)

梁漱溟“发现”儒学价值的策略选择

○陈　雷

近代已降，由于种种原因，儒学的价值不断地受到质疑乃至否定，儒学的命运也因之在悄然地发生变化。梁漱溟关注儒学的命运，在一片质疑声和否定声中，他以自己独有的策略，致力于“发现”儒学的价值。他通过真假孔子之辨，努力寻求孔子的真精神，将之作为“发现”儒学价值的逻辑起点；他提出了中国、印度、西方“文化三路向”说，借助于比较，力图凸显孔家学说的价值，并期待着儒学在近世及未来的复兴；他着力甚多的“乡村建设运动”，则成为儒学救世的一种尝试。

鸦片战争以来，由于西方列强的入侵，中华民族遭遇到了前所未有的劫难。为了应对劫难，近代中国的文化主潮流——作为“浮现在上面的潮流”（钱穆语），表现得异常活跃，同时也表现出了一种特殊的二律背反：一面是求民族的自存，譬如“师夷之长技”（洋务运动）、效法西方的政治制度（戊戌变法、辛亥革命）、引入西方的民主、科学精神（新文化运动），均属谋求自存的尝试，这些做法无疑具有其一定的合理性；一面却在文化上作自我否定，视传统文化为自家落后的根本原因。于是乎，作为传统文化主流的儒学，作为儒学重要代表人物的孔子，遭到了“明枪暗箭的左右夹攻”（杜维明语），“打倒孔家店”(“新文化运动”的作派)曾成为一时的潮流。

当然,逆上述潮流而动者也大有其人,譬如梁漱溟便属于此类。人们发现,梁漱溟为克服上述二律背反,付出了诸多努力。同样是从救国出发,梁漱溟则力图“发现”儒学价值、“重光”孔子学说。晚年他曾对来访者说:“我是为救国才研究孔子的。那个时候,我们中国既穷且弱,西洋人、东洋人整天欺负我们。有志青年都想方设法寻找救国道路。孔子认为治国先从个人做起,从基层做起,所以我就搞了乡村建设……”。[①]从时间上看,梁漱溟的上述努力始于新文化运动后期。

寻求孔子真精神:“发现”儒学价值的逻辑起点

“五四”新文化运动,为拯救民族危亡,提倡民主与科学,同时对孔子、儒学、孔教乃至旧道德展开了激烈的批判。陈独秀等人认为,前者与后者在价值观上是势不两立的,是此必须非彼。譬如,陈独秀在《〈新青年〉罪案之答辩书》中指出,西方文化的根本精神是民主与科学,并且还说“现在认定只有这两位先生,可以救治中国政治上道德上学术上思想上一切的黑暗。”[②]不过,“要拥护那德先生(Democracy,民主)便不得不反对孔教、礼法、贞节、旧伦理、旧政治;要拥护那赛先生(Science,科学)便不得不反对旧艺术、旧宗教;要拥护德先生又要拥护赛先生,便不得不反对国粹和旧文学。”[③]

① 刘广新:《此公正是真儒者——骆承列拜见梁漱溟》,载《梁漱溟纪念文集》,朱方桐主编,广西师范大学出版社 2000 年版,第 209—210 页。

② 《新青年》第 6 卷,第 1 号,1919 年 1 月。

③ 《新青年》第 6 卷,第 1 号,1919 年 1 月。

辛亥革命后，袁世凯阴谋恢复帝制，与保皇派（如康有为等人）、复辟派（如张勋等人）等大肆宣扬儒家纲常名教，于是，推尊孔教成为一种时尚。针对此种情形，五四新文化运动的主将们为维护共和制等，集中火力对儒家的“三纲”等展开了激烈的批判。陈独秀在《吾人最后之觉悟》中声称：“儒者三纲之说，为吾政治伦理之大原，……三纲之根本义，阶级制度是也。所谓名教，所谓礼教，皆拥护此别尊卑明贵贱制度者也……吾人果欲于政治上采用共和立宪制，复欲于伦理上保守纲常阶级制，以收新旧调和之效，自家冲撞，此绝对不可能之事。盖共和立宪制，以独立、平等、自由为原则，与纲常阶级制为绝对不可相容之物，存其一必废其一……”

针对上述见解，被视为以“五四新文化运动的反对派”的“历史身份”（此身份可疑）出现的梁漱溟①，提出了自家的看法。依他之见，无论是尊孔、尊儒还是抑孔、抑儒，都要找准孔子、儒学的真精神，要严格区别真假孔子、真假儒学。就是说，“是什么?”，亦即孔子、儒学真精神是什么？对之，必须首先加以澄清，只有这样，才有助于进一步去“发现”孔子、儒学的价值。在这里，事实判断成为价值判断的逻辑前提。在梁漱溟看来，假孔子、假儒学自然属于批判之列，应该从“孔家店”中“清道”出去，孔子、儒学的真精神则应继续加以传承。

梁漱溟指出，在历史乃至现实当中，孔子（儒学重镇）常常会遭到人们的“误读”，人们通常将“三纲五常”之类的礼教，误认作孔子的真精神。其实，孔子的学说只是谈人生的学说，所以应当从生活上来探究孔子的根本精神。“平常人主张孔子

---

① 此处对梁漱溟“历史身份”的认定，参见王宗煜《梁漱溟在北大》一文，载《梁漱溟纪念文集》，梁培宽编，中国工人出版社 1993 年版，第 313—330 页。

的，攻击孔子的，多讲‘三纲五常’，以为这就是孔子的精神所在，其实这原是与孔子的真面目不大相干的。……打算主张孔子，或攻击孔子，要根本的着眼在他的生活上才是……”“孔子的幼年以至于老，无论‘不惑’、‘知天命’‘耳顺’……都是说他的生活。他所谓学问，就是他的生活。他一生用力之所在，没在旁处，只在他的生活上”。“知道孔子和他的学生一生所着力的是在生活上，我们就应当从生活上求孔子的真面目。”①

基于思想史的考量，梁漱溟对每个朝代的“误读”现象都作了分析和说明。其结论是，历史上所传的大多是孔子的假儒学。唯一受到称道的是明代的王学泰州学派：殆至明代，情形才稍好一些，“阳明之门尽多高明之士，而泰州一(脉)[派]尤觉气象非凡；孔家的人生态度，颇可见矣。”

对于假儒学，梁漱溟分析道：这种假儒学“外部僵化成一硬壳(体合人情的伦理渐成不顾人情的礼教)，内部腐坏酵发臭味(儒释道三合化为文昌帝君教，读书人咸奉之，贪禄希荣迷信鬼神)”，其结果是成了与现代生活格格不入的东西和“吃人的礼教”。② 看得出来，梁漱溟对于假儒学——表现为“三纲五常”之类的礼教或曰孔教——是持批判的态度的，这与新文化运动主将们的态度并无二致。假儒学的出现是谁的过错呢？梁漱溟认为，这当然不是孔子本人及其真儒学的过错，有过错的是孔子的那些不肖子孙。因此，要批判的是歪曲误解孔子本来精神的人和他们所传的假儒学，不应该批判真孔子及其真儒学，相反，还要继续传承之，这一点则和新文化运动

---

① 《孔子真面目将于何求?》(此文为1923年在燕京大学的讲演)，《梁漱溟全集》(第四卷)，山东人民出版社1991年版。

② 《中国民族自救运动之最后觉悟》(1930年)，《梁漱溟全集》(第五卷)，山东人民出版社1992年版，第77—78页。

主将们的态度有别。

遵循着“从生活上求孔子的真面目”的思维路径，梁漱溟对所谓的“真孔子”“真儒学”，亦即孔子、儒学的真精神作了追寻。他认为，中国的形而上学，“大约都具于周易”，《周易》是讲“宇宙之生”的，“有一个为大家公认的中心意思，就是‘调和’。”“孔子这派的人生哲学完全是从这种形而上学产生出来的。孔子的话没有一句不是说这个的。……孔子说的‘一以贯之’恐怕即在此形而上学的一点意思。”换句话说，《周易》是讲“宇宙之生”的，是讲“调和”的，孔子的人生哲学自然也可归结为“调和”二字，“双、调和、平衡、中，都是儒家的根本思想。”[①]基于对《论语》的研究，梁漱溟认为“孔子最重要的观念是仁，最昭著的态度是乐。”[②]并且认为，“仁”和“乐”——作为《论语》中“一以贯之”的东西——也体现出了“调和”的“意思”。

受到柏格森的直觉主义以及王学泰州学派的影响[③]，梁漱溟对孔子的“仁”作了富有独特性的解释：“敏锐的直觉，就是孔子所谓的仁。”[④]“儒家完全要听凭直觉，所以唯一重要的就在直觉敏锐明利，而唯一怕的就在直觉迟钝麻痹。所有的恶，都由于直觉麻痹，更无别的原故，所以孔子教人的就是‘求

---

① 《东西方文化及其哲学》，《梁漱溟全集》(第一卷)，山东人民出版社 1989 年版。

② 《孔家思想史》(1923 年)，载李渊庭、阎秉华主编：《梁漱溟讲孔孟》，广西师范大学出版社 2003 年版，第 24—25 页。

③ 梁漱溟曾结合柏格森的直觉主义将泰州学派的“唯意志论”诠释为“唯直觉主义”，并进而将王阳明的“良知”诠释为“直觉”。“即明代阳明先生兴，始祛穷理于外之弊，而归本直觉——叫他良知。”参见：《东西方文化及其哲学》，梁漱溟全集(第一卷)，山东人民出版社 1989 年版，第 476 页。

④ 《东西方文化及其哲学》，《梁漱溟全集》(第一卷)，山东人民出版社 1989 年版，第 453 页。

仁’。人类所有的一切诸德，本无不出自此直觉，即无不出自孔子所谓的‘仁’，所以一个仁就将种种美德都可代表了。”这样，孔子的“生命生活之学”就被梁漱溟烙上了直觉主义的印记。所谓的孔子、儒学的真精神，就是直觉主义人生态度，而这也成为孔子学说、儒学的根本价值之所在。所谓重光“真孔子”“真儒学”，实际上就成为重光孔子一派的直觉主义人生态度了。

对于陈独秀等人的上述见解，梁漱溟作了回应。梁漱溟坦言：“陈仲甫（独秀）先生所谓‘塞恩斯’与‘德谟克拉西’……这我们都赞成。”又坦言：“但我觉得若只这样都没给人以根本的人生态度。……西洋人从来的人生态度到现在已经见出好多弊端，受到了严重的批评，他们（注：指陈仲甫、胡适之等人）还略不知拣择的要原盘拿过来。”对此，他“不敢无条件的赞成”。他的态度是，中国人应接受西方的民主、科学，但又认为“对其态度要改一改”，亦即要复兴孔子那一派的人生态度，以便对西方的人生态度作适度的改变，奠定一种新的人生态度（后面有详细说明），“现在只有踏实的奠定一种人生，才能真吸收融取了科学和德谟克拉西两精神下的种种学术思潮而有个结果”，[①]再者，只有这样才能避免西洋人的人生态度所带来的种种弊端。

“文化三路向”说：于比较中凸显孔家学说的价值

梁漱溟的“文化三路向”说，形成于五四前后的东西文化

---

① 《东西方文化及其哲学》，《梁漱溟全集》（第一卷），山东人民出版社 1989 年版。

大论战期间，并且成为这场大论战的有机组成部分。

五四前后的东西文化大论战，其议题集中在东西文化的异同与优劣方面，同时也涉及新旧思想能否调和，以及中国文化的出路等问题。争论来争论去，大多绕不过东方的孔子、儒学与西方的民主、科学的关系，以及彼此的命运等问题，因为前者与后者分属于东西方文化的根本精神之所在。其中，大论战以西方文化派的陈独秀与东方文化派的杜亚泉的交锋最为值得关注。

陈独秀在《青年》（后改为《新青年》）上发表《东西民族根本思想之差异》一文，认为东西民族有三大差异："（一）西洋民族以战争为本位，东洋民族以安息为本位；（二）西洋民族以个人为本位，东洋民族以家族为本位；（三）西洋民族以法治为本位，以实力为本位；东洋民族以感情为本位，以虚文为本位。"又说道："西洋民族恶侮辱，宁斗死；东洋民族恶斗死，宁忍辱。民族而具如斯卑劣无耻之根性，尚有何等颜面高谈礼教文明而不羞愧！"①

针对陈独秀的观点，杜亚泉（伧父）在《东方》上发表《静的文明与动的文明》一文予以驳斥。他认为东西文明"乃性质之异，而非程度之差"，且"各生流弊"，故无高低之分，并且认为"吾国固有之文明，正是以西洋文明之弊，济西洋文明之穷者。"②而"吾国固有之文明"实即为"君道臣节名教纲常"。

面对《东方》杂志及杜亚泉的挑战，陈独秀在《新青年》上撰文予以回击。在《质问〈东方杂志〉记者》一文中，陈独秀质问道："伧父君所谓我国固有之文明与国基，是否有存在之价

---

① 《青年》第1卷，第1号，1915年9月。
② 《东方》第13卷，第10号，1916年10月。

值？倘力排异说，以保存此固有之文明与国基，能否使吾族适应于二十世纪之生存与不灭？”“古代之精神生活，是否即君道臣节及名教纲常诸大义？或即种种恶臭之生活？西洋文明，于物质生活之外，是否亦有精神文明？”[①]面对此质问，杜亚泉并未作正面回答。鉴于杜亚泉在谈到中国固有文明时，依然认定“君道臣节名教纲常”乃中国固有文明之基础、万古不变之“政治原理”，陈独秀以《再质问〈东方杂志〉记者》一文加以质问：中国固有文明，属古代文明，其价值在过去，此点不应否认，但在当今社会，在共和政体下，硬要维持君道臣节名教纲常，甚至鼓吹以“强力主义来压倒一切主义”，那便是反对共和。[②]

尚有一事，特别值得一提。1920年，梁启超欧游归来，发表了一部《欧游心影录》，根据他的耳闻目睹，力图证明西方的物质文明已经破产，必须用东方的精神文明加以拯救。书中说道：“我们可爱的青年啊，立正、开步走！大海对岸那边有好几万万人，愁着物质文明破产，哀哀欲绝的喊救命，等着你来超拔他哩！我们在天的祖宗三大圣和许多前辈，眼巴巴盼望你完成他的事业，正在拿他的精神来加佑你哩！”[③]梁启超原本为宣扬西方文化的代表人物，现在反戈一击，自然大大加强了东方文化派的声势。

另外，五四前后美国的杜威、英国的罗素来华巡回演说，或极力主张中西文化应当调和（杜威），或一味歌颂中国文化（罗素），与梁启超形成了呼应关系，使人们对未来中国文化的

---

① 《新青年》第5卷，第3号，1918年9月。

② 《新青年》第6卷，第2号，1919年2月。

③ 梁启超：《欧游心影录》，《晨报》（副刊）连载，1920年3月6日—8月17日。

复兴、中西文化的调和产生新的期待。

在上述思想背景和学术氛围下，梁漱溟加入到了东西文化论战当中。1920年，梁漱溟发表了《东西文化及其哲学》。这是他于1920年8月在济南教育会上发表的有关东西文化的讲演，不久(1921年)即正式出书。该书回应了当时的东西文化论战所涉及的主要问题。

对于当时的东西文化论战，梁漱溟有着自己的认识："现在并不是两文化对垒的激战，实实在在是东方化存亡的问题。"[①]"照我们以前所说东方化的现状，一般头脑明利的人都觉得东方化不能存留；假如采用西方化，非根本排斥东方化不可。近三四年来如陈仲甫(陈独秀)等几位先生全持此论调……"[②]

梁漱溟认为，东西文化"自其成绩论，无所谓谁家的好坏，都是对人类有很大的贡献。"这和陈独秀等人的看法显然有别，与杜亚泉的观点则较为接近。受到上述的梁启超、杜威、罗素等人思想的影响，一方面梁漱溟是倾向于东西文化融合的，但又认为这种融合不是枝枝叶叶上的融合，而是应该表现为不同文化的基本精神、根本人生态度层面的融合；另一方面，他对中国文化的未来复兴持乐观的态度。其"文化三路向"说对此作了详尽的说明。

"文化三路向"说始于对"文化"的界定。梁漱溟所谓的"文化"具有独特的含义，文化"不过是那一民族生活的样法"，而生活"就是没尽的意欲(will)——此所谓'意欲'与叔本华所

---

① 《〈东西方文化及其哲学〉导言》，《梁漱溟全集》第一卷，山东人民出版社1989年版，第255页。

② 《东西方文化及其哲学》，《梁漱溟全集》第一卷，山东人民出版社1989年版，第339页。

谓‘意欲’略相近——和那不断的满足与不满足罢了。”由于梁漱溟惯于用直觉去诠释意欲、诠释生活，所以，其所谓的文化实际上指的是一个民族依顺直觉所形成的生活样式。

从上述的“文化——意欲”说出发，梁漱溟断言，文化有三个路向或者说生活有三个样法，最终则表现为根本的人生态度上的差异：其一为意欲向前的态度。遇到问题敢于下手，通过改造局面，使其满足我们的要求。其二为意欲调和、持中的态度。遇到问题不去要求解决，改造局面，就在此种境地上寻求自我满足。其三为意欲向后的态度。遇到问题想根本取消这种问题或要求。梁漱溟举例对此进行说明，譬如屋小而漏，持第一种态度的人一定要求另换一间房屋；持第二种态度的人通过变换一下自己的心态而获得满足；持第三种态度的人则干脆认为屋小而漏根本就不是什么问题。

在梁漱溟看来，人生盖有性质不相同的三大问题：其一是人对物的问题；其二是人对人的问题；其三是人对自身生命的问题。前述三种文化（根本的人生态度）分别对应于这三大问题的解决。西方文化、中国文化和印度文化分属于三种不同的人生态度。

第一个问题是要解决人类生存的物质资料问题。为此需要“意欲向前”的态度，人的意志向外逐求、征服自然。结果导致西方文化理智发达，科学、民主应运而生。第二个问题是要解决人与人之间的关系问题。解决该问题意志不能向外逐求，需要“意欲调和、持中”的态度，“对于自己的意思变换、调和、持中”，不能以个人为本位，彼此都应以对方为重，于是发展出中国文化的伦理本位来。第三个问题是要解决个人的自我解脱问题，需要“意欲向后”的态度。人世间充斥着老、病、死诸多现象，“我怎么能够将世间的老病死全都除掉，永不看见！若这样的世界我则不能往下活！那么唯一的归向只有出世。”[1]也即“转身向后去要求”，作为结果，从“印度式的怕老病死产出了慈悲勇猛的佛教。”

梁漱溟认为，人类文化是一个整体，只有基于这种整体才能判断各民族的文化价值。他说：“从以往到未来，人类全体的文化是一个整东西，现在一家民族的文化，便是这全文化中占一个位置的。”从此出发，梁漱溟对三大文化的价值作了评判。“古希腊人，中国人，印度人……以其聪明才力成功三大派的文明，——迥然不同的三样成绩，这自其成绩论，无所谓谁家的好坏，都是对人类有很伟大的贡献。却自其态度论，则有个合宜不合宜；希腊人的态度要对些，因为人类原处在第一项问题之下；中国人态度和印度人态度就嫌拿出的太早了些，因为问题还不到。”

依梁漱溟的逻辑，文化是一元的、历时发展的，“古希腊、中国、印度三派竟于三期间次第重现一遭”，西方文化、中国文化和印度文化应该是依次发展的，现在是西方文化占主导地位，在未来的世界，中国文化、印度文化则必将复兴。“我们推测的世界未来文化既如上说，那么我们中国人现在应持的态度是怎样才对呢？对于这三态度何取何舍呢？我可以说：第一，要排斥印度的态度，丝毫不能容留；第二，对于西方文化是全盘承受，而根本改过，就是对其态度要改一改；第三，批评的把中国原来态度重新拿出来。”

上述第一点——绝对“排斥印度的态度”似乎好理解，第二、第三点就有点费解了。对此，梁漱溟作出了自己的解释：

---

① 《东西方文化及其哲学》，《梁漱溟全集》第一卷，山东人民出版社 1989 年版。

现在“人类原处在第一项问题之下”，所以“对于西方文化是全盘承受”，“要大家往前动作”（“意欲向前”），要承受西方的民主、科学的精神；崇尚“理智”的西方文化固然培育出了民主、科学的精神，得到了“物质生活的丰美”，但同时人与人之间彼此比较、算账，使美好的人伦变化为赤裸裸的金钱关系，“其戕贼人性——仁——是人所不能堪的”，所以“对其态度要改一改”，往前的“动作最好要发于直接的情感，而非出自欲望的计虑。”此处“直接的情感”，亦即梁漱溟所看好的“孔子之所谓‘刚’”，实即为梁漱溟所一贯推崇的孔子的直觉主义态度。“出于情感的动作”本是中国原有的态度，但由于这种态度“偏阴柔坤静一边，近于老子，而不是孔子阳刚乾动的态度”[①]，所以要求改一改。

关于上述的“态度要改一改”“批评的把中国原来态度重新拿出来”之必要性，梁漱溟有一番总括性的说明，值得详加引述。于中，可见其对于孔子人生态度复兴的期待和信心。“动是不容易的，适宜的动更不是容易的。现在只有启发一种人生，全超脱了个人的为我，物质的歆慕，处处的算账，有所为的而为，直从里面发出来活气——罗素所谓创造冲动——含融了向前的态度，随感而应，方有所谓情感的动作，情感的动作只能于此得之。只有这样向前的动作才真有力量，才继续有活气，不会沮丧，不生厌苦，并且从他自己的活动上得了他的乐趣。只有这样向前的动作可以弥补了中国人素来短缺，解救了中国人现在的痛苦，又避免了西洋的弊害，应付了世界的需要，完全适合我们从上以来研究三文化之所审度。这就

---

① 《东西方文化及其哲学》，《梁漱溟全集》第一卷，山东人民出版社 1989 年版。

是我所谓刚的态度，我所谓适宜的第二路人生。本来中国人从前就是走这条路，却是一向总偏阴柔坤静一边，近于老子，而不是孔子阳刚乾动的态度；若如孔子之刚的态度，便为适宜的第二路人生。”①

说到底，中国人现在应持的态度是，“全盘承受”西方的民主、科学的精神，但是“意欲向前”的人生态度中要融入孔子的直觉主义的人生态度。就中国文化——第二路向文化的未来复兴而言，其实质性的复兴在于孔子的直觉主义人生态度——亦即“孔子之刚”的态度的复兴。

梁漱溟的“文化三路向”说，颇为时人所诟病。西方文化派的胡适在读了《东西方文化及其哲学》后，便认为“三个文化路向”说是把一个很复杂的问题套入一个很简单整齐的公式，犯了笼统的、简单化的错误，“‘整齐好玩’则有余了，只可恨那繁复多方的文化是不肯服服帖帖叫人装进整齐好玩的公式里去的。”②

“乡村建设运动”：儒学救世的一种尝试

如前所述，近代以来，民族自救成为时代的呼声。如何实行民族自救？见解和实践途径异彩纷呈，恕不一一而论。“孔子认为治国先从个人做起，从基层做起，所以我就搞了乡村建设”③，梁漱溟依照孔子的教诲，借助于乡村建设运动（始于

---

① 《东西方文化及其哲学》，《梁漱溟全集》第一卷，山东人民出版社1989年版，第539页。

② 胡适：《读梁漱溟先生〈东西方文化及其哲学〉》，载罗荣渠主编：《从“西化”到现代化》，北京大学出版社1990年版，第116页。

③ 刘广新：《此公正是真儒者——骆承列拜见梁漱溟》，载朱方桐主编：《梁漱溟纪念文集》，广西师范大学出版社2000年版，第209—210页。

1931年，终于1937年，试验地点为山东省邹平县）回应了“民族自救”问题。在运动中，他试图对孔子一派“理性主义”（直觉主义态度）的价值作充分的展示和表达。有学者评论道："梁漱溟之乡村建设与文化自救运动"是"近代儒家对历史命运的挣扎"。[①]

梁漱溟视乡村建设为“民族自救”的关键之处，“今日的问题正为数十年来都在‘乡村破坏’一大方向之下；此问题之解决唯有扭转这方向而从事于‘乡村建设’；——挽回民族生命的危机，要在于此。”[②]

梁漱溟进而基于文化的视角分析了乡村破坏的原因。他将之归结为中西文化相遇的结果，并且认为“乡村破坏”就实质而言是文化上的根本改变。“这种乡村破坏是从那里来的呢？这是从世界大交通，西洋人往东来，中国人与西洋人见了面，因为抵不住他的压迫，羡慕他的文明，遂改变自己去学他以求应付他；结果学他未成，反把自己的乡村破坏了。”那么为什么一学西洋文化就破坏了乡村呢？“这是因为中西文化不同的缘故。我们要知道中国文化原来是以乡村为本的，中国原来就是一个以乡村为本的社会；而西洋各国便与此不同。……他们都是一种工业国家，皆以都市为本；他们的文化，就是一种都市文明。……中国虽然学西洋学了二三十年，而至今还没有学成功哩！没有学成功新的还不要紧，而因此却把我们旧的破坏了！把乡村破坏了！”一句话，“因为学都市

① 毅生：《近代儒家对历史命运的挣扎——梁漱溟之乡村建设与文化自救运动》，载梁培宽编：《梁漱溟纪念文集》，中国工人出版社1993年版，第299—312页。

② 《山东乡村建设研究院设立旨趣及办法概要》（1930年），《梁漱溟全集》（第五卷），山东人民出版社1992年版，第225页。

文明便破坏了乡村"。于此,梁漱溟似乎想揭示一个事实,这便是在农业文明与工业文明的较量中,前者败给了后者。

于是,梁漱溟顺理成章地指出:"乡村建设就是要创造一个新文化,创造新文化要以乡村为根,要以中国的老道理为根。"在梁漱溟看来,"中国文化有形的根就是乡村,无形的根就是老道理"。"此老道理虽多,要不外两点:一是互以对方为重的伦理情谊;一是改过迁善的人生向上。"[①]讲到底,此"老道理"指的就是其所谓的孔子那一派的"伦理本位"的思想和行为模式,其核心或曰基础就是其心目中的"民族精神"。

在乡村建设运动中,梁漱溟于"无形的""老道理"用力甚巨。在梁漱溟创设的乡农学校里,一般都安排有精神陶炼的课程,"安排此一课程的目的,就在于救济乡村精神的破产,让乡下人活起来。"这里所要陶炼的精神主要是指"民族精神",并且实际上指的是孔子那一派的精神,"在我们的乡村服务人员之精神陶炼这门功课中,要向大家讲的,要指给大家认识的,就是民族精神。所谓历史文化的分析,就是指点中国文化的特质(就是民族精神);所谓合理的人心态度,是讲中国古代的人生态度,也还是民族精神;乃至讲修养的方法,也是源于古人,资借于民族精神。更明白地说,我们之所谓古人,就是指着孔子的这个学派,或者说孔子就是代表。在精神陶炼里大概要讲许多古人的道理,要在古人所创造的学问中有所探求,来帮助我们今天的生活。"

而就"民族精神"的陶炼而言,重点则是要陶炼"人类的理性",因为"中国民族精神……就在'人类理性'。……中国民

① 《乡村建设大意》,《梁漱溟全集》(第一卷),山东人民出版社 1989 年版。

族精神彻头彻尾都是理性的发挥。”[1]而“所谓理性，要无外父慈子孝的伦理情谊，和好善改过的人生向上。”于是乎，乡村建设运动便成为重建孔子一派的“理性主义”的过程。不过，这里所谓的理性主义之“理性”有其特定的含义。梁漱溟曾说过，“中国儒家可称为理性主义，但与欧洲大陆派的理性主义非一回事。我今用理性一词，既专有所指，与通常的理性理智混用者不同……”[2]又说过：“理性、理智为心思作用之两面：知的一面曰理智，情的一面曰理性……理性之取舍不一，而要以无私的感情为中心。”[3]说到底，在梁漱溟那里，有时将儒家归之于直觉主义，有时则将儒家归之于理性主义，尽管称谓有别，但基本内涵则是一致的。因而其所谓的“精神陶炼”、回归“老道理”，又可理解为一切依顺直觉，并使迟钝了的直觉敏锐起来。

应该说，梁漱溟对中国文化在创造“可成功的社会”方面的作用充满了期待，这种期待具体表现为“儒家理性主义”在创造“可成功的社会”方面的期待。梁漱溟认为，中国的文化“造端很正”，“具体说来，就是两点：一点是乡村（包括农业）；一点是理性。这两点是中国文化的根本，更无其他。”我们要以此为根本，吸收西洋人的长处——有团体组织（进而有民主），有科学技术，从而强化我们的根本，创造一个新文化，进而创造一个“可成功的社会”。

依据这个新文化，梁漱溟所构想的“可成功的新社会”具

---

① 《精神陶炼要旨》（1930 年），《梁漱溟全集》（第五卷），山东人民出版社 1992 年版，第 516 页。

② 《中国文化问题》，《梁漱溟全集》（第六卷），山东人民出版社 1993 年版，第 108 页。

③ 《中国文化要义》，《梁漱溟全集》（第三卷），山东人民出版社 1990 年版，第 125—126 页。

有诸多内容，既包括有形的乡村，更包括无形的理性。其中无形的理性统领、支配、整合有形的乡村。“可成功的新社会”具体有六方面的要素：其一，新社会是先农后工，农业工业结合为均宜的发展。其二，新社会是乡村为本，都市为末；乡村与都市不相矛盾，而相沟通，相调和。其三，新社会以人为本，是人支配物而非物支配人。其四，新社会是伦理本位合作组织而不落于个人本位或社会本位的两极端。其五，新社会内政治、经济、教育（或教化）三者是合一而不相离的；合一是正常的，相离的非正常。其六，新社会秩序的维持，是由理性替代武力；而西洋近代国家还不外武力统治，其社会秩序之最后维持在武力的。社会秩序出于理性，靠理性来维持，是正常的；反之，靠武力便非正常。梁漱溟断言，只有这样新社会才是正常形态的人类文明，因为它是“从理性而组成的而发育的社会”。[①]

看得出来，梁漱溟的乡村建设运动，秉承了其“文化三路向”说的基本精神，他试图利用孔子（儒家）的理性主义（“刚”的人生态度，亦即直觉主义的人生态度），改造“意欲向前”的人生态度，希望借助于团体组织的培育，培养国民的民主意识和科学意识，为融合西方的民主和科学精神，提供现实的基础，从而最终实现救亡图存的目标和追求。

看来，梁漱溟对孔家学说在当代社会的功能，给予了比较多期待，他期待着孔家学说的复兴，并借此复兴中国的农村乃至整个民族。然而，乡村建设运动由于日寇的入侵而半途而废，使得该期待成为一种没有预期结果的期待。

---

① 《乡村建设大意》，《梁漱溟全集》（第一卷），山东人民出版社1989年版。

结　语

在新文化运动时期，面对着西方文化派是此非彼的价值抉择，梁漱溟通过真假孔子之辩，顺应了反对孔教的时代潮流，因而与东方文化派有别。同时，也为客观地评价以孔子为代表的儒学，提供了有益的思路。诚如冯契所言："在战士们充满激情高喊'打倒孔家店'之际，有人出来泼点冷水，唱点反调，这在客观上也是有好处的。它可以使人们对儒学的评价更实事求是一些。"这一点使得梁漱溟和西方文化派显然有别。当然，梁漱溟所理解的孔子的那种精神生活(崇尚直觉、调和折中)，包括他所理解的整个儒学都是经过改造过的、包装过的，这自然另当别论。

梁漱溟的"文化三路向"说尽管受到胡适等人的诟病，但其还是有自身的特色的。梁漱溟借此赋予了民族文化以世界文化的形式，跳出了狭隘的民族主义的藩篱，为不同文化的历时(乃至共时)存在留下了应有的空间。他对文化价值的评判，既认为西方人的赛恩斯和德谟克拉西中国人应全盘接受，又隐约地暗示着东方的人生态度比西方人向前争逐的态度要深刻要完善，因而没有陷入狭隘的中西文化优劣的争执，可以说既批判了西方文化派全盘西化的主张，又批判了东方文化派的文化复古主义。应该说，梁漱溟的"文化三路向"说在彰显民族文化的价值、尤其是作为民族文化主流的以孔子为代表的儒学的价值方面，可圈可点。贺麟对梁漱溟的"文化三路向"说曾作过较为公允的评价："在当时全盘西化，许多人宣誓不读线装书，打倒孔家店的新思潮澎湃的环境下，大家对于中国文化根本失掉信心。他所提出的问题确是当时的迫切问题。他的答案当然很足以助长国人对于民族文化的信心和自尊心。”①

近代以来，尤其是辛亥革命后，孔教连同孔子、儒学逐渐丧失了封建势力的支撑，其走下神坛、丢掉主流意识形态的地位，似乎成为了历史的宿命。在特殊的时代机遇中，梁漱溟对孔子、儒学作了重新诠释，试图借此发现其带有普世意义、现实意义的价值，为此他付出了诸多努力。这些努力是值得称道的。不过，梁漱溟投入较多心力的乡村建设运动的无果而终，似乎也在一定程度上昭示了以孔子为代表的儒学的时代价值及其在近代历史上的命运。

（作者系浙江理工大学马克思主义学院教授）

---

① 贺麟：《五十年来的中国哲学》，辽宁教育出版社 1989 年版，第 10—12 页，

唐君毅哲学创造的“主体”意识

○胡　岩

与个人性情和对中国近现代思想文化发展的基本判断有关，唐君毅的哲学创造表现出三种主体意识。唐君毅将诊断和解决时代问题作为自己哲学体系构建的主要任务，也试图用不同于传统哲学史的新形式来研究中外哲学史，表现出很强的时代主体意识。不论是体系构建还是哲学史研究，唐君毅都比较强调中国传统哲学尤其是儒学的核心价值，因而又表现出强烈的民族主体意识。唐君毅既是哲学史发展的观察者，也是哲学发展尤其是儒学复兴的参与者，其哲学创造中的主体意识，对当前的哲学研究有积极的借鉴意义。

考察儒学在中国近代以来的发展，可以有观察者和参与者两种视角。大致而言，一般的观察者常常以客观地描述儒学的近代发展史为目的，而参与者则往往抱有复兴儒学的使命意识。近代以来的儒学发展中，现代新儒家是儒学复兴的主要推动力量，他们是儒学发展的直接参与者，当然他们的参与又往往是以对他们所面临的儒学发展现状的观察为基础的。因此可以说，他们既是观察者，又是参与者。考察他们对儒学近代命运的认识及其与他们哲学创造的关系，可以为反思儒学在近代的命运、思考儒学以及以儒学为核心的传统文化的当代发展，提供一个独特的视角。

唐君毅既是一位哲学家，又是一位哲学史家。哲学史的研究与哲学体系的构建，在唐君毅那里密切联系在一起。在哲学史的研究中，唐君毅通过对儒学在近代以来发展历史的考察，形成了其哲学创造所遵循的一些基本信念。这些信念，又构成其哲学体系构建和哲学史研究的基本原则。考察唐君毅的哲学创造所遵循的基本原则及其具体体现，不仅有助于理解唐君毅自身的哲学体系，也可以从个案的角度加深对新儒学乃至中国近现代哲学发展史的理解。

一

唐君毅曾经说过："我之一切文章之讨论此问题（即中国未来社会文化之发展方向的问题——引者注），都是依于三中心信念，即：人当是人；中国人当是中国人；现代世界中的中国人，亦当是现代世界中的中国人。"[①]唐君毅这里所谓的"三种信念"从何而来？既然称为"信念"，其中难免包含信仰的成分，结合唐君毅若干自述性的文字来看，这种信仰既与其自身的性情有关，也与其对历史和现实的深刻思考有关，可以说既有非理性的因素在起作用，又是理性思考之后的选择和确认。这里的三种信念，实际上既是唐君毅对哲学史、文化史进行梳理和评价的基本尺度，也构成了其哲学体系建构的基本立场。

仔细分析唐君毅这里的三种信念，可以发现，它实际上包含了三种主体意识。"人当是人"彰显的是一种"人类主体意

① 唐君毅：《人文精神之重建》，广西师范大学出版社 2005 年版，"自序"，第 2 页。

识”。这里的人既是指作为类的人，与自然相对；也是指作为个体的人，与他人或群体相对。“中国人当是中国人”这一句话的重心应该落在“中国”上，它其实强调的是一种“民族主体意识”。这里所谓的“民族”主要不是政治或地域意义上的，而是文化意义上的，更具体地说它指的主要是以儒家为代表的中国传统文化。由于前面两句的重心分别在“人”和“中国”，第三句话“现代世界的中国人，亦当是现代世界的中国人”的重心则应该在“现代”上，这里事实上突出的是一种“时代主体意识”。也就是说，人们需要立足自己的时代，需要自觉回应时代的需要。唐君毅虽然强调返本开新，但其返本的目的还是开新，而开新既是时代的要求，也是回应时代问题的一种选择。

总体而言，这三种主体意识贯穿于整个唐君毅哲学中。如果我们概括性地将唐君毅的哲学创造分为哲学史研究和哲学体系构建两类，那么我们可以发现上述三种主体意识在二者中都有体现。

二

唐君毅是一位自觉的哲学家，他的哲学创造总是试图对时代问题进行诊断，并尝试对其予以哲学上的解决。同时，他对时代问题的哲学诊断和解决，甚至对中西哲学史的研究，又都表现出鲜明的时代特征。

关于当前时代所面临的主要问题，唐君毅在不同的语境中有不同的表述。如果按照其主要作品的先后顺序来看，他对时代问题的认识是逐步理论化、系统化的，并在最终归结为哲学上的解释。在《生命存在与心灵境界》一书的“后序”中，唐君毅说：“所谓当前时代，其中之事变万端，无人能全部加以认识，而其特性所在，与其对人之所呼唤命令者所在，人亦可所见不同。然吾今只须本当前时代之人，共有之对当前时代之常识，与吾人于本书之所论，即可确定此时代之一特性，与此时代之所呼唤命令与吾人，所理当应同作之社会、文化、教育、政治是事业之方向。”这其实是在强调时代问题的可认识性，以及对认识方法的相关交代。据此，唐君毅指出，“人类所处之当前时代，可称之为一由吾人前所论之观照凌虚境，而向其下之感觉互摄境，以高速度的外转、下转，而至于自觉到人类世界之毁灭之有一真实可能之时代。”透过唐君毅若干“境界论”的术语我们可以发现，在他看来，当前时代面临着人类世界毁灭的可能，这主要是由于自我的存在（尤其是心灵活动）出现了问题，而他则希望通过对心灵境界的相关讨论，为理想自我的重建贡献力量。唐君毅曾明确表示，其之所以写作《生命存在与心灵境界》一书，就是为了回应时代的问题：“吾个人之所以写此书，亦是应此时代之呼召，以尽其个人之涓滴之力。”[①]显然，唐君毅这里有非常自觉的时代意识，他是希望通过自己的哲学创造来回应时代的问题。

唐君毅对时代问题所进行的哲学上的诊断和解决，主要体现在其《生命存在和心灵境界》一书中。在这部著作中，唐君毅讨论了中外哲学史上的多种哲学思想，其中有不少就是对现代哲学尤其是西方现代哲学的讨论。这一方面表明，唐君毅为了回应时代问题，吸收借鉴了当时的诸多思想资源，说明他是立足于当前时代来讨论问题。同时也表明，唐君毅有着与同时代哲学家对话的意识。考察唐君毅不同时期、不同类型的著作可以发现，他对其同时代的哲学体系多有谈及，其

---

① 唐君毅：《生命存在与心灵境界》，河北教育出版社 1996 年版。

中既有较为客观的介绍，也有较为主观的点评。但总体来看，唐君毅是抱着对话的意识对与其同时代的哲学家进行介绍和点评的。这也是其哲学创造中时代主体意识的一个体现。

唐君毅的时代主体意识不只在回应时代问题、与同时代哲学思想进行对话中有所体现，还体现在其哲学史的研究中。我们知道，唐君毅的《哲学概论》和《中国哲学原论》（也包括其早期所撰写的《中西哲学思想之比较论文集》），是他的两部有代表性的哲学史著作。相比较而言，前者的内容更多是有关外国哲学的（尽管其事实上是一种世界哲学史性质的著作，至少唐君毅是这样认为的），而后者则主要是一部中国哲学史。用“概论”的形式讨论哲学史在中国古代不存在，它更多是现代才有的，对此唐君毅有充分的自觉。“哲学与哲学概论之名，乃中国昔所未有。……至于在西方之学术史上，名哲学概论之书，亦近数十年乃有之。”[①]可见，以“哲学概论”之名讨论哲学史本身就是唐君毅时代意识的一个表现。唐君毅对中国哲学史的讨论也同样如此。我们知道，中国哲学史上出现的哲学史性质的著作较有代表性的是学案体，比如黄宗羲的《宋元学案》《明儒学案》等，而以问题为中心梳理哲学史则主要出现在现代。唐君毅的《中国哲学原论》就是以问题为中心考察中国哲学史，其主要内容是围绕“性”“道”“教”几个核心概念所包含的哲学问题来对中国哲学史进行独特的梳理。某种意义上也可以说，这种哲学史写作方式中蕴含着一定的时代意识。

不管是哲学体系的构建，还是哲学史的研究，唐君毅的哲学创造中都有鲜明的时代意识。他是立足当前时代，来进行

---

① 唐君毅：《哲学概论》，中国社会科学出版社 2006 年版，“自序”，第 1 页。

哲学体系的构建和哲学史的研究的。一定程度上说，这是唐君毅哲学创造中最值得肯定的地方。

三

对民族主体性的强调，构成唐君毅哲学创造主体意识的又一个维度。这也同样体现在其哲学史研究和哲学体系的构建中。就前者来说，它体现在：与诸多用西方概念来解释中国哲学史的做法不同，唐君毅坚持用中国哲学自身的概念来研究中国哲学史；在《哲学概论》这一世界哲学史性质的著作中，唐君毅特别强调了中国哲学的价值和地位。就后者而言，以其“境界说”为例，不管是对形上学、还是对人生哲学的解读，唐君毅都大量利用了中国哲学的资源，并将中国哲学的若干价值作为最高境界。

在哲学史的研究中，唐君毅十分强调中国哲学的地位。在《哲学概论》一书中，唐君毅批评了当前中国人写哲学概论的一些现状：“坊间出版此类之书，……一般之共同缺点，则为摒中国之哲学于外，全不加以论列，此实非为中国人写哲学概论应有之道也。”显然，在他看来，中国学者所写的哲学概论，应该吸收更多中国哲学的材料。但我们考察唐君毅所写《哲学概论》一书，还是很容易发现，其中的主要内容仍大多来自西方哲学。对此，唐君毅有一个解释。他说，尽管《哲学概论》一书“所取之中国哲学之材料，仍远逊于所取于西哲者之多，尤使愚愧对先哲。唯此中亦有一不得已之理由，即西哲之所言，慧解虽不必及中国先哲所言者之高；然理路实较为清晰，易引人入于哲学之门。而中国先哲之言，多尚须重加疏释，乃能为今日之中国人所了解。此尚非一朝之事，故仍不免以西方之材料为主。”[①]可见这种做法只是策略上的考虑，其所真正看重和信奉的仍然是中国哲学。而在《中国哲学原论》中，唐君毅曾经说过，讨论中国哲学的义理“亦时须旁通于世界之哲学义理，与人类心思所能有、当有之哲学义理以为言，方能极义理之致。然虽日旁通，吾人又不能徒取他方之哲学义理，或个人心思所及之义理，为预定之型模；而宰割昔贤之言，加以炮制，以为填充；使中国哲学徒为他方哲学之附庸，或吾一人之哲学之注脚。”[②]可见，唐君毅虽然主张对中国哲学的研究需要对西方哲学有所借鉴，但反对将中国哲学作为其他哲学之附庸，这里，他真正强调的仍然是中国哲学的主体地位。

唐君毅还在更为广阔的文化视野中，讨论了中西文化交流中中国人应持的态度问题。总的来说，他认为面向未来，在中西文化交流中，应该以中国文化为基础。在《中国文化之精神价值》中，他说，“中国近百年之文化，至少在表面上可谓之为西方文化次第征服中国传统文化之历史，或中国文化在西方文化之冲击前，一步一步退却，而至于全然崩溃之历史可也”。这是唐君毅对近代以来中国传统文化(包括中国哲学、儒学)之命运的总体认识。唐君毅认为，在这种情况下，人们(包括他本人)对中国文化之价值产生了很多的怀疑，但经过思考之后，他又重新肯定了中国文化的价值。“吾人确已到一一切从混沌中立根基，纯依理性上、理想上之当然与定然，以思维一切之时代。中国文化生命，已到一可自漩流中拔出，而真正向前伸展的时代。”“中国文化精神确有其永久不磨的价值。”基于这一认识，唐君毅认为“中国以后之接受西方文化，

---

① 唐君毅：《哲学概论》，中国社会科学出版社 2006 年版。

② 唐君毅：《中国哲学原论》(导论篇)，中国社会科学出版社 2004 年版，“自序”，第 1—2 页。

必须彻底改变以往之卑屈羡慕态度，而改持一刚健高明之态度。仍在自己文化精神本原上，建立根基。”关于中国文化的精神根源，唐君毅认为，中国文化认为“人确有异于禽兽之心性，人之一切文化道德之活动，皆所以尽心尽性，而完成人之人格。此即谓一切文化，皆由于人之人格精神而有，最后亦为人之人格精神之成就而有。一切文化道德之价值，最后必然为内在于人之精神之体验者。吾人之肯定一种文化活动之价值，最重要者，唯在其对人精神直接显示之本身价值，而不在其工具价值、功利价值。”[①]这些显然正是儒家文化的基本主张。总的来说，唐君毅认为在中西文化交流碰撞的背景下，要想更好地解决时代问题，人们只能立足于以儒学文化为代表的中国传统文化。

前面提到，唐君毅将时代问题在哲学上归结为心灵活动的问题，为了解决这一问题，唐君毅主张重新发扬理想主义哲学。而理想主义哲学的复兴，在唐君毅看来，则需要充分回归中国传统哲学。这也是其哲学体系构建中民族主体意识的一个表现。“理想主义之哲学之再复兴之道路，即在吾人之如何使此理想，不只为人所观照之虚悬于上之当然，而成为真正之实然。而在其转为实然之时，如何能不被污染利用，以加深人之罪恶。欲答此一问题，则必须由西方近代哲学，回到中古哲学之重信心、重灵修之精神，更须由西方哲学通至东方之儒道佛之哲学，所言之如何使知行合一，智及仁守之道。”[②]在“境界论”中，唐君毅将境界从低到高分为九种，并认为最高境界就是中国传统儒家的“尽性立命”之境。对唐君毅而言，达到这

---

① 唐君毅：《中国文化之精神价值》，广西师范大学出版社 2005 年版。

② 唐君毅：《生命存在与心灵境界》，中国社会科学出版社 2006 年版，第 925 页。

一境界,时代的难题就会得到解决。显然,唐君毅的民族主体性在这里得到了更好的彰显。

四

前文提及,唐君毅认为当前时代的主要问题是人类世界之毁灭有着真实的可能性。关于这一可能性,唐君毅指出:"只说是以人能造核子弹之故,其义太浅。此人之能造核子弹,乃其生命之存在发展,至其有造核子弹之知识之一结果,亦近代科学知识进步之一结果。此近代之科学知识之形成,则由于人本于其观照凌虚境中,所得之数学、几何学之知识,用至感觉经验世界之物相,更发现物体之具种种物能,以至于原子能、核子能,然后乃有此造核子弹之知识,足毁灭'具此知识,与一切科学知识,具感觉经验,亦有能凌虚而观照之心灵'之人类之自身。"也就是说,在唐君毅看来,人类世界之所以存在毁灭的真实可能,根本原因主要不是原子弹的出现,也不只是通常所以为的更深一层的现代科学知识的发展,而在于人类主体的心灵活动自身。唐君毅认为,原子弹的出现源自科学知识的发展,而科学知识的发展则源自人类主体的心灵活动。其实,透过其境界论的诸多术语,我们可以发现,唐君毅将时代的根本问题归因于人类主体的存在出现了问题。

准确地诊断出时代的问题及其根本原因只是第一步,接下来唐君毅还要从哲学上回应和解决这一问题。与将时代问题归因于人类主体之存在出现问题相关,唐君毅认为要想解决时代问题,还必须从人的存在入手。他认为,只有每一个主体走向理想的存在,才能从根本上解决当前时代的问题。因此,唐君毅将重建理想的主体(自我)当做自己哲学体系构建的主要问题意识，这贯穿在唐君毅不同时期的著作中，而尤其集中体现于其《生命存在和心灵境界》这一集大成的著作中。前面曾经提及，该书是为回应时代问题而作，这也是唐君毅哲学鲜明时代性的一个表现。在该书一开头，唐君毅就说："今著此书，为欲明种种世间、出世间之境界（约有九），皆吾人生命存在于心灵之诸方向（约有三）活动之所感通，与此感通之种种方式相应；更求如实观之，如实知之，以其真实行，以使吾人之生命存在，成真实之存在，以立人极之哲学。"[①]可见，就主要目标来看，该书主要包含形而上学和人生哲学两种意蕴：就前者而言，该书是希望对世界（境界）做一个统一的解释；就后者而言，唐君毅则希望通过该书的论述，为理想自我的实现铺就道路，并进而对时代问题予以根本解决。总的来说，不管是解释现实，还是实现理想，唐君毅都是从作为生命存在的人类主体入手的。这是其哲学体系构建中人类主体意识的又一体现。

唐君毅哲学创造中的人类主体意识，不仅体现在其哲学体系的构建中，还体现在其哲学史的研究中。前面提到，唐君毅最重要的两种哲学史著作是《哲学概论》和《中国哲学原论》。在《哲学概论》中，唐君毅给出了自己对"哲学"的定义："哲学是一种以对于知识界与存在界之思维，以成就人在存在界中之行为，而使人成为一通贯其知与行的存在之学。"而在介绍该书的内容安排时，唐君毅也明确表示："本书论形上学，即重在论价值在宇宙中之地位；论知识，亦重论知识之真理价值，及其与存在者之关系。故本书之精神，实中价值过于存在，重存在过于知识。"[②]可见，不管是对哲学的定义，还是对具

① 唐君毅：《生命存在与心灵境界》，中国社会科学出版社 2006 年版，第 7 页。

② 唐君毅：《哲学概论》，中国社会科学出版社 2006 年版。

体内容的安排，唐君毅都十分重视人类主体的地位：将哲学定义为贯通知行之存在之学，正是肯定了人在哲学中的基础地位；而强调价值重于存在，则更是强调了作为价值主体的人的重要性。在《中国哲学原论》这部中国哲学史性质的著作中，唐君毅则以几个核心概念（性、道、教）为中心，疏解了历史上不同哲学思想之间的矛盾。他认为，历史上不同的哲学之所以有矛盾，对这些矛盾的疏解之所以可能，都是因为事实上不同的哲学思想都可归因于主体心灵的活动。“此宛然之冲突矛盾，追源究本而论，唯起于吾人之心思，原有不同方向，不同深度之运用，而吾人又恒不免于依其所自限之某一深度、某一方向之心思运用之所知，以观他人沿其他方向，运用其心思之所知，而不能善会之故。”“唯有人之善自旋转其心思之运用之方向，如天枢之自运于于穆者，方能实见彼一一义理之各呈于一一方向深度之运用之前，以咸得其位，如日月星辰之在天；亦方能实见得一切真实不虚之义理，其宛然之冲突者，皆只是宛然而暂有，无不可终归于消解；以交光互映而并存于一义理世界中。”[①]

《中国哲学原论》的这一思想，也体现在《生命存在与心灵境界》中。我们考察《生命存在与心灵境界》一书可以发现，虽然它是一部形而上学和人生哲学，但其所论述的具体内容绝大多数都是哲学史，并且唐君毅也确实有着融合历史上不同哲学体系的意图，因而可以说该书也是一种特殊形态的哲学史著作。在这部著作中，唐君毅对历史上不同哲学体系的解释、疏通和融合，也是从人类主体的心灵活动入手的。在他看来，历史上不同的哲学体系都是主体的心灵活动的不同方式

---

① 唐君毅：《中国哲学原论》（原性篇），中国社会科学出版社 2004 年版。

所导致的，而要想实现对不同哲学体系的融合贯通，也需要回到人的心灵活动中。

总体而言，对人类主体的强调，是唐君毅哲学创造中最具哲学意味的一个特征。大致来说，这既体现在对哲学史的梳理中，也体现在其哲学体系的构建中。就前者而言，唐君毅对哲学史的梳理，不管是对中国哲学史还是对外国哲学史，都非常强调与人类主体有关的那些问题，也在一定意义上对哲学史做了存在论的解读。而就后者而言，则更为明显，唐君毅的整个哲学体系的核心就是自我、主体（其中既包括作为类的主体，也包括作为个体的主体）的概念。

五

与个人性情和对中国近现代思想文化发展的基本判断有关，唐君毅的哲学创造表现出三种主体意识。唐君毅将诊断和解决时代问题作为自己哲学体系构建的主要任务，也试图用不同于传统哲学史的新形式来研究中外哲学史，表现出很强的时代主体意识。不论是体系构建还是哲学史研究，唐君毅都比较强调中国传统哲学尤其是儒学的核心价值，因而又表现出强烈的民族主体意识。唐君毅认为时代问题之根源在于人类主体的存在出现了问题，而对时代问题的解决，需要重建理想的主体（自我）；在对中外哲学史的研究中，不论是对哲学的重新定义，对哲学史内容的具体梳理，还是对不同哲学体系的疏通，唐君毅都是从人类主体入手展开的：这都表明唐君毅哲学创造中鲜明的人类主体意识。唐君毅既是哲学史发展的观察者，也是哲学发展尤其是儒学复兴的参与者，其哲学创造中的主体意识，对当前的哲学研究有积极的借鉴意义。

唐君毅先生是一位自觉的哲学家，这一自觉性体现在他主动回应时代问题，也体现在他主动以民族文化资源回应时代问题，还体现在他从人类主体入手来解释和解决现实问题。这可以给我们带来一些启示和思考。对时代主体意识的强调，给我们的启示是，当前的哲学研究要有问题意识，要关心时代课题。对民族主体意识的强调，对中国哲学家而言其重要性不言而喻，我们不能离开自己的民族文化传统来谈哲学创造。但这里有两个问题需要注意。首先，不离开民族文化传统不意味着民族文化传统都是正确的，我们似乎不应无条件的、不经批判地接受民族传统，这是时代性给我们的要求；与此相关，对民族传统也要有所分析，传统文化有其丰富性，对此我们应该持包容和开放的心态，对各种各样的道统论应有所警惕。其实，面对时代课题，我们应该做到两个包容，既要包容其他民族的文化，又要包容本民族文化中的不同传统。对任何时代问题的解决（比如环境问题），当然离不开对人类主体的思考，但对主体的考察却可以有不同的进路。唐君毅将一切现象都归结为人类心灵的活动，只是进路之一，而且也未必是最好的进路。

（作者系华东师范大学学报编辑部编辑）

辑三

“文庙讲堂”——镜头下的东方美学

从民国新儒家的心路历程看儒学复兴的必然性

○施忠连

民国新儒家在20世纪最早勇敢地站出来，在广阔的文化背景下揭示儒学中那些超越时代、具有普遍意义和永恒价值的思想。他们推崇儒家生活方式中的人文精神，以批判现代社会全面商品化、功利化导致漠视人的价值的倾向。他们根据儒家“反求诸己”“自作主宰”的哲学，论证了要于民族自身求得其独特精神之所在，民族精神是民族真生命之所寄，舍此，便断送了自家前途，便无自家新生命，应当立足民族自我，自主创造。他们的哲学思考有助于今人领悟儒学复兴的必然性。

儒学复兴是个历史的概念，在不同的历史时期和特定的语境中具有其特有的含义：西汉前期的儒学复兴是对秦朝焚书坑儒的暴政、崇尚功利、武力的法家思想以及汉初主张清虚无为、贵柔守雌的黄老之学的克服；唐朝初年的儒学复兴是对六朝时期数百年的国家分裂与混战、思想、经典文本释读方面的混乱、以及玄学以玄虚为贵、以仁义为臭腐的思想倾向的矫治；以理学的兴起为标志的北宋儒学复兴是一倡导理性、批判佛教神学蒙蔽主义的启蒙运动，是重建为佛教出世主义所弃绝的家庭价值与社会责任，以及为防止困扰晚唐五代的动乱再发生的社会秩序的过程。当代的儒学复兴则是对中国近百年中引发种种弊端的彻底反传统运动的纠偏，是中华民族复兴的历史潮流所引发的文化自觉和民族独有价值的新探求。因此，那种把儒学复兴一律说成是统治阶级为钳制思想、驯服百姓、加强专制而推行愚民政治的手段，既是对历史的无知，也是对当代社会的重大历史性运动的肤浅、偏颇、狭隘的认知。

就现代社会而言，儒学的复兴并非只是指那种遵循狭隘的儒家道统或坚守某派儒家门户之见的儒家学派的复兴，也不是意味着恢复儒家唯我独尊的地位，而主要是指那种构成中华文化基因、中华精神要素、使中国之所以为中国、中国人之所以为中国人的儒家基本价值的复兴。把博大精深的儒学整个思想体系等同于"三纲"观念、归结为专制主义意识形态，是过去社会批判运动中由激愤情绪所引发的对传统一棍子打死的简单粗暴的做法，与把小孩连同为他洗澡后的污水一起抛弃掉的愚蠢行为并无二致。对儒学复兴的厌恶心理在很大程度上是对历史和现实重大问题不求深解的惰性思维所致，它必将在中华民族复兴的伟大历史潮流的冲刷下而逐渐衰退。

儒学的复兴之说并非只是文化保守主义者一厢情愿的夸饰之词，而是对现代中国思潮走向的一个客观而真实的描摹。这可从以下两方面获得说明。首先从"儒学的复兴"这一词语产生的语境来看，在 20 世纪的二三十年代，批儒在新派知识分子中成为不可阻挡的时尚，但是仍然有一些对新鲜事物十分敏感、而又敢于独立思考、思想深邃的社会杰出人士开始从哲学上肯定儒学的价值，并且在儒学基础上，吸收西方哲学观念，构建了新儒学思想体系，并在思想界产生重大影响。如贺麟曾经评价现代新儒学的首创者梁漱溟的思想“使人对整个东方文化的前途，有了无限的乐观和希望”，并且“助长国人对于民族文化的信心和自尊心。”而在谈到接着宋明理学讲、创立新理学哲学体系的冯友兰时，贺麟说，冯友兰是“抗战期中，中国影响最广声名最大的哲学家。”可见，儒学经过五四的洗礼，借鉴西方思想，以新的形态出现，开始走向复兴，这是一个不容抹煞的历史事实。其次，以长远的眼光看问题，“五四”以后的近百年的中国思想史表明，儒家所推崇的价值、所塑造的民族精神在全社会获得了越来越广泛的认同，并且开始在全球产生影响。虽然新中国成立以后中国大陆主导的意识形态是马克思主义，而在“文革”中儒家传统遭受毁灭性的打击，“文革”后西化潮流汹涌澎湃，然而与此同时，儒学仍然以其顽强的生命力寻求其生存的土壤和发展的空间。港台新儒家接续民国时期以熊十力为代表的新儒学发展势头，使儒学仍然作为主要的意识形态之一在中国港台地区和海外华人社区生存。而在大陆改革开放以后，儒学先是在学术界、而后在全社会逐步恢复其影响力。自新世纪始，中国共产党的领袖以不断增强的力度和高度肯定儒家价值在当今世界的积极作用。2014 年 10 月习近平在文艺工作座谈会上的讲话中列举的中华民族在长期实践中培育和形成的独特的思想理念和道德规范，即“崇仁爱、重民本、守诚信、讲辩证、尚和合、求大同等思想，有自强不息、敬业乐群、扶正扬善、扶危济困、见义勇为、孝老爱亲等”几乎全部来自儒家传统。党和国家领导人这类讲话清楚地反映了儒家观念在全民族中得到认同所达到的普遍程度。

因此，儒学的复兴并非只是文化保守主义者心目中的愿景或幻象，也不是哪个国家领导人一时心血来潮或出于某种需要想当然主观定下的国策所造成的一种偶然、短暂的现象，而是近百年中国现代思想史所显示的必然趋势。当代儒学复兴的必然性，从根本上说我们可从习近平在2013年8月召开的全国宣传思想工作会议上的讲话中对中华文化的精神价值的精辟论述得到深刻的认识。他指出，中华文化包含着中华民族最根本的精神基因，代表着中华民族独特的精神标识。显然，这话主要是讲中华传统文化，实际上也就指明了作为中华传统文化主体的儒家文化的精神价值，以及它对于中华民族及其创造的中华文明在当代及未来世界的发展所具有的重大作用。2014年9月24日，习近平在纪念孔子诞辰2565周年国际学术研讨会暨国际儒学联合会第五届会员大会开幕会上更加明确指出，孔子创立的儒家学说以及在此基础上发展起来的儒家思想，对中华文明产生了深刻影响，是中国传统文化的重要组成部分；儒家思想反映了中华民族的精神追求，是中华民族生生不息、发展壮大的重要滋养。中华文明，不仅对中国发展产生了深刻影响，而且对人类文明进步作出了重大贡献。毫无疑问，儒家文化的精华，用习近平在全国宣传思想工作会议上的讲话中的语言来说，也是“中华民族的突出优势，是中华民族自强不息、团结奋进的重要精神支撑，是我们最深厚的文化软实力。”

习近平这些论述是他深刻总结数十年来中国社会中传统与现代化持久而猛烈的互动中正反两方面的宝贵经验而得出的结论，代表了当今中国主流社会对传统价值认识达到的新高度。自五四新文化运动以来，中国社会对传统文化、尤其是儒家思想的认识经历了一个历史演变的过程，并且呈现了不断加强的思想趋势。当然，各个历史时期不同思想倾向的人士对儒学的评价是很不相同的，有时是非常对立的，但是持久而激烈的思想和学术论争促进了对儒学价值及其在现代社会的作用的认识，与此同时，现代各个历史时期的重大时代课题，如救亡、发展经济、价值建构、道德重建、文化自觉等，引发的思想探求也在不断地开拓儒家价值的维度和层次。虽然近百年来每个历史时期彻底批判儒家的声音不绝于耳，但是无论是政界、思想界、学术和文化艺术界等领域杰出人物或有识之士基于对中华复兴的责任感、使命感，以及对历史和现实的深刻观察而发表的真知灼见，还是现代中国思想发展的大势都清晰昭示，儒学的复兴是现代中国思想演变的必然趋势。

特别值得令人注意的是民国时期那些以保存、更新、弘扬中华传统价值为己任的哲人在彻底反传统的热潮中冷静、深沉的思考以及他们护卫中华精神的那些振聋发聩、显示了睿智和无畏精神的著述。这些人后来被称为“新儒家”或“现代新儒家”，因为他们抛弃了儒学中可以为专制统治所利用的内容，如三纲观念、封建礼教、宗法思想等，同时崇奉民主和科学，因此有别于传统儒学。这是民国时期一批十分特殊的群体，因为他们的言论在当时看起来非常不合时宜，甚至被激进人士视为代表了反动的封建意识，是封建复古主义老调的重弹。但是，他们在当时社会的追求和作为表明他们与抱残守缺的封建遗老遗少完全不是一类人，他们中有些人曾长期在欧美潜心学习，有的在国内穷困乡村艰难地探索改良社会的途径，有的曾经致力于创建民主党派，成为著名的社会活动家。在中国现代思想史上，新儒家是最具原创力、贡献最多独特思想体系的专业哲学家群体。他们的思想并非是对传统儒学的简单重复，而是在儒家基本价值观念的基础上，融汇中西思想，探究解救国家危亡、解决现代社会问题和精神、文化问题的出路的理论结晶。从他们从事思想探索和学术研究的心路历程我们也能够看到儒学在现代社会的复兴是必然的。

现代新儒学的思想家们在他们的著述中常常谈到自己提出某种观点、理论的思想动机，或者是讲述他们自己思想演变的过程，这些论述往往都要披露他们在那个激进思潮支配全社会的时代自己之所以皈依传统价值的思想原因，这些胸臆心语比他们所构造的抽象的理论更明白地表达他们学说的真正意义所在，由此我们也可以更真切地体悟到儒学在现代社会的真价值所在，由此也就能更清晰地洞察儒家观念为何必定会在现代复兴的缘由。

民国时期最早公开宣称儒家价值在未来世界必定复兴的是梁漱溟，从他的著述和行为我们可以看到儒家传统在现代社会的趋向。正是在批儒运动方兴未艾之际，他于 1921 年出版讲演记录稿《东西文化及其哲学》，提出并且论证了儒家文化是未来世界文化发展的方向的观点，表达了他对儒学在未来世界必定复兴的坚定信念。他说：“世界未来文化就是中国文化的复兴，有似希腊文化在近世的复兴那样。”当然，这并不是他作为文化保守主义者的盲目信仰或随意论断，而是通过比较东西方文化的特质尤其是在生活方式上的不同，针对现代社会的问题，探寻儒学真精神后得出的结论。他运用文化哲学的方法，从确立文化或文明的基本价值入手，批评地把中国固有的价值重新拿出来。他早年曾经参加辛亥革命，学过西方思想，还深入钻研过佛学，但是一再陷入迷惘、失望之中，最后才转到儒家，作为自己的安身立命之处。他在晚年总结自己一生精神探索历程时说，他的思想经历了三个阶段：“第一期便是近代西洋这一路。从西洋功利派的人生思想后来折返到古印度人的出世思想，是第二期。从印度出世思想卒又转归到中国儒家思想，便是第三期。”促使他的思想转变的是儒家的生活方式，他以为这种生活样式是儒家的真精神所在。

关于他的思想转向的契机，他透露说：“当初转到儒家，给我启发最大，使我得门而入的是明儒王心斋先生（指王艮），他最称颂自然，我便是由此而对儒家的意思有所理会。”这里所说的“自然”当然不是指自然界，而是说人性的本然状态，即人的无丝毫功利考虑，不算计，充满生命活力、情志和乐趣的天然本性。他赞美儒家“以生活为对、为好”；说儒学没有别的意思，就是叫人“顺着自然道理，顶活泼顶流畅的去生发，”万物欲生，即任其生，使宇宙充满生意春气。因此它与佛学的无生、出世的人生态度恰好反对。这是他所把握的儒学的真髓，并依此为现代新儒学奠基。

梁漱溟清楚地意识到传统儒学中那些被统治者利用来加强专制独裁、等级森严的制度、压制个人自由和个性的内容是不符合时代的要求的，所以称之为“死板烂货”。但是，他根据其文化哲学，主张看文化不能看其“呆面目”，而要留意其“活形势”，即活精神。他认为中国文化、儒家哲学的根本精神、真正价值在于启发了一种人生：“全超脱了个人的为我，物质的歆慕，处处的算账，有所为的而为，直从里面发出来活气——罗素所谓创造冲动——含融了向前的态度，随感而应。”正是基于这样的认识，他对儒学在未来社会的光明前途抱有极其乐观的态度，所以在知识界新派人物众口一词揭露儒学的落后、保守和反动的时候，理直气壮地为儒家辩护，宣布自己弘扬儒学价值的使命：“乃至今天的中国，西学有人提倡，佛学有人提倡，只有谈到孔子羞涩不能出口，也是一样无从为人晓得孔子之真，若非我出头倡导，可有哪个出头？这是逼得我自己来做孔家生活的缘故。”

梁漱溟不愧是第一个现代意义上的儒家，在20世纪的中国他最早站出来，在一个广阔的文化背景下揭示儒学中那些超越时代、具有普遍意义的价值。他推崇儒家的生活方式是为了用传统的人文精神批判和克服现代化过程中出现的漠视人的价值、向外逐物的功利主义趋向，与西方法兰克福学派对资本主义的批判有异曲同工之妙。他把现代化过程中出现的负面现象归罪于“西方的生活样式”，批判这种生活把人变成机械的附庸，人们工作没有创造性，艺术性，呆板无趣，最易疲劳，不能不勉强忍耐去做，在极度疲劳以后，只能寻求肉体刺激和欢乐，“淫声、淫色、淫味……总而非淫过不乐”；即使资本家也不幸福，因为他们要“小心提防失败、贫困、地位低降，而努力刻意营求财货。时时刻刻算账并且抑制活泼的情感……总之不敢凭着直觉而动。”在这种社会中人们之间只有赤裸裸的金钱关系，无一点情趣，一点情义，人际关系变得十分枯燥无味，而且往往陷于对立。西方主张个人的，为我的，强调个性的伸展，把个人之间的界限限划得太清楚，开口就是权利义务，法律关系，同谁都要算账，甚至于父子夫妇之间也都是如此。人与人之间只是利害关系，社会上处处是冷漠、敌对，没有人生的活气。此外，西方“为我向前”的态度以征服自然为乐趣，从而使人与自然对立起来。

总之，西方文化的路向“求诸外而不求诸内，求诸人而不求诸己”使人的个性伸展过度，破坏了人与人之间的和谐关系，“他们精神上也因此受了伤，生活上吃了苦，这是19世纪以来暴露不可掩的事实！”与之成为对照，儒家主张过有情志的生活，他以为这是东西方文化的根本不同之点。根据梁漱溟的学说，儒学的生活是乐的，社会充满温情的爱都，没有暴慢乖戾之气。按照这种生活方式，人们的心理是和乐恬静的；而且他的乐不凭借于外，而系于中，是自得其乐，能够克服算计带来的、追求功利目的引起的忧虑烦恼。当然，他这样说并非刻意美化封建宗法社会，而是用孔子、孟子以来儒家知识分子所崇尚、追求的一种理想的生活方式来批判商品社会金钱至上、功利至上的价值观。鉴于西方文化充满活力，现代社会呼唤一种进取的精神，梁漱溟强调按照儒家价值生活的人有内在的活力，显示出强大的精神生命力。他一再指出，儒家发于纯真的情感，而不是私利的算计，所以有刚的精神，内心里面精神力量极充实，不待鼓动而活动不息，奋发向前而不向外逐物，永远活泼，如孟子所说："其气也至大至刚，以直养而无害，则塞于天地之间。"(《孟子·公孙丑上》)在他看来，这种生活的价值是永恒的，深信在未来社会儒学必然要大大复兴起来，所以 1934 年他在南京作《孔子学说的重光》的演说最后以十分坚定的信心说："孔子学说的价值，最后必有一天，一定为人类所发现，为人类所公认，重光于世界！"

民国新儒家对于儒学在未来世界的前途的信心还在于他们对儒学同民族精神不可分割的联系的认识。在他们看来，无论是当前的救亡图存，还是未来中华民族的复兴，一个具有头等重要意义的事情是确立民族自我、弘扬民族精神。梁漱溟于 1933 年出版的《中国民族自救运动之最后觉悟》一书中提出，对于一个民族来说，最重要的是民族精神，说它是"一民族之真生命之所寄，抛开了自家的根本精神，便断送了自家前途。自家前途，自家新生命，全在循因有精神而求进，而向上；不能离开向外以求，不能退坠降格以求。"在新儒家看来，中国人的民族自我和民族精神主要是由儒家孕育和培育的，所以梁漱溟说："此时孔子之被怀疑，是应有的现象，是不可少的事情。大概是应当这样子，不怀疑不行；只有在怀疑之后，重新认识，重新找回来才行。我曾告大家说中国民族精神，必须在唾弃脱失之后，再慢慢重新认识，重新找回来。”

中国现代哲学的大家、民国新儒家另一代表性人物贺麟曾提出儒学的复兴是中国现代思想发展的方向，他同样是从弘扬民族精神的视角来思考儒学对于现代中国的意义。贺麟很早就开始醉心于黑格尔哲学，根据他自己的诉说，他青年时期钻研黑格尔哲学，与其说是个人的兴趣，不如说是时代的兴趣居多。他披露心迹道，当时中国的现实，强邻压境，国内四分五裂，人心涣散颓废，与黑格尔时代相同，觉得黑格尔的学说对时代问题的解答，可供借鉴；觉得黑格尔“重历史文化，重自求超越有限的精神生活的思想实足振聋起顽，唤醒对于民族精神的自觉与鼓舞，对于民族性与民族文化的发展使吾人既不舍己骛外，亦不故步自封，但知依一定之理则，以自求超拔，自求发展，而臻于理想之域。”正是由于这种思想基础，他发现陆王心学重视自我意识和个体的主观精神生命、精神力量的弘扬，强调自立自重，自作主宰，因此特别欣赏，认为对于处于民族危机空前严重的时代的中国人特别有用。

贺麟同梁漱溟一样，也从文化哲学上立论，强调“民族复兴本质上应该是民族文化的复兴”，但是他与梁漱溟不同，是用中国传统哲学“体用”的范畴来分析民族精神对于民族文化、民族生命、民族前途的至关重要的意义。他在《文化的体与用》中指出，就民族言，一个民族的文化就是那个民族的民族精神的显现，民族精神为体，民族文化为用，体用两反面是不可分离的。对西方文化要有深刻彻底的了解，如此不唯不致被动地受西方影响，奴隶式的模仿，反而可以自觉地吸收、采用、融化、批评、创造，创立适合民族生活时代需要之文化。

这不是被动的“西化”，而是主动的“化西”。他希望创立的一种文化“能够启发我们的性灵，扩展我们的人格，发扬民族精神。”因此他最推崇的是儒学。在他看来，既然民族文化是那个民族的民族精神的显现，那么，中华民族的文化复兴，主要的潮流、根本的成分，就是儒家思想的复兴，儒家文化的复兴。他说：“假如儒家思想没有新的前途，新的开展，则中华民族，与夫民族文化也就会没有新的前途，新的开展。换言之，儒家思想的命运，与民族前途的命运，盛衰消长，是同一而不可分的。”在他看来，中国近百年危机，从根本上说是文化危机，即儒家思想之消沉、僵化、无生气，失掉孔孟的真精神，丧失了新生命，没有应付新挑战的能力，丧失了在中国文化生活中的自主权。然而新文化运动对儒家的批判和西方文化的输入给了儒家复兴的机会，前者对于儒家的贡献在于扫除了儒家僵化部分的躯壳的形式末节和束缚个性的传统腐化部分，可以使孔孟的真精神真面目显露出来；后者则为儒家充实自身、发展自身提供了丰富的内容。他对儒学的生命力充满信心，他说，“假如儒家思想经不起诸子百家的攻击、竞争、比赛，那也不成其为儒家思想了。愈反对儒家思想而儒家思想愈是大放光明。”因此，他大胆预言：“根据对于中国现代的文化动向和思想趋势的观察，我敢断言，广义的新儒家思想的发展或新儒家思想的新开展，就是中国现代思潮的主潮。……自觉地、正式地发挥新儒家思想、蔚成新儒学运动，只是时间迟早、学力充分不充分的问题。”

实际上，贺麟这一论断是有事实根据的，正是抗日战争对民族精神的呼唤，促使儒学的复兴，历史学领域的新儒家的主要代表钱穆的学术道路就是一个证明。他的名著《国史大纲》是一本发愤之作，当然不是发个人命运之恨，而是发民族命运之愤。他在《国史大纲·前言》中以悲愤的笔调说:“国人值此创巨痛深之际,国人试一翻我先民五千年来惨淡创建之史迹,一鞭一条痕,一掴一掌血,必有渊然而思,憬然而悟,愀然而悲,愤然而起。”正是在这种深沉的民族情感激励下他写成了《国史大纲》。此书的宗旨是在日寇入侵、民族危机极其严重的时期,以国魂激励国人,抵抗强敌。为此,他所使用的历史材料,他对历史事件的叙述着重弘扬以儒学为主体的民族文化,赞颂历代儒家著作所造就的民族英雄及其所表现的民族精神。

在钱穆看来,史家的使命是“能于国家民族之内部自身,求得其独特精神之所在”,目的是“求出国家民族永久生命之泉源”。在他看来,民族精神是历史发展演进的根本动力。因此,他坚信,民族的生机和生命、国家的生存和前途全在于民族文化及其深处的民族精神。他说:“环顾斯世,我民族命运之悠久,……一民族文化之传统,皆由其民族自身迁传数世、数十世、数百世血液所浇灌,精肉所培壅,而始得开此民族文化之花,结此民族文化之果,非可以自外巧取偷窃而得。……我民族国家之前途,仍将于我先民文化所贻自身内部获得其生机。”正是由于有这样的思想内涵,渗透了这样强烈的民族精神,此书一出版立即风行全国,极大地鼓舞了国人的抗战激情,当然,他的新儒家观点也随此书而不胫而走,产生广泛的影响,这自然是钱穆所期望的。“故所贵于历史智识者,又不仅于鉴古而知今,乃将为未来精神尽其一部分孕育与向导之责也。”

民国时期因民族意识的觉醒而确立儒学复兴理念的另一位思想家是张君劢,这位一生不遗余力为设计和建立现代国家的宪政体制而奋斗的学者、政治活动家,在哲学思想上同样属于新儒家的范畴。如果说贺麟思考的重点是如何弘扬民族精神，张君劢则更加关注怎样确立民族自我。这两个问题同样注重树立本民族自身的精神价值，但两者也有区别，前者最重视民族意识以及民族传统中那种为民族的利益、生存和发展而奋斗、牺牲的英勇的精神力量，而后者则强调立足民族自我，自作主宰，自主创造。正是从后者出发，张君劢确立了儒学在未来世界复兴的坚定信念。

与贺麟一样，他在其青年时期也受到德国思想家的深刻影响。在20世纪20年代初期他在德国留学，师从著名哲学家、诺贝尔文学奖获得者倭铿，后者告诉他，“不要讲唯心论，亦不要讲唯物论，如何把自己的人生坚强起来，才是最要紧的。”对此他心领神会，意识到要坚强人生就要自作主宰，所以中国人的人生观应有自己的特色，不然就是“傀儡登场”“沐猴而冠”，“既无所谓文，更无所谓化也”。他强调“人生在宇宙间独往独来之价值”。对于国家来说，就是要诉诸本民族的价值。出于他对传统思想的体悟，他认为儒家思想的真正意义就在它主张“求于己”，用西方的哲学术语说，就是诉诸自我的自由意志；儒家最注重修养，正己，“求在我”，强调内在的精神生活的重要性，在他看来，这种哲学使人“努力精进之勇，必异乎常人。”

张君劢在国内教授德国哲学，但同时通过宣传他的新儒学主张鼓吹民族自主、自立。1936年他出版《明日之中国文化》，在书中大声疾呼中华民族必须有自信力，指出能自立，方能应付事变。他还强调必须在我国文化中求得吾族之真正自我，也才能在新文化中发挥吾族之特点。因此，发展孔子之学是势之必然。他说“徵诸往史，吾族之能消化外来元素，以成为我之所固有，本已的然无疑，亦继战国、唐、宋之后，而另成一文化大振之新时期乎。此由既往推将来而有以知其必然者也。”他认为在今日世界思潮袭来时，我们还是应该发展孔子之学，以树立自己的立场。当然，他同时提出必须使“儒学现代化”以复兴儒学。

张君劢认为儒学的复兴是历史的必然，其理由是未来的思想呈多元的趋势，以儒家思想为主体的中国哲学是世界哲学的重要组成部分，孔孟之书与柏拉图相比毫无逊色。不仅如此，中国哲学还有其独有长处，如儒家哲学倡导积极向上的精神，可以使人振作，与存在主义重空无、谈忧虑与死亡大异其趣，肯定世界万物之有，无怀疑主义倾向。

应当说，对于孔孟“反求诸己”、自作主宰的哲学，张君劢所做的贡献限于以现代哲学语言阐释其在中国现代社会的意义，而对这种哲学理论本身并未有更多的发明。熊十力则不同，他为这种哲学提供了一个十分坚实的本体论基础和精致的理论构造。他对当时学界介绍、宣传西学的著述十分不满，认为它们大多是支离破碎之说，捕风捉影之谈，流于肤浅、混乱，不过是旋生旋灭的潮流风尚而已。在他看来，真正学习西方需要“一种关于正视人类存在的最深层次诸问题的勇气”他力图用深刻的理论阐述，从哲学本体论上解决在现代中国日益商品化、物化的强大的现实压力下做一个大雄、大无畏、顶天立地的真正的人的问题。他执着于为传统哲学构建新的本体论，他深信这样才能重建中国现代知识分子的自尊，这才是更为基本的思想、文化课题，如此方能重新恢复、进一步增强儒家、以至于中华民族的生机。

熊十力凭借其深厚的哲学理论素养，以独具一格的哲学话语，精辟地阐明了本体是一种刚健精神，蕴含无限生机，“具有清净、纯固、坚实、勇悍、升进、与不可穷屈及无竭尽等义。”

他还称本体是“宇宙的心”，就是“我的心”，说此为“大宝藏”，“其大无外，其深不可测，其富有不可量，其流动变化无穷无尽。”他以此为据，强调小到个体，大到一个民族，都要自作主张，以自力开拓内在的大宝藏，并加以发扬光大。他的自作主宰的观念是儒家“先立其大者，则小者不能夺”思想的发展，与孟子、陆九渊、王阳明的心学思想一脉相承。这种哲学教人不要依傍他人，有独立自主的精神，用他的话来说，就是“发挥自己力量，大雄，大无畏，绝无依傍，绝无瞻徇，绝无退坠，堂堂巍巍，壁立万仞，是谓大丈夫，是谓独立。”他的本体论另一主题是弘扬开拓、进取的创造精神。他曾经说过：“吾之为学也，主创而已。”创造应该是哲学的第一义。在他看来，只有把握本体，才能深刻地认识创造活动，也才能为创造的观念提供坚实的哲学基础。他说：“若从实体（按：指本体）着眼，则万物与吾人，一切创造，一切变动，一切富有日新的圣德大业，都应归本于实体是无尽藏。”（《体用论·成物》）总之，他的哲学力图表明“人生一切皆得自主自在，一切皆得自创自造”（《体用论·乾坤衍》）。他强调，只有返本，人才能永远富有创造性。他的“返本开新”之说要求破除各种障碍和束缚，他指出，社会文化上的种种模式虽然会限制思想和人的精神生命，“但是，吾人如果不受他底固定的不合理的限制，尽可能自强起来，自动起来，自创起来，破坏他底模型，变更他底限制……”，就能开辟自己事业的新天地。他以其哲学论述有力地证明发自本体的精神具有破除束缚、桎梏、障碍、禁锢、执迷的功用，使人的创造力能够无穷无尽地开发出来。儒家《周易》哲学是熊十力的本体论的源头活水，他从中获益颇多。他的理论虽为“返本”之学，却具有时代精神，富有现代意义。他是现代中国站在思想领域前沿的少数几个大思想家之一，曾经对中国港台地区、以至于美国的新儒家的影响极大，他的哲学增强了他们对于儒学在现代社会复兴的信念。

毋庸讳言，民国时期的新儒家的著述有不少附会拉杂的成分，尤其是在一个传统与现代化严重对立、激烈冲突、社会思潮拥护后者而舍弃前者的时代，他们有不少说法看起来是不合时宜的；特别是他们的关切同当时激进的革命的吁求和解放后继续革命的步伐显得格格不入，在这样的情况下，他们复兴儒学的主张自然得不到热烈的响应。然而，历史的演进和发展有其自身的逻辑，第二次世界大战以后，从西方到东方都对传统与现代化复杂关系有了新的更深刻、更全面的认识，世界许多民族都出现了文化认同、精神寻根的趋向；与此同时，在中国革命完成了自己的历史使命以后，在中华复兴的历史大潮流的强有力的推动下，文化自觉、文化自信和民族精神的新觉醒成为当代全民族的最强音。在这样的时代，我们应当用新的眼光审视民国新儒家复兴儒学的主张所包含的真理性，从他们的哲学思考中领悟儒学复兴的必然性。

（作者系复旦大学哲学系教授）

儒学在民间

——当代儒学复兴的困境与出路

○胡守钧　张凤池

本文从当代民间儒学复兴面临的挑战入手，提出当代儒学复兴面临的三个问题：它的社会基础是什么？它如何与现代社会结构相契合？它如何应对西方文化强有力的挑战？通过对当代社会中民间儒学之表现的陈述与分析，本文针对以上三个问题，提出儒学复兴的动力在于：儒学价值观念在民众日常生活中得到延续；儒家伦理为社会和谐发展提供秩序依据；中国民族自信心提升了儒学文化形象。

对当代儒学复兴之形态，学术界有多种说法。赵法生将之分为士大夫儒学、制度儒学和教化儒学等三种形态。陈进国则称其为“学术性儒教”（文化儒教徒）、“民间性儒教”（生活儒教徒）和“建制性儒教”（宗派儒教徒）。以此来看，大体可将儒学分为官方政治儒学、精英学术儒学、民间生活儒学等三种形态。从众多学者的研究来看，民间生活儒学，或以儒学运动的形式呈现，或与民间信仰杂糅在一起，在三种儒学形态中，民间生活儒学已成为当代儒学复兴的重要表现形态。通过这一形式，儒学渗透在民间生活当中，渗透在各种民间信仰当中，与各地的生活方式、风俗、礼仪融合在一起。那么，民间生活儒学的复兴为何如此重要？本文将从儒学复兴的困境，民间生活儒学的当代表现，及其复兴的内在动力三方面来讨论这一问题。

儒学复兴面临的困境

伴随着中国社会的现代化，作为儒学基础的生产方式、政治体制、科技现代化水平、文化习俗等方面，都发生了翻天覆地的变化。儒学在现代中国社会的复兴，面临诸多挑战，也由此形成了当代儒学复兴不能回避的三个问题。

第一个问题：现代化生产方式与传统经济基础的变迁。

儒学是以中国传统的生产方式为基础的。小农经济，是中国传统社会的基本经济形态，它以生产使用价值为目的。在小农经济下，生产目的不是交换，而是满足生活需要。主要的生产资料是土地，农民用农具和原料进行生产，规模小，技术含量低，生产以家庭为基本单位，以男性成员为主要劳动力。在这种生产方式下，形成了与之对应的男权制度与家族等级制度。对家庭、宗族的依赖，以及崇古、崇老、崇长心理的产生，就显得十分自然。换句话说，在小农经济基础上形成的文化意识形态，必然以家族血缘关系为核心，这也是儒家学说的内涵之一。因此，小农经济是传统儒学存在的社会经济基础。儒学作为社会主流意识形态，是中国传统生产方式的基本原则和内在精神的理论化体现。

随着社会现代化进程，传统农业社会逐步转变为工业社会。原来作坊式的生产方式，被现代化大工厂和分工协作的资本运作模式所取代。以经济资本、文化资本、人力资本为基础的生产方式，逐步取代了传统以单纯劳动力为主的农耕式生产模式。儒学赖以存在的社会经济基础已不复存在。那么，儒学在当代社会的生存基础是什么？这是儒学在当代社会面临的首要挑战。

第二个问题：王权政治的颠覆与社会体制的变革。

儒学与封建体制具有内在契合关系，它服务于王权专制的政治体系。"以神道设教"，使封建社会的政治伦理以一种普遍化的道德、信仰形式，深嵌在传统社会的日常生活当中，也使儒学成为传统封建社会秩序的重要组成部分[①]，儒学以其颇具"普世"效应的说教，对普通民众有着广泛的认同空间，与当时其他的主流学派形成鲜明对比。道家失之于无为，法家失于严峻，墨家失之于早熟，而儒家以攻守互补、礼法互补、王霸互补的德主刑辅为治国理念，从陆贾的《新语》到贾谊的《新论》，再到董仲舒的《春秋繁露》和《天人三策》，历时半个世纪，终于完成了儒学的国家意识形态化的历史性跃升，取得"独尊儒学，罢黜百家"的至尊地位。儒学与封建王权政治的内在契合性，通过统治者外化，演变为专制王权的文化工具。一方面，封建制度保障儒学在思想领域的正统地位，维护其作为主流意识形态。另一方面，儒学亦为封建政治体制的存在而存在。科举制度，就是二者之间互为表里的最好诠释。

而今，封建体制早已土崩瓦解，与儒学相辅相成，又作为其重要支持的政治基础发生了巨大转变。儒学失去了政治上的独尊地位，从而变成当代多元文化中的一元。同西方基督教信仰世俗化的趋势相类似，儒学从国家意识形态的文化统

① 范丽珠，陈纳："'以神道设教'的政治伦理信仰与民间儒教"，《世界宗教文化》2015 年第 5 期。

治宝座上走下来，重新面临“百家争鸣”的局面。

在这一世俗化、去政治化的过程中，儒学被当代社会所接受的契机是什么？它如何与现代社会结构相适应？这是儒学在当代社会生存所面临的第二个挑战。

第三个问题：西学东进与文化格局的多元化。

鸦片战争以后，中国沦为半殖民地半封建社会，民族危机与社会矛盾日趋尖锐。儒学与礼教，由于丧失仁爱精神和过度政治化，成为统治者禁锢人心、扼杀生机的工具。正如鲁迅先生批判的“礼教吃人”那样，儒学沦为没有人性关怀，只有片面等级服从的意识形态。与此相反，西方的科学技术日新月异，极大改善了人类的生活。与之对应的西方民主与法治社会管理模式，以及自由、平等、理性等价值理念，以不可阻挡之势席卷全球，并大规模进入中国。一批中国精英猛然惊醒，在感受西方列强侵略欺凌的切肤之痛时，也开始向西方文化学习，实现“以夷制夷”的强国目标。同时，他们也由此反省中华文化的不足，包括儒学的弊端，甚至出现矫枉过正的“全盘西化”论调。孙中山曾说：“东方的文化是王道，西方的文化是霸道。讲王道是主张仁义道德，讲霸道是主张功利强权。讲仁义道德，是用正义公理来感化人；讲功利强权，是用洋枪大炮来压迫人。”西方的近现代文化，具有理性、进取的特点，对中国传统文化的冲击力很大。作为原本主流意识形态的儒学文化，虽然底蕴深厚，但并不能短期爆发，在西方文化咄咄逼人之势面前，只能采取守势，节节后退。西学东进，对儒学的挑战史无前例地强大，如贺麟所说：“西洋文化之输入，给儒家思想一个试验，一个生死存亡的大试验、大关头。假如儒家思想能够把握、吸收、融会，转化西洋文化，以充实自身、发展自身，则儒家思想便生存、复活，而有新的开展。如不能经过此试验，渡过此关头，就会死亡、消灭、沉沦，永不能翻身。”①

面临西方文化进入所带来的挑战，儒学能否在这场文化角逐中获得一席之地？这是儒学在当代社会面临的又一挑战。

民间生活儒学：当代儒学复兴的重要表现形态

前文对当今社会儒学复兴所面临的挑战做了叙述，并由此引出了当代儒学复兴所面临的三个问题，即在当代社会，儒学作为一种文化形态要谋求生存发展，(1) 它的社会基础是什么？(2) 它如何与现代社会结构相契合？(3) 它如何应对西方文化强有力的挑战？

尽管传统儒学赖以存在的小农经济基础、王权政治，以及主流文化意识形态地位，早已不复存在，但事实上，当今儒学之复兴，似乎已成不可阻挡之势，表现在衣食住行、婚丧嫁娶、亲朋往来、传道授业、行业规范等多个方面。

第一，衣食住行中的儒学。民以食为天，儒学首先体现在中国民众的饮食文化当中。“夫礼之初，始诸饮食。”(《礼记・礼运》)据《论语・乡党》记载，孔子在饮酒、进食等方面，十分讲究礼仪规范，讲“礼”，是儒学思想的重要内容。在饮酒方面，孔子提出“唯酒无量，不及乱”，即饮酒要适量的主张。在烹饪技术方面，孔子提出，要“食不厌精，脍不厌细”。在饮食习惯方面，孔子主张，“食饐而餲，鱼馁而肉败，不食。色恶，不食。臭恶，不食。失饪，不食。不时，不食。割不正，不食。不

① 贺麟：“儒家思想的开展”，《文化与人生》，商务印书馆 1988 年版。

得其酱，不食。肉虽多，不使胜食气。唯酒无量，不及乱。沽酒市脯，不食。不撤姜食，不多食。”另外，儒学重视礼仪，在饮食方面亦是如此。儒学对饮食时的要求是：“席不正，不坐”“乡人饮酒，杖者出，斯出矣。乡人傩。朝服而立于阼阶。”（《论语·乡党》）。

在当今社会的日常饮食礼仪中，无不体现出儒家的规范。一般的宴会情况下，长幼有别，长辈坐上座，小孩不能上筵席。主客的座位位置也不同，参加宴会必须“分宾主落座”。在特定场合，主人为了陪客人吃饭，还会设置主陪、副陪，客人的位置也分主次。主人敬酒，客人要回敬。在家里吃饭，长辈和客人的饭吃完，晚辈和主人要主动帮其盛饭。在一些家庭，吃饭仍遵守儒学礼仪中的禁忌，如：“共食不饱，共饭不泽手。毋抟饭，毋放饭，毋流歠，毋咤食，毋啮骨，毋反鱼肉，毋投与狗骨。毋固获，毋扬饭。饭黍毋以箸。毋嚃羹，毋絮羹，毋刺齿，毋歠醢。客絮羹，主人辞不能亨。客歠醢，主人辞以窭。濡肉齿决，干肉不齿决。毋嘬炙。卒食，客自前跪，彻饭齐以授相者，主人兴辞于客，然后客坐。”另外，常有长辈教育小孩子，要“食不语，寝不言”，吃饭的时候不大声说话，从科学的角度讲，这样也有助于消化。姚吉成的研究指出，齐鲁饮食文化形态，就受到孔子饮食理论的深刻影响。①

出门万事难。民间有一套出行的礼节，无疑源自儒学中的“和为贵”精神。北方有民谚：“出门矮三辈”，出门在外，人生地不熟，要讲礼貌，凡事以谦卑、忍让为上。常言道：“见人施一礼，少走路十里。”就是说礼貌待人、少走弯路的道理。“入国问境，入乡同俗，入家问忌。”各地的风俗禁忌不同，在外

---

① 姚吉成：“齐鲁饮食文化形态中的儒学思想”，《管子学刊》2008年第4期。

地要客随主便，入乡随俗。“在家靠父母，出外靠朋友。”出门在外以礼待人，多交朋友，互相帮助。

第二，婚丧嫁娶中的儒学。婚丧嫁娶中，也无不体现出儒学、礼教的成分。

首先，是婚丧中的着装。《礼记·冠义》中提到：“礼义之始，在于正容体，齐颜色，顺辞令。”儒学礼仪规范中，对不同场合的穿着有相关的要求。在喜庆场合，多穿红色，象征生命和温暖。在丧葬仪式上，一般都穿白色衣服，象征死亡。

其次，是婚丧的程序，儒学结合各地风土人情，形成了中国不同地区的婚俗和丧俗。婚丧之礼，是儒学在民间生活中的重要体现形式。《礼记·昏义》中提到：“夫礼始于冠，本于昏，重于丧祭，尊于朝聘，和于射乡，此礼之大体也。”对婚礼的具体程序有具体的规定：“昏礼者，将合二姓之好，上以事宗庙，而下以继后世也，故君子重之。是以昏礼，纳采、问名、纳吉、纳征、请期、皆主人筵几于庙，而拜迎于门外，入，揖让而升，听命于庙，所以敬慎重正昏礼也。”(《礼记·昏义》)虽然历经时代的变迁，婚姻的具体形式不断发生变化，但是一直被视为是人一生中最重要的事件之一，儒家规范中的一些特定的说法和程序，至今仍然被保留了下来。如男子结婚被称为“小登科”。在结婚之前，要经过媒妁之言、父母之命和相关的程序。结婚那天，两位新人都获得特殊的待遇。在一些仍然保留中式传统婚俗之地，男子称为“新郎官”，女子可以凤冠霞帔。结婚典礼最重要的部分，是在主婚人的引导下，拜天地、拜父母、亲友、夫妻互拜。两位新人结为夫妇，被称为“结发夫妻”，即源自传统婚俗中夫妻二人的头发会结在一起，意寓百年好合，永不分离。有些地方，婚礼的后续部分也很复杂，像第二天新媳妇拜见公婆，“回门”等等，都有丰富的寓意在里边。[1] 孔子主张对父母“生，事之以礼；死，葬之以礼，祭之以礼。”(《论语·为政》)儒家是非常重视丧葬的，丧葬仪式既是对亡者的感谢和缅怀，也是对生者的教育过程。儒家主张“三年之丧”，有一套复杂的丧葬仪式和过程，大体包括尸身(侍奉、处理尸身)、棺殓、入葬、祭祀等几个部分。丧礼大概是中国最复杂的礼仪之一。

第三，人际交往中的儒学。家庭交往当中，特别强调儒家的家庭伦理，对父母长辈要孝顺和尊重。石大建在地方读经活动的个案调查中发现，读经的一项重要内容，就是对儿童进行家庭道德教育。如孔融“三岁让梨”、匡衡“凿壁偷光”、车胤“萤火聚光”、“吴札送剑”等等，也有一些近现代故事及寓言。或是向儿童灌输儒家伦理，如教育他们“出必告，返必面”、“凡出言，信为先”等等。也要求读经儿童每天在家里至少做一件家务——包括“为父母开门”、“收衣服”、“摆碗筷”、“洗衣服”、“自己叠被子”、“帮妈妈洗菜”，等等。

在亲朋往来中，同样也渗透着儒家伦理的内容。“礼尚往来，往而不来，非礼也。来而不往，亦非礼也。”(《礼记·曲礼》)日常与人交往，平日里亲朋往来都要以礼义为先。让礼一寸，得礼一尺。礼尚往来，友谊长在。日常生活中有许多礼节，帮助我们来处理与周围人的关系。与他人交往的礼的基础是尊重他人，能够设身处地为他人着想。比如孔子曰：“己所不欲，勿施于人。”(《论语·卫灵公》)民谚讲：“人堂先扬声，出门禀主人。”与人交往，时刻要注意礼貌，“礼多人不怪”，但是礼节不到位就麻烦了。所以“礼无厚薄，不可漏落。”有子曰：“礼之用，和为贵。先王之道斯为美，小大由之。有所不

---

① 陈来生：《风俗流变：传统与风俗》，长春出版社 2004 年版。

行，知和而和，不以礼节之，亦不可行也。”（《论语·学而》）这句话讲出了礼在人事交往中“和”的重要作用。礼的功用主要是调和，恰到好处。先王之道是以和谐为美，即俗话说的“和为贵”，各守礼节，做事都有分寸才能和谐。“礼让息干戈。”在日常生活中践行儒家之礼，不但可以交朋友，而且可以化解矛盾。

第四，传道授业中的儒学。最近几年，在中国社会的各阶层生活中间，恢复了一些师道礼仪，有不少确实渊源于儒教“礼乐”制度。据报道，今年 9 月 1 日，南京夫子庙小学 370 名一年级新生来到夫子庙举行“开笔礼”。“开笔礼”看似当代小学教师们的发明，他们带一年级新生去孔庙拜祭，上第一堂课。其实，这类似于科举时代在家塾中举行的“发蒙礼”。在江南的“海滨邹鲁”嘉定，宋代文庙因改造成“科举博物馆”而保存下来，自 2010 年以来，那里每年都举行“开笔礼”，老师们设计的礼仪程序为：(1) 正衣冠，学生自正衣冠、互正衣冠，老师助正衣冠；(2) 点朱砂，在学生额头点上朱砂，意思为头脑开窍；(3) 茶敬亲师，学生向老师和父母敬茶，感谢养教之恩；(4) 赠书送礼，老师向学生赠书和文具；(5) 击鼓鸣志，学生发愿、立志，向亲、师、天地宣誓，好好学习；(6) 启蒙描红，学生在宣纸上用毛笔写上一撇一捺的“人”字，开启智慧人生。此外，“开笔礼”在曲阜、济南、天津、成都、宁波、广州、番禺、佛山、三水等保存孔庙的城市都有举办，已经逐渐固定为常规礼仪，民间儒教的活力可见。

石大建对民间读经活动的研究也指出，这些所谓的“礼仪教育”，完全源自儒家传统的师道礼仪。所谓读经，就是通过诵读儒家经典，实现教化、传递中国传统文化的日的。据他在研究中描述，读经老师对儿童的礼仪教育，体现为以儒学礼仪为核心内容的一套仪式：第一项礼仪是“拜孔”。早上八点整，民间读经组织的负责人组织所有的志愿者老师和读经儿童，庄严竖立在孔子像前，双手紧扣，高举过头顶。循着组织者“向至圣先师孔子行礼！一鞠躬！——二鞠躬！——三鞠躬！——礼毕”的声音，所有志愿者老师和儿童恭恭敬敬地弯着腰对着读经活动场所最前方的孔子像做三个深深的鞠躬。这是所有民间“儒经”诵读活动参与者在每次进行诵读儒家经典活动前必做的功课。第二项礼仪是“感恩”。在吃午餐前，当所有的饭菜准备好后，读经推广组织者带领所有的志愿者老师和儿童行感恩礼：双手紧扣，贴紧额头，闭上双眼，稍稍低头，齐口念感恩词：“感谢天地养育万物！感谢父母养育之恩！感谢老师辛勤教导！感谢同学关心帮助！感谢叔叔阿姨给我们做饭！”礼毕，所有读经活动参与者才开始进餐。进餐过程还要做到“食不言”。当有人吃完饭后，要先起立，对着其他人说：“我吃好了，大家请慢用！”然后自己到附近的水龙头下自己洗碗——不管是儿童还是志愿者老师，都是自己洗自己的碗筷。其他礼仪教育内容，包括上下课行鞠躬礼、见面行鞠躬礼、端正姿势、茶道等等。

第五，行业规范中的儒学。各行各业都有自己的行业规范，徒弟在入行时，师傅会向他讲授本行业的“规矩”，这些“规矩”多源自儒学。比如，经商者提倡见利思义、见得思义、取予有度、生财有道，并在商品交换过程中遵守义以制利、诚信无欺的伦理原则，反对唯利是图、见利忘义的不道德行为。据《周礼》记载：“凡市伪饰之禁，在民者十有二，在商者十有二，在贾者十有二，在工者十有二。”就是规定十件商品中有两件不合格的就不准出售。周人还反对追逐暴利，认为唯利是图“胜而无耻”。管仲也认为要禁止商人苛求“过常之利”。当时还主张要公平交易，兼顾双方利益。至今国人对“货真价实”“童史无欺”等商业道德也耳熟能详。明代儒商王文显曾训子曰：“夫商与士，异术而同心。故善商者处财货之场而修高明之行，是故唯利而不污……故利以义制，名以清修，各守其业。”他告诫商人在做买卖时要遵守仁义道德，保持行业高洁，切不可贪图私利而玷污了自己的名节。明代徽商许宪，以诚经商，深得民心，他在总结自己的经验时说：“惟诚待人，人自怀服，任术御物，物终不亲”。明清时期的晋商，则以赖以治生的计量工具——秤，赋予了强烈的道德含义：十六进制的准星、刻度镀以金色，代表心中有准，光明磊落；十六颗星分别代表北斗七星、南斗六星和福、禄、寿三星；北斗、南斗之星表明在商业买卖中要品行端正，志向坚定；福、禄、寿三星则提醒商人买卖公平，不可缺斤短两，如缺一两就会“损福”，缺二两就会“伤禄”，缺三两就会“折寿”。晋商对秤杆所赋予的道德含义，使商人一拿起秤就想起职业道德戒律。义以制利、义中取利的交换原则，在长期的商业活动实践中，内化为中国古代商人内在的行为准则，积淀成遵法守规、尽职修业、贾法廉平、诚信无欺、货真价实、讲求信誉的优良商德传统。这些传统不仅以原则规范的形式存在于商人的职业实践中，而且植根于广大人民的心灵中，并产生了广泛的社会影响。

为官者，要修身自正，大公无私。首先，是修身自正。因为国家所有法律制度都要靠人去推行，它的贯彻执行及其效果、甚至能否成立，都与官吏的个人品德密切相关。所谓“法不能独立，类不能自行，得其人则存，失其人则亡。”（《荀子·君道》）因此，就特别强调执政官吏的自身修养，强调他们的表率作用。其次，是大公无私，其中最重要的是禁戒贪污，“以私用而亏官帑，实为侵盗”（《学治臆说》），“有礼物馈送，更丝毫不可受”(《牧令书辑要》)。

民间生活儒学复兴的内在动力

随着历史的发展、时代的变迁,封建时代中国的小农经济已被大规模的现代工业生产所取代。封建王权政治,也让步于以中国共产党领导下的民主集中制。中西方诸多文化观念共生共融的多元文化格局,业已取代了传统儒家社会中“废黜百家,独尊儒术”的文化格局。传统儒学赖以存在的经济基础、政治结构以及文化格局都已不复存在。然而,如前文所述,当代儒学复兴,尤其儒学在民间仍然具有强大的生命力。民间生活儒学之复兴,表现在民众日常生活的方方面面。儒学之价值内涵与礼俗成分,即使在当代社会仍然具有生命力。

之所以呈现这种情况,笔者认为,是因为儒学仍然同现代民间社会有较高的契合度,当代儒学在文化适应的过程中,重新找到了其存在所需的社会基础和文化形态。儒学复兴过程中面临的困境与挑战,在儒学民间化、世俗化的过程中逐渐被克服了。

首先,儒学价值观念在民众日常生活中得到延续。日常生活是人最基本的活动形式和寓所。在日常起居、劳作和日常娱乐及消费活动等不同的场域,儒学的伦理道德体系,为民众提供了可以共有、共享的价值观念。虽然“日常生活”所指向的是日常起居、劳作和日常娱乐及消费活动等,但人生的意义、价值并不是完全依赖外在的理性所构建,而恰是寓于其中的生活价值和行动意义。儒学价值伦理所提供的生活经验与生活智慧,既是一种本体的实践,也是扎根于平庸的现实生活的实践,充满着朴素性的真理和为人之道。

在当代中国的城市，特别是大城市，从表面看与发达国家没有大的差距，城市人的日常生活，特别是大城市中的日常生活，与发达国家中人的日常生活表面上也没有大的差别。但纵观国际上其他发达国家，在其表面多元的背后，往往都有着其民族文化的坚实支撑。为此，才有英国绅士生活与美国牛仔风格之不同，才有浪漫的法国与理性的德国之差异。这些传统文化元素，早已深深嵌入民众的日常生活之中，成为不同国家生活方式的标签。儒家伦理历经千年历史沉淀，作为当代中国日常生活中的文化价值基础，在当代中国人日常生活中早已根深蒂固。衣食住行中蕴含哲理，婚丧嫁娶中讲求“规矩”，人际交往中注重“礼节”，儒学在中国民众日常生活中的种种表现，实则体现出其作为中国人日常生活之行为意义，早已同中国民众紧密相连，不可分离。既然没有什么力量能够改变中国人这些重要的生活方式，那儒学的民间基础就牢不可破。过年吃年饭，祭祖烧纸钱，这些民俗、民风的生命力异常旺盛。至于一些民俗节庆，更是已得到政策法规的认同。

因此，儒学在民众的日常生活中得到了延续，并以此为生存发展的社会基础。民众的日常生活方式因为儒学所赋予的文化意义而不断优化，是当代中国社会发展的需要，也符合人类社会发展的方向。

其次，儒家伦理为社会和谐发展提供秩序依据。当今社会具有多元性与复杂性，以过去单一的国家政治伦理来指导具体的民众生活实践已是困难重重。当代意识形态化的伦理道德，与日常生活伦理道德之间，往往出现错位。主流意识形态对社会子系统秩序的维持，具有指导意义，但无法提供具体的规定。因此，公众场合出现道德危机；不同行业出现规则缺失；家庭生活出现长幼不分等现象。当此传统社会秩序遭到颠覆,而新的社会秩序又存在问题的时候,适时地在传统儒学文化中取其精华、去其糟粕,恢复一些有利于社会子系统良性运行与和谐发展的儒家伦理,用以维持社会子系统的秩序,防止社会失范,是社会自适应和自我调节的必然结果。

因此,渗透于民间社会的儒家伦理规范,必然呈复兴之势。儒学通过生活经验、情感伦理、风俗习惯、行为规范、价值观念等传统元素,潜移默化地融进一代又一代中国人日常生活的生命之中。正如李天纲所言,封建社会时期儒家主张的"三纲"(君臣、父子、夫妇)原则,自然不能适合现代社会而遭到淘汰。然而,儒家的"五常"(仁、义、礼、智、信)的方式,却能够通过民间的"礼仪"活动,来维持一种文明的规则和秩序,让人们知礼仪、懂礼节、讲礼貌。儒家日常生活世界中的习俗、礼仪等方面所仍蕴含的现代价值,通过大量日常活动渗透到人们的深层文化心理,进而成为传统日常生活伦理的主导形态。

第三,中国民族自信心提升儒学文化形象。21 世纪的中国,是一个崛起的中国。随着国民经济的快速增长、科学技术的迅速提高,中华民族逐渐开始屹立于世界民族之林。30 多年的发展,成就巨大,世人瞩目。尤其在当前全球金融危机中,中国比西方国家能够更好地应对危机,继续保持经济高速增长,又成为美元最大持有国,帮助西方走出危机,令世界震惊。同时,中华文化地位上升,孔子恢复正面形象.重新受到尊敬。中国人在走向世界的同时,民族自信和文化自觉也在增强。事实证明,经济发展与文化复兴可以同步进行.学习外国与发扬传统能够互相结合。文化激进主义把传统与现代化对立起来是错误的。儒学在中国现代化事业中成为一种文化资源,成为一种精神动力,成为一种生存土壤,成为一种民族纽带，成为一种道德保障，起到了促进作用。作为中国土生土长的文化传统，在中国迅速崛起的历史背景之下，儒学文化的形象已然获得巨大提升，在与西方文化的角逐中，完全能够占有自己的一席之地。毕竟，儒学传统早已深入中国民众的生活与心理层面，这是任何一种外来文化难以比拟的。西方文化为人类提供自由、民主、法治、人权、理性等现代文明的普世价值，已为大多数人所认可。但是，这些普世价值的出发点是个体，它缺乏从社会群体出发协调人群关系的原则，它重权利，而轻义务和责任，它的具体实践形态因地、因族而异，彼此不能照搬，在处理国际关系时往往出现价值的双重标准，自相矛盾。这些普世价值所缺失的部分，必须通过儒学文化中"天人一体""天下一家""和而不同"等价值理念加以补充。

民间生活儒学复兴的价值判断

毛泽东在《新民主主义论》中，充分肯定了清理古代文化遗产的必要性，并明确了对待古代文化遗产的基本原则。即根据"取其精华、弃其糟粕"的基本原则认真加以清理和总结。因此，对传统儒学在当代社会的复兴，同样也应该抱有这样的价值判断。对于促进社会主义精神文明建设，有利于社会创新、协调、绿色、开放与共享发展的儒学文化成分，应当保留，并将其发扬光大。而对于违背时代潮流，对社会发展具有负面作用的儒学文化成分，应谨慎地将之淘汰。

第一，肯定积极正面的儒学价值理念。传统儒学文化中，有许多积极正面的价值规范，现今看来，仍然是非常具有价值的。比如，对于义和利的关系，坚持"重义轻利"的原则，就非常值得提倡。因为即便在当今社会，社会交往过程中，也要坚持信义，而不能只注重个体的利益。子曰："君子喻于义，小人喻于利。"意指道德上有修养的人明白大义，那些心怀鬼胎的人只想着自己的利益。孔子反对那些因追求一己私利而做出对他人不义的事情。先秦儒家的"重义轻利"原则启示我们，对他人、对社会要坚持信义，要对"利"的坚持进行合理的节制。但是儒家并不反对个人对自身利益的追求，只是要"见利思义"，追求的利益要正当，不能追求不义之财。朱贻庭通过研究王夫之"义之必利"和"利之必害"的义利观，对儒家义利观做了系统的补充。他指出，在现代社会的市场经济大潮中，不能回避人性中有"逐利"的一面，但同时可以用"义"作为"取利"的价值指导。因此，儒家所强调的"义利观"，是对现今的享乐主义、物质主义等各种道德缺失做出了警醒。

第二，批判过度教化的封建礼教。儒学复兴是时代的需要，也正因如此，儒学复兴之内容必须符合当代民众的身心发展规律，同时也要符合整个社会的发展状况，并随着社会、经济的发展而不断变化。在经济发展迅速，社会变化迅速的今天，对待儒学的态度不能一成不变，要做到不断调整、增加、减少特定的内容，使其既符合经济、社会的发展，又符合当代民众的道德现状。因此，对于一些古板和制度化，进而过度发展成为"礼教"的方式，我们要抱有扬弃的态度，对过度教化而形成儒学的"异化"，应该予以批判。

一方面，儒学复兴要掌握合适的度。倘若全盘接受传统儒学的内容，发展下去就容易成为封建礼教。在学校教育中，从幼儿教育开始，最先学习的就是"人之初，性本善，性相近，习相远"，这是孩童最初学习的东西，渗透着强烈的儒家思想，有其合理的一面。一个人如果只有丰富的知识，娴熟的技能，而没有良好的道德，那么这个人也是毫无用处的，我们的社会发展必然出现问题。然而，一旦过度化了儒学复兴，对其中的糟粕也不假思索地全盘接受，就容易侵犯个人的根本权利，违背个人与社会发展的基本规律，就容易沦为鲁迅先生所说的“吃人”的文化。例如，儒家提出“三纲”，“君要臣死，臣不得不死。父要子亡，子不得不亡。”这就违背了人性发展的基本要求，侵犯了个体生命的权利。

另一方面，不能过度偏重儒家的道德伦理，而忽略了其他方面。在儒家思想中，不管是政治、经济、文化等各个领域的中心观点都是道德。儒家讲究德治，孔子曾说过，要“以德代刑”，意思是用道德代替刑罚，可见道德在儒家思想中的地位。但是，当代这个变化莫测的社会，经济、社会的发展除了要有道德的约束，还要有各种法律和规范。儒家思想提倡“仁”，幻想通过“仁治”、“德治”来治理国家，这会导致政府不按照法律规范治理社会，容易使个人的权利凌驾于法律、国家意志之上，造成民众的不满，社会的混乱。另一方面，就个人而言，完整意义上认识德、智、体、美全面发展，不能只接受道德伦理。除此之外，还要具备相应的科学文化知识和专业技能，还要具有良好的身体素质和心理素质。只有做到这几点，才能实现个人的价值，创造更多的社会价值。这也是符合人性基本的发展需要的。

因此，当代社会谈及儒学复兴的问题，必须着眼于人性的发展，掌握一个“度”字。传统儒学中虽然具有正功能的成分，但一旦过度，变成了封建礼教，就容易违背人性的发展，最终的结果只能使儒学复兴变成口号，被诉诸表面，而不能真正为人所接受。这样无疑是舍本求末。

儒学在民间：当代儒学复兴之展望

综上所述，儒学在当代社会的复兴，虽然面临许多挑战，但仍具有不可阻挡之势。其复兴之路主要呈现两个特点：

其一，儒学在民间的复兴是必然的，且浪潮汹涌。失去了传统社会小农经济与王权政治两大支柱，儒学在当代社会的生存发展面临挑战。但是，经历千年的历史积淀，儒学的价值传统已深入民间生活，同民众的各种生活方式融合在一起。当前，民间续家谱、修祠堂的行为屡见不鲜。对后代不断重视，也体现了儒学“不孝有三、无后为大”的伦理观念。为民众日常生活中提供文化意义，是民间生活儒学的重要使命。在官方政治儒学、民间生活儒学和精英学术儒学等三种儒学形态当中，民间生活儒学是当代儒学复兴最为重要的表现形式。

其二，儒学复兴以价值伦理形态、审美情趣形态、生活样式形态、人文修养形态等方式存在。当今中国社会，文化多元的格局已然形成，加之传统封建体制的瓦解，儒学成为政治意识形态的可能性已然微乎其微。但儒学以价值伦理、审美情趣、生活样式、人文修养等文化形态复兴，是社会发展的必然。一个家庭怎么生活、一个行业如何运转、往来遵守哪些礼节？它是一个约束机制，带有道德的色彩，也带有信仰色彩。它既有道德伦理成分，也有宗教信仰成分。正所谓“人算不如天算”。自然界是天，社会也是天。儒学世俗化、生活化、伦理化，成为维持社会子系统和谐运行的秩序，成为中国民众交往的规则，成为大家喜爱的文化符号，是大势所趋。

第三，对儒学得当代复兴，必须抱着“取其精华、去其糟粕”的扬弃态度，肯定积极正面的儒学价值理念，批判过度教化的封建礼教。儒学的复兴是时代发展、社会发展的需要，因此，既不能全盘否定传统儒学之内容，将其视为封建文化的残余，也不能认为儒学文化就都是有益的。对儒学的肯定，必须保持在一个合理的度之内，矫枉过正，很可能重蹈“礼教吃人”的覆辙。

当代中国人需不需要传统儒学的“礼乐文明”？原来的答案大都是否定的。在传统与现代的关系问题上，“意识形态”和“理想主义”的态度都要不得，要的是实事求是的客观精神。通过对当代儒学复兴的困境、表现以及内在动力等三面的分析，不难发现，传统儒学“礼乐文明”包含有许多合理、合情、合法的因素，可以为现代人所沿用。尤其在民间生活中，儒学的复兴之路，可谓前途光明。

（胡守钧系复旦大学社会发展与公共政策学院教授
张凤池系复旦大学社会发展与公共政策学院博士研究生）

中国道路与大陆儒学复兴

○陈　赟

大陆儒学的复兴只能与中华民族的伟大复兴关联起来加以理解，也是中华文明在新的历史语境中的复兴。在这一语境中，复兴并不是作为一种思潮与理论的儒家思想之复兴，不能将儒学复兴与自由主义、左翼在同一层次上看待。左翼与自由主义作为一套主张或制度，都是文明体的一些面，但不是文明体本身。二者朝向的是政治与国家的建构，但对终极关怀却是阙如的，儒学复兴的问题是连接终极关怀与政治—社会制度的政教结构之重建。

拙作《文明论视野中的大陆儒学复兴及其问题》(《天涯2015年第5期》)，以港台新儒家与大陆新儒家之争为切入点，其深层关怀则是大陆当前关于中国道路的思想争论。陈新华君与江求流君分别撰写了《道阻且长》《大陆儒学的开展方向及其承担主体问题》继续讨论相关问题，二文均发表在《天涯》2016年第1期，本文则是从对二文的回应出发，进一步深化相关的讨论。

毫无疑问，自由主义、保守主义与左派构成当前论争的主体。但这种论争的实质其实并不是三种“子学”之间的平等竞争，而是由其中的哪一个作为架构来整合其他两家的问题。自由主义与左翼意味着可以进入某一或某些文明体内部的一套主张或制度，而儒家则并不仅仅是一系列主张或制度，而是包含着更深更广也更精微的东西，在历史的层面，它曾经构成一个文明体，它提供的经验不仅可以回答自由主义与左翼提出的问题，而且也可以回答更多在自由主义与左翼那里没有思及的问题。这就是说，自由主义与左翼所提供的只是“文明体”的一个或某些“面”，而儒家则可提供“文明”之“体”。就此而言，儒家不仅仅是与自由主义、左派相对的作为思想派别的一家之学，更重要的是，它历史地已是而且并将接续历史地形成的中华文明。大陆儒学复兴，不仅仅是作为子学从而与左翼、自由主义鼎立的儒家之复兴，即作为一套论述或作为一种思潮的“保守主义”之崛起，而是以儒家思想为主体的中华文明之复兴，经济与法政意义上的中国崛起不过是这一复兴的重要部分。正是出于这种考虑，我在《文明论视野中的大陆儒学复兴及其问题》一文中有意识地松动了儒家复兴与大陆新儒家业已被捆绑了的直接联系。就文明体而言，以基督教为基底的西方文明、以儒家为主体的中华文明、以佛教为根基的印度文明等等在“轴心时代”经历了“思想突破”的文明，才是当今意义上的真正有生命力且对世界格局有根本意义的“文明体”，这种“文明体”具有渗透在一切具体中的普遍性，也就是说，它已经将它的基本取向渗透到它的每一个构件中，因而具有融思想、制度与生活方式等为一体的特点，但它并非论述或主张意义上的完备性学说，而是早已超出了学说或话语的层面。相比之下，自由主义与左翼虽然在起源上与西方文明体相关，但却可以从文明体中抽离出来构成不同的其他文明体的构件。

当我说自由主义较早退出中国道路的架构性安排的时候，并不是否定自由主义作为要素的价值，而是指它无法承担总体性的架构安排，无法成为“文明体”的本身，而只能是其构成“要素”；另一方面，未来的争执不是发生在自由主义与儒家之间，也不是发生在自由主义与左翼之间，而主要将在儒家与左翼之间。我个人并不同意求流君概括的阻止自由主义，相反，对于自由主义的合理要素，还是需要主动地吸纳；只是吾人要认识到，自由主义无法承担“文明体”的正面架构，这就好像在古典中华文明中，道家的“无为之治”只能构成儒家“正性命”的政教体系之补充，而不是相反以道家为主干来整合儒家。将自由主义放大为文明体本身是自由主义者常有的一个愿景，甚至幻觉，让自由主义承担“文明体”的功能，意味着将自由主义价值贯彻到世界的所有角落，从结构到细节、从全体大用到表里精粗，但这其实并不能让自由主义增加深度与广度，而是让其不堪重负。自由主义者将“现代性”的正当性视为无须辩护的出发点，现在与未来于是，都不再需要超出人类设置的价值之外的东西来调节。与此相应，它所能生发的对于世俗时代的总体文明规划，最后总是被挤压为多元价值的辩护。所有对人的生存而言具有根本意义的东西都只能被过滤为人的价值，即便在本质上与价值迥异而隐藏在生物性与自然性中的可以触摸的“天道”，也需要通过价值化方式而被思考。但这种多元价值所关联着的“诸神之争”，其实正是现代性危机的后果与表现形式。民主作为政治的唯一正当形式、个人自由的至上性以及市场的神化等，都以价值化方式发生。随着资本主义俘获民主与市场、政府沦落为企业的傀儡，自由主义也发生了从鼓励个人自由创造、自主与流动到为消极自由的辩护，自由本身也下降为“逸居而无教”的动物性要求之满足，变成自我对外部（他者、国家与社会）的权利性要求，而不是自己对自己正其性命的责任。自由主义强化了将个人制作为孤独的原子化个人的趋向，虽然司法—政治层面上的权利得以保障，但以这种方式被生产出来的孤独单子式个人，反而更加依赖国家，如新华君所说的“具有了被某种超越了个体自身的价值征召的可能性”。这种个体只有通过某种价值的植入与认同才能获得生存的意义，这就为现代治理技术（牟宗三所说的“观念的灾害”，卡尔·施米特所说的“价值的僭政”）提供了受众。以这种方式，自由主义本身业已被吸纳为现代统治过程的环节，而不是自由主义所表述的解放的通道。原子化的个人成为价值的主体，对它而言，国家、历史与政治的基础，就不再是以语言、文字、历史、思想、宗教、习俗、礼法、制度等所结构出来的“实体”，而只是以非本质主义的大旗祭出的主观认同与想象，而这种认同与想象永远是不断移动着的但却从来没有实质同一性与连续性的人为建构。

在思考中国道路时，左翼虽然注意到主权国家、政党国家、文明国家的区分，但其着眼点却在国家政治，而将文明视为国家政治的软实力。然而，文明体不同于“国家理性”，虽然文明体无法脱离国家理性，且不能不以国家为其支撑、为其最要部件，但文明体却并不能化约为作为政治体的国家。国家是一个被疆域、人口等界定了的有限性的政治支配体，而文明体则意味着包含思想、制度与生活等等在内的人文总体。伟大的文明总是将教养化育蕴藏在衣冠饮食、文物典章、礼乐制度等等之中，甚至在天地万物中发现教化的可能性，并将教化具体化为人的生活方式，它连接“天地人”、“社会人”与“政治人”。以生活方式为主体的文明，其影响力所至，非止于政治国家，且可形成这一政治国家超出其边界的相对无限的文化统领能力。政治国家通过其文明影响力而形构的世界历史秩序，给出的是王道的可能性；相反，那种将文明体化约为政治体的软实力的看法与实践最终无法与霸道分离。中华民族的伟大复兴，无论是在中国内部，还是在中国外部，都不能而且也没有被仅仅视为一个有限政治体的富强问题，而是与世界历史格局相关的文明复兴，后者特别意味着对近五百年来以殖民、战争、普世价值推行等霸道方式支配的现代世界历史秩序予以转换提升的可能性。当然，如果没有政治体的国家之富强，文明复兴就会成为空中楼阁。一旦将目光投向这个视角，求流君所提到的刘晨光先生从国家治理现代化的问题思考儒家复兴的论述，虽然不无洞见，但它一方面将儒家复兴理解为一种论述或思潮之复兴，另一方面似乎无意中放大了“国家理由”，以至于这个在西方文明中并非没有野蛮性的“国家理由”可以替代“文明论的中国”，于是中华民族可能以文明体形式出现的复兴大业，被降低为作为政治体的现代国家的富强问题，而儒家作为一种论述或主义在他那里的可能的正面意义就是支援国家的现代化，负面作用则是消解国家政治体。这显然没有把握中国崛起和儒家复兴对既有世界体系可能带来的撼动这一最切要问题。当然，这并不意味着国家富强就不是目前中国的极重要甚至最优先的问题。

如新华君所言，左翼试图切除在国家理性中注入的历史目的论与末世论，只要这种切除不能纳入到文明论的地基上，那么，一方面，它就不可能彻底，事实上，最近这种目的论最近又以大同论的名义被重新提及，另一方面，其结果必将是政教生活被下降到“国家理性”在全球“大战国”体系中自我保存意欲的不断强化。通过国家治理现代化，刘氏并没有传达出左翼对现代世界体系进行重构的宏图大志。而如丁耘那样具有儒者情怀的左翼，能从“轴心文明”背景来重思现代性，并将古今中西之争纳入到中国自身的常与变架构中加以考虑的看法，在左翼中似乎并没有引发广泛共鸣。从中国自身的常与变加以考量，这就必须超越以古代—现代或新—旧对中国所进行的切割，所谓现代中国也就是“文明论意义上的中国”的一个延续，这就可以突破那种以百年经验而切断千年传统的现代性自负与傲慢，这种傲慢既是“现代性”的傲慢，又是“国家理由”的自负。本来，国家承载的是人之所以为人者在其中得以生成的文明，文明则意味着使得人的生活变得充实而有光辉的方式，其根基恒依据于教化，但在上述傲慢中，无论是生活方式，还是人性，甚至文明，都围绕着“国家理由”而被建构，并被“国家理由”所役使。于是，数千年的中国传统被简化为六十多年政治—社会实践的史前史，甚至只是一个必须通过革命话语而等待着克服的历史前提。在古典儒学那里因为必须向着天下与个人开放的有限国家观念被放大为政教生活的目的本身。这或许正是本来极具世界历史视野与人民性的左翼却很容易转化为国家主义与民族主义者的内在根源。

左翼与自由主义关注的是政治建国的问题，个人的终极关怀问题并没有连带被考虑，二者似乎共享了现代性的“前见”，即终极关怀是私人领域的事情。但以这样的方式，同时也放弃了文明论上的教化责任，而教化则是儒家的重心。从儒家的视野来看，当代中国的根本问题，并不能仅仅理解为国家建设的问题，也不是另一些人所谓的信仰危机问题，而是包含治世与治心在内并在二者之间建立有效连接的“政教结构的重建问题”。《文明论视野中的大陆儒学复兴及其问题》提出的“大陆新儒学—政治儒学—经学”与“港台新儒学—心性儒学—理学”的分解式表述，并非是我个人的看法，而是对大陆相关讨论的描述性概括，我个人也并不认同这一分解。我的正面看法是，中华文明体的政教结构之重建，才是当前思想界应该重视的大问题。区别于在政治架构下强调国家自主性与国家能力问题，也不同于普世主义话语出发的民主宪政问题，大陆儒家应该在内教外治的基本框架下，以开放的心态，在心性与制度之间加以贯通；而内教外治的架构意味着，文明论意义上个人的安身立命问题应该成为一切制度建设的导引。政教结构的安排，并不是要国家垄断教化，但也并不是将教化问题完全交付给私人领域，富而后教的儒家理想需要制度化的落实。如果没有教化，那么所谓"大同"与"小康"的现代谋划，就只能落在功利主义的富强之义上；而自由主义所提倡的那些价值，也最终只是个人对他者（他人、国家与社会）的要求，而不能回转到自正性命的责任。或者说，个人在心性上自我安顿的可能性，在左翼与自由主义那里，都不在个人自己这里，而二者所提供的都不是个人如何自我安顿，而只是个人自我安顿的社会—政治条件。从这个视角来看，无论是陈明所说的公民宗教，还是唐文明所说的国教问题，都业已注意到政治上的立国与教化上的立人问题，乃是中华复兴的不可或缺的两大要素。

由此出发，忽略成德之教而强调制度建构，自然会违背儒家的精义，但同样，求流君转述的如下主张，即制度建构的进路因为不可操作性而不能构成大陆儒学的恰当方向，也仍可再思考。制度建构有多重形式，并非要推倒一切现有的制度而重新设计，其更佳方式则是以现有制度为基础而逐渐改良，使之渐合儒家义理，至少不成为儒家成人之教的阻碍，求流君所谓的政策改良，也是制度建构的题中应有之义。培养儒者固然重要，但如果没有制度的支持，就如同不要礼乐只要仁义那样；即便是我们这一代人，对儒学的理解也得益于中国哲学在大学学科中的建制，没有任何制度的支持与辅助，儒者的培养甚难想象。当然，我很赞成求流与新华二君所说的，在政、经、法、社等多个领域培养业有专攻的儒者，这是儒家复兴不可或缺的重要环节。总之，立人与立国的问题，或者说治世与治心的问题，交织在一起，而基于儒家立场的政教结构的重建，才是回答这一时代问题的恰当方式。

新华君的关怀落在儒家与左翼的对话上，他所提出的“新儒家也不必拒绝中国社会主义的遗产”，值得儒家认真对待。的确，前三十年的建国实践成功继承了革命时代的大统战与全民动员的遗产，建立了一套能够直接渗透到社会基层的高效政经体制，这一体制虽然在当时付出了高昂而惨重的代价，但却为全球化时代的中国提供了强大的国家意志与国家能力，而土地有资产的国有化则使得中央政府可以正当地调动被体制国有化与集体化了的土地资源与工业资产，在世界市场中形成庞大的政经资本与绝对优势。正是在这个意义上，左翼看到了前十三年对后三十年的贡献，但它却不愿正视前三十年遗留的历史教训；对国家自主性与国家能力的强调，这本身并没有问题，但它所展示的基于国家而“再造人民”的规划，似乎却沿袭了“支部建立在连上”的革命动员机制，其鼓吹的让组织与权力更加浸透性地介入基层社会，似乎成为那种全面掌控逻辑的继续。而通过资本主义的蔓延与侵蚀的现实，这一逻辑被进一步正当化了。新华君特别强调左翼所勾勒的驯服资本的强烈愿望，这当然很有现实意义。的确，从宏观到微观，从“购买时间”到“侵蚀睡眠”[①]，资本主义以一种无远弗届的广度与深度影响着日用生活，甚至深刻地改造了政治与社会的生态以及人的存在本身。然而，对西方资本主义

① 参看乔纳森·克拉里《24/7：晚期资本主义与睡眠的终结》。

的批判并不能被置换为对另一种主义的正当性论证;特别是,资本主义无所不在、渗透了每一个毛孔的现象,并不能构成如下观念的正当化环节,即基于国家理由而达成的去资本主义化治理必然是对(包括工作、休息、饮食、睡眠等等在内的)生活世界的全面管理。而在左翼构想的最基层秩序中,被要求的是深度介入的再政治化逻辑,而且,那掌控一切的“看得见的手”的重要性似乎被扩大和强化了,在这种逻辑中,人之所以为人者并没有得到真正的关切。

当代家庭的危机、个人的原子化以及社会的撕裂,在新华君那里被表述为资本主义侵蚀的后果,但这一理解方式会不会构成责任的推诿与转嫁机制,而且,吊诡的是,由此发展出来的要么是进一步介入与支配得以正当化的论述,要么是再政治化的话语。从这个视角来看,新华君从《高家村》提出的如下观点耐人寻味:前三十年的实践并没有从根本上动摇中国农村社会的生活与结构,是改革开放才真正改变了中国农村。这一叙述与通常那种社会主义实践已被资本主义绑架的看法具有某种默契。从工业化时代所要求的社会组织与动员能力审视晚清之前的农业中国,人们往往会得出传统中国社会乃“一盘散沙”的断言,同样,从后三十年社会撕裂与过度资本化的状况回顾前三十年历史,才会得出当时的政教实践有效避免了社会的碎片化、家庭的危机等看法。而这些看法均不过是基于在历史下游形成的观念前置到历史上游的结果,正如农业社会有自己的秩序与结构,它并不要求工业时代所需要的那种组织与动员形式,在前三十年,个人、家庭与社会被整合到建国大业中,成为“大厦”构件或“机器”之“螺丝钉”,当时的问题自然不会是社会的撕裂与个人的原子化。事实上,前三十年“通过彻底夷平传统秩序”,扫除一切中间组织,建立高度一元化、总体性的科层结构，形成了国家直接面对每一个家庭的格局，正如应星所指出的那样，在人民公社时期，即便是一个普普通通的社员，其生产和生活都需要经常性地与国家打交道，这意味着“国家力量以历史上前所未有的深度和广度渗透于基层社会生活，使国家政权的根牢固地扎在乡村底层。由此形成的国家与农民的关系是：农民在政治上高度依附于国家，在经济上和社会上高度依附于人民公社，在人身上高度依附于从公社到生产队的各级干部。”而千年传统中作为人伦场域与“国之本”的家庭被彻底改造为依附性单位，与此配合的是，通过“诉苦会”、阶级话语等一系列塑造“新民”的治理技术，政党国家在“去自我、去家庭、去血缘”的基础上建立以“人民”概念为核心的共同体道德[①]，这种道德的实质是激发对国家忠诚与效忠的国民伦理，与之对应的教育是对国民的教育，它与个人日用生活、应事接物、面对变故等所需要的心性品质不可同日而语。只是由于20世纪50年代开始为汲取农业价值以供给城市工业而建立控制农村人口外流的户籍法规制度与城乡壁垒，也就是那种不是基于区域差异而是设定身份、拒绝社会流动的城乡二元体制，并没有改变家族的地域性聚居的前提，始终处于被抑制状态的家族文化才得以在夹缝中零星地保存，但它不再是社会的组织方式与独立的经济主体以及伦常的中心场域。所有这些，与新华君所说的前三十年没有改变农村的传统生活结构，具有很大的不同。前三十年的“总体治理”，固然不会导致后三十年社会的碎片化、个人的自我资产化，但正是那种将螺丝捆绑在机器上的方式不能持续，全面管控的方式发生了结构性变化，才为社会的

① 参见应星：《农户、集体与国家——国家与农民关系的六十年变迁》。

碎片化与撕裂化的问题以及当代家庭危机准备了前提；与个人的原子化一样，社会的撕裂问题，并不能被理解为资本主义自发演进侵蚀的历史后果，而是有其自身的内在逻辑。那种视前三十年的政教机制为正面的社会主义实践，将后三十年视为前者的式微以及资本主义扩张的看法，忽视了二者之间的连续性，特别忽视了资本化本身就是社会治理所采用的方式。从前十三年的“总体支配”到改革开放时期的“包产到户”，实质上是以家庭取代人民公社与生产队，从而使得家庭重新成为生产与社会活动的基本单位，这也是将农村从非常规化的“国家运动”（冯仕政语）的机制中解放出来，回到正常的生产与生活的轨道。为了激活地方的活力，中央赋予基层政府以较大的自主权，但同时无形中也将其设置为“利以为上”的利益主体，特别是市场化改革启动后，经济上的发展主义被提升为具有政权合法性高度的意识形态，这就使得“以利为义”成为从上到下的集体理念，它为地方政府的公司化清除了障碍，而改革之所以得到地方政府的大力响应与推动，其根子不仅仅是自上而下的动员体制，而且也更有地方获利的机制使然。与此相应，整个改革过程一直在近代特殊的历史语境设定的富强与富裕的目标上行进，甚至儒家传统的“小康”与“大同”思想都被这种致富目标切换了。虽然富强的主题有其合理性与紧迫性，但当它上升为国家理念时，改革的巨大成绩也就无法与它隐性内蕴的问题与危机相分离，而新华君所慨叹的政府的公司化与个人的企业化或资产化，只不过是上述逻辑与机制的内生结果。事实上，在农业税没有取消之前，农村乡镇一级的地方政府是向农民“要粮”、“要钱”的汲取型基层政权，由此而造成了持续不断的农民负担、上访事件以及群体事件的频繁发生；农业税取消之后，工业反哺农业，基层运作经费由上级转移支付来提供，但基层政权却蜕变成“空壳化”的“悬浮型”政权，它不但没有实现向服务型政府的转型，而且，地方政府通过“借钱”、“跑项目”等方式而追求企业式利润，以至于它不得不依赖民间的富裕阶层，从而使得民间资本成为地方政府的实质“股东”①。更要者，如贺雪峰《论乡村治理内卷化》一文所言，取消农业税后，地方政府与地方势力结盟，合作吸干所有用于乡村治理的营养，而农民在其控制下，更加“一盘散沙化”，更加原子化，力量感、正义感与是非观也随之瓦解。贺雪峰称这种现象为“地方治理的内卷化”，而这正是乡村凋敝的表现。而后的新农村建设在实践层面对此有所改善。但在思想上，将地方政府的悬浮化、公司化甚至黑恶化，推诿于可以对所有问题与危机一揽子负责的“资本主义”，已经成为当下流行的思路，但也是使我们逃避问题与危机的真正根源，更重要的是，由此而开出的“药方”并不能真正面对病根。正如有的学者所发现的那样，我们的基层治理的制度不可谓不完善，但基层政府却并没有按照制度的初衷转换为服务型政府。这里的根源在于，缺乏制度的真正承担主体。这种承担主体只有通过人之所以为人的教化才能提供，但近代历史语境下形成而盛行了百余年的富强之教及其在今日的多种表现形式，无论是经济至上，还是国家富强，在对人的理解上，都指向了“饱食、暖衣、逸居而无教”的取向，而不是正其性命，这才是危机的深刻根源。以正性命为指向的人的教化总是一再被导向民的教育，与此相应，社会治理就不可能抵达长治久安的高度，而是不必可免地拆东墙补西墙，无法跳出每立一法对治一弊而其法又另生新弊的循环逻辑。儒家的深刻

① 参见周飞舟《从汲取型政权到“悬浮型”政权》。

之处在于从大本大源的高度面对具体的治理问题。

从这个视域来看，新华君通过《高家村》所抵达的结论，至少存在着三个未经思及的问题：第一，家庭的危机始于人伦的瓦解，建国的总体动员需要新的以“国家”与“人民”为中心的道德，而传统的以“家”为指向的伦常需要被替代。“家”在政教结构体系中位置的变化，虽然肇端于新文化运动，但“文革”等却进一步强化了这一变化。将个人从家族秩序中解放出来无中介地交付给国家使用，是“娜拉出走”的深层动力，但以国家运动的非常规方式对人心与人伦造成的负面影响本身就是对家的伤害，父子反目、夫妇彼此揭发等这些在古代只有在高度政治化的宫廷场域中才能出现的现象普遍地出现在“文革”中，其根源为何仍然值得深思。一些学者基于“国家理由”而展开的对“土改”与“文革”的叙述，就与很多亲身经历的当事人与近观者的回忆，有很大的距离，这其中隐含的东西，常常让人不寒而栗，让人忧虑的并不是“自由的压制”或“自由的不足”，而是那种以“国家理由”名义发动的去人性、去历史化与去文明化的思想方式。第二，前三十年与后三十年，虽然有翻天覆地的变化，虽然有治理方式的显著差异，但在更深的本质层面的连续性却被忽略了，后来的社会碎片化、个人原子化与先前的全民动员，究竟是同一种机制的基于同样目的的不同建构，抑或两种截然不同政治文化的各自不同的产品？至少还可以进一步考虑；最后的问题则是新华君所必须面对的，如果当下的危机都应该由资本主义的扩张负责，那么资本主义何以能够浸入这个社会内部？究竟是新华君所说的驯服资本，还是驯服没有节制的权力，才是更根本的东西？驯服资本的叙述，在当代究竟承担了什么样的实际功能？这恰恰是我们所应思考的。更关键的是，如果人性的正面不能通过教化过程给出，那么驯服资本与权力之后，我们是否就能得到想要的东西？

新华君又谈到国外留学生更为团结，很容易形成组织，并将这种组织性理解为某一实践的遗产，这其中尤其需要分辨。对于温州人与东北人在巴黎的对照研究，可资参照。王春光的研究表明，温州人借助亲戚与朋友关系组建的经济互助形式“会”（包括“干会”与“活会”），成为他们在巴黎的融资方式，而“会”是传统家族关系的延伸形式；这与在温州乡土性资源（如宗族传统）并没有被破坏，“亲带亲”“故带故”的家族式行动，成为他们融入巴黎当地社会、身份合法化的主要方式①。换言之，温州人在巴黎的活力和能量与儒家传统有关，这与姚中秋所说的钱塘江以南的宗族社会没有被完全破坏而其活力在改革开放的时代得以充分释放的现象，可以合观。相对之下，东北人在巴黎则是另一种样子。作为老工业基地，东北是改造与介入最为彻底的地方，也是儒家传统鲜留痕迹的地方，然而东北人在巴黎却无法有效组织起来，相对于温州人借助于宗族传统予以身份合法化，东北人的主体则是无法合法融入当地社会的站街女。从东北人与温州人在巴黎的不同状况的例子出发，可以获得与新华君完全不同的结论。即便在中国国内，东北与温州（甚至钱塘江以南地区）的对照，依然是一个值得注意的课题。

同样是基于爱国主义的关切，同样是为了中国的未来，但左翼与儒家提供的方案却有所不同，这里体现的是对秩序与文明的不同理解。回到新华君所关注的社会基层问题，究竟是按照国家主权与能力概念来组织基层社会，让它成为国家

① 参见王春光《巴黎的温州人：一个移民群体的跨社会建构行动》。

主权与能力的表现形式，还是围绕着人得于天的“性分”与得自社会的“职分”，为其各正性命提供制度性条件，似乎体现了左翼与儒家的分歧。国家主权的问题，是一国之针对他国的自我主张或要求，但现在却被变成一国内部的问题了。不妨以大学作为基层社会的案例展开我们的讨论，中国的大学建设近年来取得了举世瞩目的成就，毫无疑问，这是首先要肯定的，但目前大学的问题与危机也不少。对于生活在大学体制中的最基层的学者来说，大学愈来愈像完全按照资本逻辑运作的公司，它根据一整套理性化的量化指标体系对大学员工进行考核与评价，这种由上层管理者推行的评价体系同时承担了体制动员的功能，并且这种动员已经到了深入到大学生活的方方面面，以至于有的学者们几乎忘记了自己的性分与职分，不仅科研的条件（项目、获奖、人才计划等等）被作为科研的成果本身，而且人的自我教育以及对他人的教育，正在从大学中退隐，取而代之的是永远处在过程中而丧失了目的的知识生产本身以及对知识生产条件与资源的追寻。但这能否视为资本主义侵蚀的“后果”呢？如果公司化运作不过是自上而下的，那么，资本化，行政化，抑或维稳机制，何者才是更本质的东西呢？通过将人们从其“分守”（“性分”与“职分”）中驱逐出来，让其处于流荡的原子状态、亏欠状态与耗费状态，这与边沁、福柯所谓的“敞视监狱”，乃出于同一原理，这种原理可以让国家生存在人们的毛细血管之中，这是现代西方娴熟的治理技术。而那种再造人民、深入基层、再政治化的诉求承接了这种技术，其关于日常生活世界的全面介入、深入动员与系统组织的叙述，在思想根源上仍然与以参与、动员为第一要义的希腊政治精神相接，在历史后果上又与那种将国家深入到人们毛细血管中的治理技术相连；而且，它内在地要求那种运动式治理模式，激发那种“跃进式”目标。但为什么不是与之相反呢？儒家所追求的秩序说到底不过是让人以自己的方式回到自己的“分守”，性分与职分，既关联着天地秩序，又关联着政治与社会秩序；既关联着人的精神性，也关联着人的生物性。与那种围绕着国家而再造人民的规划相反，儒家的路径则是围绕着人民而再造国家，正是出于对人性与天道的尊重，祛除“国家理由”中野蛮与阴暗的一面，以使之臻于文明。更具体地说，对于基层社会，主要的问题，不是治理不足，而是过度治理；对于管理阶层，不是过度治理，而是治理不足；更重要的是，治理不当，即从管理者的尺度去治理被管理者，而不是以其人之道还治其人之身。基层社会需要自己的空间，而持续的政治化形式的干预、干扰，只能让其丧失活力、创造性与自组织能力，以至于最终会影响到国家能力。

近年来，人民群众的组织性与团结能力提升，摒弃了激进的理想而追求以策略化方式达成有限目标，如工人在面对劳资矛盾时为争取自身权益在抗议活动中高举国旗高唱国歌，显示的政治成熟度业已远远高于 20 世纪 80 年代。这些可以视为在总结各地不同的群体实践经验中所操益熟的结果，而不必归结为前三十年的遗产，否则就难以理解，何以距离前三十年越来越远，而这种成熟度却越来越高。如果说“文革”时代的“大串联”等所呈现的组织动员，可以比喻为“戎马生于郊”，驱使千军万马并将其聚集在战场上整装而发，因而，学生不必在学校学习，工人不必在工厂尽职，那么，后三十年的改革开放在一开始就意味着回归本位的正常，即所谓“拨乱反正”，它可以比喻为“走马以粪”，即让千军万马解甲归田，各安其性命。这里呈现了对秩序的两种不同理解方式。左翼的思考指向将政治国家深深地植入人民的血液细胞之中，由此而建立围绕着国家以政治方式组织人民、聚集人民的强大动能，这与希腊人面临着不知明日城邦命运的状况而将城邦建立在个人的生活并主导其生活的“大统战”思路近似，这一强大动能在全球化时代对发挥作用之大、贡献之深，远超出一般人的想象。无论是前三十年的“阶级敌人”的概念，还是当代的“内部的外国人”，都为这种聚集强大动能的动员与组织形式提供了正当性，吊诡是，如果外部或“敌人”永远存在，甚至如果“外部”不仅在“共同体”的外部，而且是进入“内部”的“外部”，那么，那种基于高度组织与彻底动员的体制性动能，即便在“后革命”时代也是不可或缺的。但对儒家而言，这种强大动能固然重要，但它的合理性更多从共同体与外部关系的角度才能获得合理化，也即，这一强大动能主要应针对外部，而非针对政治体的内部。一旦从人之所以为人的成人之道来看，这种高度组织与深入动员则更多的是基于非常状态（紧急、例外、外部）而成立的秩序建构原则，但儒家对有道秩序的理解最终落实在各正性命上，它基于正常而不是非常的状态，最大限度地体现了对人的关怀。当然，儒家的秩序理解或可保证公正，基于它而建立的国家组织则更多是防御性的、和平性的，因而在“大战国”体系中具有某种“消极性”；这里的关键是，在两种秩序理解之间进行范式的互补。对人的生存感受来说，只要秩序完全建立在非正常的原则上，那么，新华君所说的“身心俱疲”、“魂不守舍”的生存状况，就不是偶然的。在这个意义上，社会基层“再政治化”的药方可能并非治本之策。

当然，必须看到，迄今为止，真正对中共革命建国的经验予以正面重视并进行深度总结与继承的，主要还是左翼。正是基于这一正视，左翼与保守主义可以走到一起，二者共同强调中国必须也只能坚持走自己的道路，从而与自由主义者那种通过普遍主义或普世价值拯救中国的构想，拉开了距离。但在如何理解自己的道路上，左翼与保守主义有不同的看法。新华君强调的如下现象特别耐人深思，即中国革命成功并非某一理论的落实，而是实践的成功，甚至是在背叛理论的过程中走向成功的。然而，在对中国社会主义实践的理论阐释上，人们往往无视这一点，或者基于自由主义立场从某种非历史的普遍性价值出发否定这一实践的意义，或者将切入点指向某一欧洲理论的“在地化”，后一思路的理论代价是，不仅扩大了现代中国与传统中国的断裂，将我们置身于“现代”的视野之内，而且也将中国革命实践视为某一先在的理论的操作执行与具体化，而无与于新华君总结的历史实相，更忽视了中共革命建国实践的原发性。更为重要的是，这种实践的原发性，究竟应该放置在欧洲的某一理论的“创造转化”或俄罗斯的某一组织形式的灵活取用来理解，还是从历史性的中国文明的土壤中来生发？这是值得进一步深思的。

回到我们的主题，左翼与自由主义对儒学的功能主义运用，并不是不好的现象，相反，它给出了新的现实之势。让我惊讶的是，在我的故乡，皖北一个偏远的农村集市的幼儿园里，《三字经》与《弟子规》等已经成为孩子们诵读的对象。这在数年之前还是难以想象的，虽然这里有来自上层的推动，但它毕竟传递着来自民间的对文明的真正渴望。中国的和平崛起，归根结底是千年儒学所结构出来的政治—文明之复兴。左翼、右翼与儒家虽然有着种种不同的关于中国道路的方案，尽管有着种种分歧，但最基本的共识应该明确，这就是，首先是对作为政治共同体的“中华民族”的认同，对中华民族整体利益的守护，在这方面，政治上的“爱国主义”无疑应该构成一切争执讨论的无可置疑的出发点——虽然或许吾人的视野可以拉得更远，无论是向后，还是向前。其次，对作为文明体的“中国”的肯定，“文明体”的中国不等同于作为政治共同体的中国，当今世界的大国竞争，不仅仅是政治体的国家之争，而且同时更是不同文明体之间的竞争，甚至后者更为根本，“文明论”上的“爱国主义”要求对以儒家为主体的中国文明予以肯认，遗憾的是，这一点目前还并没有构成左、右与保守主义关于中国道路讨论的共同出发点。

（作者系华东师范大学哲学系教授）

意识形态、文明根柢与道德基因

——关于儒学当代命运的思考

〇陈泽环

为确定儒学的当代命运，有必要合理地理解意识形态和文化传统在当代中国社会结构中的地位和关系。结合考察社会历史的“基本矛盾”和“文明”视角，本文认为，当代意识形态作为政治建构，文化传统作为文明根柢，相反相济、相反相成地构成中华民族伟大复兴的必要条件。由此，儒学也获得了当代中国的文明根柢之一和道德基因的地位。对当代意识形态和文化传统关系的这一理解，有利于我们在培育和弘扬社会主义核心价值观的过程中，实现其社会主义本质要求和中华优秀传统文化要素的综合与统一。

1911年辛亥革命之后，儒学丧失了国家意识形态的地位，这意味着儒学的衰亡，还是儒学的机遇？围绕这个问题，一百多年来，儒学经受了暴风骤雨的洗礼，终于迎来了新的历史性契机。在为实现中华民族伟大复兴中国梦而奋斗的过程中，儒学终于又获得了发挥其建设性功能的广阔天地。毫无疑问，这一契机不仅是儒学发展的大事，而且也是中华文化发展的大事，甚至是事关整个中华民族复兴和人类进步的大事：“对孔子精神做符合时代精神的革新意味着精神和伦理文化对于物质主义文化的一次胜利，它将不仅对于中国，甚至对于全世界都有着重大的意义。”①当然，从我国学术界和思想界的状况来看，对此还有各种不同的意见，许多与此相关的重要理论和实践疑难也有待进一步澄清。有鉴于此，为深入阐发这一历史性契机的内涵和实质，更好地发挥儒学在全面建设小康社会中不可替代的作用，本文拟以当代意识形态与儒学的关系为中心，从意识形态和文化传统、作为文明根柢的儒学和作为道德基因的儒学三个方面，对儒学的当代命运问题，谈一些初步的看法，以就教于大方之家。

意识形态和文化传统

关于经过1911年的辛亥革命，儒学已经丧失了长达两千多年的国家意识形态地位的现实，一百多年来的中国学术界和思想界都予以承认。至于对此后的儒学命运问题，除了少数企图恢复其意识形态功能的呼吁之外，占主导地位的学术和思潮往往认为儒学已经彻底结束了其历史使命；当然，坚忍不拔的新儒家仍在为儒学的再生而努力。令人欣慰的是，自改革开放之后，随着中国综合国力的迅速提高，当代中国人的文化自信也大为增强，包括学术界和思想界在内的中华民族已经有可能比较平和地理解儒学。例如，面对儒学是否仍有生命力的提问，在其《儒学的现代命运——儒家传统的现代阐释》一书中，崔大华首先以伦理道德思想为特质，从观念体系、意识形态和生活方式三个维度给出了自己对于儒学和儒家传

① [法]史怀哲(施韦泽)：《中国思想史》，常暄译，社会科学文献出版社2009年版，第108页。

统的独特界说，强调儒学的根本精神是一种理性的、世俗的伦理道德精神，坚定地守卫着人类文明生活的底线——要有伦理、有道德地生活。接着，基于儒学是中华民族精神生命之所在，中华民族的兴衰荣辱，都能从不同维度上显示出与儒学关联的史实，崔大华认为，20 世纪初，当中华民族国势衰危、国民道德颓靡，儒学被视为是酿成这种厄运之精神根源而受到否定性批判，也是很自然的。

但是，“在中华民族迈上复兴之路时，儒学也有了新的定位，即蜕去了它在历史上被附着的有权力因素的那种国家意识形态性质，而以其固有的伦理道德思想特质、以其作为中国传统文化中之具有久远价值的基本精神来表现其功能时，人们发现，儒学还是珍贵的，仍在支持着、模塑着我们中华民族作为一种有悠久历史的文化类型和独立的生活方式的存在。”[①]具体说来，儒学的这种现时代生命力首先体现为儒学在中国现代化进程中的贡献和生长：儒学不仅能在实现中华民族伟大复兴过程中具有提供动力因素、秩序因素和适应能力功能；而且也会实现其现代转化，强化法治社会里伦理秩序中的道德义务责任意识和公民社会里公民道德中的儒家德性观念。此外，儒学的现时代生命力还体现为对西方现代性人生意义失落精神危机的救治和超越，对生态伦理和生态运动、全球伦理即普世伦理、女性主义思潮和女性主义运动的补益性回应，等等。这里，崔大华基于意识形态和文化类型、生活方式的区别考察儒学现代命运的方法，是有启示意义的。这样做就避免了彻底否定或全盘肯定儒学的两个极端，为人们因

① 崔大华：《儒学的现代命运——儒家传统的现代阐释》，人民出版社 2012 年版，自序第 2 页。陈泽环：《未来属于孔子——核心价值与文化传统之思》，上海人民出版社 2015 年版，第 196 页。

革损益、继往开来，更好地发挥儒学在实现中华民族伟大复兴过程中的建设性功能开拓了思路。

当然，为充分发挥这一思路，我们就有必要澄清意识形态的定义和功能，意识形态与文化及其传统的联系和区别，意识形态与文化及其传统分别作为考察人类历史和社会问题的两个基本视角，以及当代意识形态与作为中国、中华民族、中华文明的文明根柢与道德基因的儒学的关系问题。关于意识形态的定义，西方学者一般认为："意识形态是具有符号意义的信仰和观点的表达形式，它以表现、解释和评价现实世界的方法来形成、动员、指导、组织和证明一定的行为模式或方式，并否定其他一些行为模式或方式。"①"虽然'意识形态'一词经常被用在其他背景中，但它首先而且主要是一个政治术语。"②至于我国学者则强调"人们对世界和社会的系统看法、见解、信仰、追求，以及对哲学、政治学、社会学、新闻学、法学、史学、文艺学、宗教学、伦理学，包括经济学中涉及生产关系的思想理论观点等，都是意识形态的具体表现。"③从以上对关于意识形态定义的简略引证来看，无论是我国学者还是西方学者，都认为意识形态具有两种属性：既是一种完备的世界观、人生观、价值观理论，又主要是一种政治建构学说。这一点可以说为我们把握意识形态的基本特性和社会功能奠定了初步基础。

但进一步的概括和分析表明，在对意识形态之内涵和范围的理解方面，我国一些学者主要强调"意识形态属于上层建

---

① 米勒、邓正来主编：《布莱克威尔政治思想百科全书》，中国政法大学出版社 2011 年版，第 265 页。

② [美]巴拉达特：《意识形态 起源和影响》，世界图书出版公司 2012 年版，第 9 页。

③ 张国祚：《怎样看待意识形态问题》，《红旗文稿》2015 年第 8 期。

筑，是经济基础的必然反映”，[①]突出了其反映世界性生产方式演进的方面，但对于其与民族文化传统的联系和区别则关注较少；就范围而言，一些学者虽然也区别了文化和意识形态，但仍然存在着一种对意识形态的理解太广泛，有一种使文化及其传统从属于意识形态的倾向。比较起来，西方学者虽然忽略了从阶级关系定义意识形态与文化传统，有很大的局限性，却比较注意意识形态与文化及文化传统的区别："从广义上说，意识形态可以表示任何一种注重实践的理论，或者根据一种观念系统从事政治的企图。”[②]至于文化则为“人类知识、信仰和行为的整体”，[③]包括语言、思想、信仰、风俗习惯、禁忌、法规、制度、工具、技术、艺术品、礼仪、仪式及其他有关成分，其范围显然比意识形态广泛得多。关于上述两种观点的联系与区别，以及其相应的理论和实践意义，应该展开争论，不宜简单地下结论，但这至少启发我们，无论在合理地界定意识形态或文化传统的基本概念时，还是在具体研究某国某时的意识形态或文化传统问题时，都应该更重视和更深入地探讨意识形态和文化传统之间的关系问题。

例如，在中国古代社会中，自汉武帝“罢黜百家，表章《六经》”之后，儒学就从原先的一个民间学派上升为“国教”即转变为官学，从一种伦理道德思想发展成为具有法律性和宗教性功能的大一统国家之意识形态。至于就意识形态和文化传

---

① 张国祚：《怎样看待意识形态问题》，《红旗文稿》2015 年第 8 期。

② 中国大百科全书出版社《不列颠百科全书》国际中文版编辑部编译：《不列颠百科全书·国际中文版》（修订版），中国大百科全书出版社 2009 年版，第 8 卷第 322 页。

③ 中国大百科全书出版社《不列颠百科全书》国际中文版编辑部编译：《不列颠百科全书·国际中文版》（修订版），中国大百科全书出版社 2009 年版，第 5 卷第 56 页。

统的关系而言，首先，这一时期的儒学，既是一种意识形态，同时是一种文化传统。这就是说，儒学原本是一种已经生存着的民族文化传统（当然不是文化的全部），然后才成为中华民族之国家的意识形态，发挥着当时政治建构的功能。由于这种意识形态有作为文化母体的本民族文化传统基础，就十分有利于它作为民族文化传统本身发挥必要的社会功能。其次，儒学作为一种文化传统，在居于国家意识形态地位时，它与中国文化传统的其他部分，有一种复杂的关系。虽然，儒学有一种"权威主义独断论"的性格，但在实际的操作中，与其说儒学绝对地排斥和消灭了其他学派和思想，毋宁说它还要吸取和利用它们，甚至和它们存在着一种相辅相成的关系，如从汉代开始的"儒表法里"、宋代之后的三教合一："儒家治世、道家治身、佛家治心"，等等。由此可见，意识形态和文化传统是两个范畴，它们之间的关系也是复杂的；合理地理解和处理两者的关系，需要具体情况具体分析。

作为文明根柢的儒学

以上，在基于儒学丧失了国家意识形态地位的视角提出探讨儒学当代命运的问题之后，接着崔大华的话题，笔者首先初步考察了国内外学术界和思想界关于意识形态和文化传统的一些基本概念，强调为合理地理解儒学的当代命运，必须全面和深入地探讨意识形态和文化传统的关系，并通过对儒学古代命运的初步分析，初步形成了本文关于当代意识形态与儒学关系的思考。在当代中国社会，我们毫无疑问要巩固马克思主义在意识形态领域的指导地位，努力巩固全党全国人民团结奋斗的共同思想基础，这是首要的方面。但是，我们同时也要看到，由于马克思主义像20世纪的其他重大意识形态一样，是西方文明的产物，因此不能直接照搬到中国来，而是必须使其与中国的历史传统、文化积淀、基本国情和道路特色结合起来，否则就会水土不服，甚至造成悲剧。因此，为充分发挥马克思主义在意识形态领域的指导作用，就必须不断地实现马克思主义中国化。实际上，中国特色社会主义理论本身就是马克思主义中国化的最新成果。而这种中国化的一个重要方面，即从意识形态和文化传统之间的关系来看，就是马克思主义与作为中华民族传统文化主体之儒学的相结合，这可以说是我们合理地理解当代意识形态与儒学关系的基本出发点。

其次，基于上述关于意识形态既是一种完备的世界观、人生观、价值观理论，又主要是一种政治建构学说的观念，在当代的开放、多元和民主社会中，马克思主义的意识形态指导功能主要体现在政治建构范围内，而不能取代整个文化的功能。这就是说，基于意识形态和文化传统的联系和区别，作为当代意识形态，马克思主义主要作为中国特色社会主义基本制度的理论基础，确定在政治上坚持中国共产党的领导地位、坚持经济建设的社会主义本质、在社会和文化生活中坚持每个人自由全面发展的前进方向，等等；至于在终极关怀的信仰和道德生活及其认识、管理、方法等领域，与其说马克思主义要否定传统儒、释、道等各家各教的终极关怀及其相应的生活观念和方式之合理性，毋宁说要努力与它们形成一种互补与谐调的关系。此外，鉴于相对于科学技术和经济活动、政治生活，以道德为核心的价值观念与本国和本民族传统的最为紧密的联系，在这方面，为确立中国特色社会主义的道路自信、理论自信、制度自信的根基“文化自信”，为培植社会主义核心价值观的“生命力”和发挥其“影响力”，为建设我国各民族、各地区的共有精神家园，为积极培养中华民族共同体意识，我们就更必须立足以儒学为主体的中华优秀传统文化。

关于上述马克思主义的意识形态指导地位和文化传统作为文明根柢、文化根基和文化母体的地位，作为合理地理解和处理当代意识形态和文化传统之间关系问题的一种见解，也可以从我国当代学者的一些论述中得到支持。例如，汤一介在《儒学与马克思主义》一文中指出：“我们的国家要建设的是有中国特色的社会主义社会，因此，我们必须传承中国文化的传统。……影响着我国社会可以说有两个传统，一个是几千年来的国学，即中国历史上的传统文化，其中影响最大的是儒家思想文化，我们可以称之为老传统；另一个是影响着中国社会、改变着中国社会面貌的马克思主义，我们可以称之为新传统。我们必须传承这两个传统，并且要逐步使两个传统在结合中创新”。[①] 这里，汤一介既肯定了当代中国分别有儒家思想文化和马克思主义两个传统的合理存在，又提出了实现这两种传统的综合创新以推进中国特色社会主义文化建设的任务，确实为我们处理好当代意识形态和文化传统的关系，特别是马克思主义与儒学的关系问题提供了有益的思路：为实现建设中国特色社会主义的伟大目标，就要使儒学现代化和马克思主义中国化，把人文道德理想和革命批判精神结合起来。

此外，在《中国之路与儒学重建》一书中，郭沂认为，在当今世界范围内，有一种现代价值与传统价值二元并行的趋势，前者指现代民主主义思潮，在不同国家表现为国家意识形态，

---

① 汤一介：《瞩望新轴心时代——在新世纪的哲学思考》，中央编译出版社2014年版，第140页。

属于“政治”范畴；后者主要指能够代表民族精神和民族信仰的文化传统，属于“文化”范畴。就两种价值的关系而言，在西方国家出现了一种作为国家意识形态的民主主义思潮和作为西方民族意识形态的基督教并行两立的格局；同样，在一些非西方的现代化国家中，也不全盘移植西方文明，而是把民主主义作为国家意识形态，至于其根本价值则仍然是民族的。至于中国和中华民族，作为一个和整个西方文明相当的中华文明的承担者，在古代，其传统的民族意识，特别是在汉武帝之后，儒学表现为国家意识形态。而在丧失了国家意识形态地位的辛亥革命之后，儒学也能够像其他文明的宗教一样在现代社会继续扮演民族意识形态的角色。这么说的根据在于："中国传统制度的崩溃，只意味着作为社会制度的儒学，或者说作为国家意识形态的儒学失去了依托，并不表明整个儒学生命的死亡。事实上，作为‘人伦日用’和作为精神信仰的儒学，已经进入中国人的潜意识中，已经渗透到中国人的血液中，甚至已经成为中国文化遗传基因的主要组成部分”。

进一步说，按照郭沂的看法，中国现阶段的基本价值取向应包含两个部分，国家意识形态“是治国方针，决定着国家的政治体制，制约着国家发展的方针政策，更多地出于现实的需要”；民族意识形态“是民族灵魂，规范着伦理道德，护持着风俗习惯，支撑着精神信仰，维系着民族认同，更多地出于历史的延续。……国家意识形态和民族意识形态扮演着不同的角色，它们相辅相成，缺一不可。”[①]从以上的引证来看，虽然郭沂的相关用语还可商榷，但对于本文思考当代意识形态与儒学

① 郭沂：《中国之路与儒学重建》，中国社会科学出版社 2013 年版，第 102 页。

的关系问题，有一定参考价值。这就是说，在处理中国当代意识形态和文化传统的关系问题上，我们首先要重视区分意识形态和文化传统，既坚持意识形态的政治建构功能，又发挥文化传统的文明根柢作用，使两者共同成为实现中华民族伟大复兴中国梦的政治和文化基础。毋庸讳言，一百年来，我国之所以长期出现了反传统思潮，其原因之一就是有一种以意识形态去排斥、取代甚至消灭文化传统的倾向。当然，在区分了意识形态和文化传统的基础上，如何实现双方在新时代的融合，则是更艰巨的事业。古今中外的历史经验昭示我们，意识形态本土化和文化传统时代化的结合比较有利于一个国家的治理。在此，我们要在已有成就基础上继续努力。

作为道德基因的儒学

意识形态主要是政治建构，文化传统则是文明根柢，这里的“文明根柢”概念主要来自姜义华，为了进一步说明本文的这个基本观点，有必要对此范畴作些分析。在《中华文明的根柢——民族复兴的核心价值》一书中，参考 20 世纪英国历史学家汤因比以文明为单位研究世界历史的观点，姜义华认为中华文明是一个原生性的、独立的、自成体系的文明，是世界上五大原生性的第一代文明中唯一没有中断，至今仍然具有旺盛生命力的文明。基于这一观点，他就能够从“文明”的视角考察中华民族的复兴，认为中华民族正在实现伟大复兴，伟大复兴是中华民族立足中华文明的根柢，走中国自己发展道路的结果，并由此提出了“中华民族伟大复兴的三大文明根柢”的概念：百年来大一统国家的成功再造、家国共同体的传承与转型和以天下国家为己任的民族精神的坚守与弘扬，为我们在中国传统的国家治理体制、社会和经济结构、民族精神这些深厚和悠久的文明根柢中去寻找中华民族复兴的原因给出了一个很好的提示。本文的文化传统是文明根柢、作为文明根柢和文化根基的儒学等提法，就直接来自于此。因为，“以天下国家为己任的民族精神”，[①]就是典型的儒学价值，或者说主要是由儒学支撑起来的中华民族精神。

当然，以上的分析主要还是援引性的，为充分说明“文明根柢”这一范畴的学理依据，还需要从历史观和方法论的角度作些发挥。从方法论上说，为确立“文明根柢”这一范畴，我们就必须拓展历史观的视野，善于从多个角度考察世界历史，考察中华民族的生成、发展、绵延和走向未来的历史。即不仅要基于通常的社会基本矛盾运动的视角考察意识形态和文化传统的关系问题，而且也要学会从“文明”的视角出发；不仅要基于一般的现代化范式考察意识形态和文化传统的关系问题，而且更要从中华民族复兴的基点出发。从而，正是基于这一与意识形态既有联系又有区别的“文明”和“中华民族复兴”的视角，本文以上可以从“作为文明根柢的儒学”的角度探讨儒学的当代命运，即在当代中国的整个社会结构中，为儒学确定其合适的位置，而不至于使其成为一个无家可归的“游魂”。这就是说，相对于作为第一生产力的现代科学技术，相对于作为中国特色社会主义基本制度理论基础的马克思主义及其最新成果，相对于作为当代社会体制建设借鉴的各种人类文明有益成果，中国传统文化主体的儒学主要作为当代中国的文明根柢之一或文化根基，成为当代中国社会结构中一个不可

---

① 姜义华：《中华文明的根柢——民族复兴的核心价值》，上海人民出版社2012年版，第101页。

或缺的基本要素。

而从历史进程上看，孔子继承了以周公为代表的六经传统，虽然在当时的政治上并不成功，但奠定了中华民族的道德基础。对于春秋战国时期向秦始皇大一统国家的转变，虽不能说没有参与，但儒家毕竟没有发挥像法家和时君那样的主导作用，其“难与进取，可与守成”的特性已经确立。汉朝吸取秦朝二世而亡的教训，至汉武帝“罢黜百家，表章《六经》”，确立了儒学的国家意识形态地位，“二千年来国教之局，乃始定矣”，[①]既维护了当时的大一统制度，又成为保障中华民族安定发展的道德条件。虽然后来各个朝代的情况不同，但只要能够维持基本的儒家秩序，社会即会获得安定的一个必要条件。近代东西方帝国主义入侵，儒学又遇到进取和守成的难题，在特殊的历史条件下遭到毁灭性打击。但自改革开放以来，道德品质、社会秩序、民族认同、贡献世界等的要求，中国社会开始重新呼唤儒学；因此，当今儒学应该和可以在马克思主义作为国家意识形态的条件下，获得文明根柢之一或文化根基的地位，并发挥相应的社会功能。至于在当代中国社会结构中具有文明根柢之一或文化根基地位的儒学，其发挥特定社会功能的路径则可以用“作为道德基因的儒学”的命题来表达。

这里的“道德基因”概念，是从现在学术界和思想界通常运用的“文化基因”范畴转化而来的。所谓文化基因，用历史学家许倬云的定义来说：“不同的人群，身处不同的自然环境，会各自发展相应的行为模式和社会结构。我们也许可以借用生物基因的观念，称这些特质为文化基因。”[②]这是一种从不同

① 梁启超：《中国现代学术经典 梁启超卷》，河北教育出版社 1996 年版，第 50 页。

② 许倬云：《中西文明的对照》，浙江人民出版社 2013 年版，第 4—5 页。

自然环境中人群的行为模式和社会结构的角度界定“文化基因”概念的方法。据此，本文的道德基因概念，就指相对于西方等域外文明和文化的为中国人所特有的道德观念和信仰体系，即“在我国大地上形成和发展起来的道德价值”，它已经绵延了几千年，经历了各个时代和各种生活方式的挑战，仍然是“我们民族的‘根’和‘魂’”。[①] 至于这一道德基因的基本内涵，当前的解读和定义也不少，除了本文开头引证的崔大华《儒学的现代命运——儒家传统的现代阐释》一书中的相关论述之外，笔者认为陈来近期对“中华民族的核心价值”的概括较好，并愿意用来表达自己对于“作为道德基因的儒学”的基本理解：“道德比法律更重要，社群比个人更重要，精神比物质更重要，责任比权利更重要，民生比民主更重要，秩序比自由更重要，今生比来世更重要，和谐比斗争有价值，文明比贫穷有价值，家庭比阶级有价值。”[②]

总之，上述关于与作为政治建构的意识形态相对应，文化传统是文明根柢、儒学是中华文明的根柢之一和道德基因的观点只是笔者一种不成熟的看法，提出来请大家批评指正。如果这一观点能够成立的话，那么它似乎有助于澄清当前涉及培育和弘扬社会主义核心价值观进程中的一些疑难问题。例如，社会主义核心价值观作为能够反映中国各族人民共同认同的价值观“最大公约数”，要求全国人民无论民族、阶层、信仰、观念的不同，均应自觉认同和努力践行。但是，从目前学术界和思想界的研究和宣传的情况来看，由于一些作者对

---

① 中共中央文献研究室编：《习近平关于全面深化改革论述摘编》，中央文献出版社 2014 年版。

② 陈来：《中华文明的核心价值》，生活·读书·新知三联书店 2015 年版，第 2 页。

意识形态和文化传统的关系理解不同，导致在对社会主义核心价值观的把握中，有的只强调马克思主义的指导地位，有的只强调立足中华优秀传统文化，特别是只强调立足儒家道德传统，而不能全面地综合其四个基本要素：社会主义本质要求、中华优秀传统文化、世界文明有益成果和时代精神，特别是其中既有联系又有区别的社会主义本质要求和中华优秀传统文化。但是，如果我们在合理地理解当代意识形态和文化传统关系的基础上，做到在巩固马克思主义在意识形态领域指导地位的同时，更好地立足中华优秀传统文化，特别是作为中华文明的根柢之一和道德基因的儒学，这些疑难就容易得到解决。

（作者系上海师范大学哲学系教授）

附录

“文庙讲堂”——画家教学国画

《与孔子对话(第 1—8 集)》目录

《与孔子对话》(第1集)

——新世纪全球文明中的儒学

学林出版社 2005年8月第1版

《与孔子对话》(第 2 集)*

——儒家文化与和谐社会

学林出版社 2005 年 9 月第 1 版

* 本集受上海市崇明县文广局的委托而编。

《与孔子对话》(第3集)

——论儒学的现代生命力

上海辞书出版社2007年6月第1版

《与孔子对话》(第4集)

——儒家文化与现代生活

上海辞书出版社2008年8月第1版

《与孔子对话》(第5集)
——儒家文化与现代人的精神生活

上海辞书出版社 2010 年 8 月第 1 版

《与孔子对话》(第6集)

——儒家的公正与民生思想

上海辞书出版社 2012年8月第1版

《与孔子对话》(第 7 集)

——儒家文化与现代文明

上海辞书出版社 2014 年 8 月第 1 版

《与孔子对话》(第8集)
——反思儒学在近代的命运

文汇出版社 2016 年 6 月第 1 版